보편적 그리스도

보편적 그리스도

지은이/ 리처드 로어
옮긴이/ 김준우
펴낸이/ 홍인식
초판 1쇄 펴낸날/ 2020년 1월 30일
펴낸곳/ 한국기독교연구소
등록번호/ 제8-195호(1996년 9월 3일)
경기도 고양시 일산동구 고봉로 32-9, 양우 331호 (우 10364)
전화 031-929-5731, 5732(Fax)
E-mail: honestjesus@hanmail.net
Homepage: http://www.historicaljesus.co.kr.
표지/ 디자인명작 (전화 031-774-7537)
인쇄처/ 조명문화사 (전화 498-3018)

The Universal Christ: How a Forgotten Reality Can Change Everything We See, Hope For, and Believe by Richard Rohr
Copyright ⓒ 2019 by Center for Action and Contemplation, Inc.
All rights reserved. Korean Translation copyright ⓒ 2020 by Korean Institute of the Christian Studies. This translation published by arrangement with Convergent Books, an imprint of Random House, a division of Penguin Random House LLC through Eric Yang Agency. Printed in Seoul, Korea.

이 책의 한국어판 저작권은 EYA(Eric Yang Agency)를 통해 Random House와 독점계약한 한국기독교연구소에 있습니다. 저작권법에 의하여 한국 내에서 보호를 받는 저작물이므로 무단전재 및 복제를 금합니다.

ISBN 978-89-97339-48-8 94230
ISBN 978-89-87427-87-4 94230 (세트)

값 14,000원

THE UNIVERSAL CHRIST

보편적 그리스도

탈육신 종교의 혐오와 폭력에 대한
대안적 정통주의

리처드 로어 지음
김준우 옮김

RICHARD ROHR

한국기독교연구소

THE UNIVERSAL CHRIST

How a Forgotten Reality Can Change Everything
We See, Hope For, and Believe

Richard Rohr

New York: Convergent Books, 2019.

Korean Translation by Kim Joon Woo

> 이 책은 한상호 김은하 부부(맑은물교회)의
> 출판비 후원으로 간행되었습니다.

Korean Institute of the Christian Studies

나는 이 책을 쓰기 시작할 무렵
하느님께 돌려보내야만 했던 비너스,
내가 사랑하는 열다섯 살 먹은 검은색 라브라도인
'비너스'에게 이 책을 바칩니다.
어떤 변론이나 가벼운 신학 혹은 이단의 두려움 없이
나는 비너스 역시 나에게는 그리스도였다고 말할 수 있겠습니다.

그리스도교에서 유일하게 참으로 절대적인 신비들은 존재의 깊이 속에서의 하느님의 자기 소통인데 우리는 그것을 은총이라 부르며, 역사 속에서의 하느님의 자기 소통을 우리는 그리스도(Christ)라고 부른다. ― 칼 라너, 예수회 신부이며 신학자(1904-1984)

나는 물질을 예배하지 않는다. 나는 물질의 하느님을 예배하는데, 그분은 나를 위해 물질이 되셨으며 황송하게도 물질 안에 거하시고, 물질을 통해 나의 구원을 이루셨다. 나는 나의 구원을 이룬 그 물질을 끊임없이 공경할 것이다. ― 다마스커스의 성 요한(675-753)

우리들의 어떤 절망도 사물들의 실재를 바꿀 수 없으며 우주적인 춤(the cosmic dance)의 환희에 오점을 남길 수도 없다. 우주적인 춤의 환희는 항상 그곳에 있다. ― 토머스 머튼(1915-1968)

목차

시작하기 전에 / 9

제1부 모든 것을 위한 또 다른 이름

1. 그리스도는 예수의 성(姓)이 아니다 / 21
2. 당신이 완전히 받아들여진 것을 받아들이라 / 39
3. 우리 안에, 우리로서 계시된 것 / 57
4. 원죄가 아니라 원선 / 77
5. 사랑이 그 의미라는 것을 / 97
6. 성스러운 온전함 / 115
7. 어떤 좋은 곳으로 / 129

제2부 거대한 쉼표

 8. 행동과 말씀 / 145

 9. 사물들의 깊음 / 151

10. 여성적 화육(성육신) / 167

11. 이것이 내 몸이다 / 179

12. 예수는 왜 죽었는가? / 193

13. 그 짐은 혼자 질 수 없다 / 221

14. 부활의 여정 / 235

15. 예수와 그리스도에 대한 두 증인들 / 261

16. 변화와 관상 / 279

17. 단순한 신학을 넘어: 두 가지 수행 / 303

에필로그 / 315

후기 사랑 이후의 사랑 / 317

부록 하느님께 이르는 영혼의 여정 / 319

부록 1 네 가지 세계관 / 321

부록 2 영적인 변화의 패턴 / 329

참고문헌 / 337

옮긴이의 말 / 349

시작하기 전에

20세기 영국의 신비가[1] 카릴 하우스랜더(Caryll Houselander)는 그녀의 자서전 『흔들 목마 카톨릭 신자』(*A Rocking-Horse Catholic*)에서 어떻게 런던의 일상적인 지하철이 자신의 삶을 변화시킨 비전(vision)으로 바뀌었는지를 묘사한다. 나는 그녀의 이처럼 놀라운 경험을 독자들과 나누고자 하는데, 그 이유는 그녀의 경험이 내가 그리스도 신비(Christ Mystery)라고 부르는 것, 즉 우리가 알고 있는 시간의 시작 이래로 모든 사람들과 만물 속에 존재하는 신적 현존(Divine Presence)을 예리하게 보여주기 때문이다.

나는 지하철 안에 있었다. 온갖 사람들이 붐벼 서로 밀치고 앉거나 가죽

---

[1] 내가 '신비가(mystic)'라는 말을 사용할 때, 나는 단순히 교과서나 교의적인 앎 대신에 경험적인 앎을 가리키는 것이다. 신비가는 단지 사물들의 특수성을 보는 대신에 사물들을 그 전체 안에서, 그 연결들 속에서, 그 보편적이며 신적인 틀 안에서 보는 경향이 있다. 신비가들은 하나의 그림 속에서 전체의 통일적 구조(gestalt)를 보기 때문에, 우리가 순서에 따라 그 순간을 보는 분리된 방식을 흔히 무시한다. 이런 방식으로 그들은 직선적인 사상가들보다는 시인들과 예술가들에 가깝다. 분명히 그 둘 모두를 위한 장소가 있지만, 17-18세기 계몽주의 이후에는 그처럼 전체를 보는 방식의 진가를 점차 인정하지 않게 되었다. 신비가는 실제로 '중심에서 벗어난' 이로 간주되었지만, 신비가들이야말로 가장 모든 것의 중심에 있는 사람들일 것이다.

손잡이를 잡고 있었다. 온갖 노동자들이 하루 일을 끝내고 집으로 가는 중이었다. 갑자기 나는 그들 모두 속에 그리스도가 계신 것을 마음으로, 그러나 놀라운 그림처럼 생생하게 보았다. 내가 본 것은 그 이상이었다. 그리스도가 그들 모두 속에 계신 것, 그들 속에 살아계시며, 그들 속에서 죽어 가시며, 그들 속에서 기뻐하시며, 그들 속에서 슬퍼하시는 것만이 아니라, 그분이 그들 속에 계시기 때문에, 또한 그들이 여기에 있었기 때문에, 온 세상도 여기에, 지하철 안에 있었다. 그 순간의 세상만이 아니라, 이 세상 모든 나라들의 모든 사람들만이 아니라, 과거에 살았던 모든 사람들과 앞으로 올 모든 사람들도. 나는 지하철 밖으로 나와 한참동안 군중들 사이를 걸었다. 여기도 마찬가지였다. 모든 곳마다, 모든 행인들 속에, 그리스도가 계셨다.

수치를 당한 그리스도(the humiliated Christ)에 대한 러시아인들의 생각이 오랫동안 내 머리에서 떠나지 않았었다. 빵을 구걸하면서 러시아 전역을 절룩거리며 걷는 그리스도(the lame Christ)의 모습이었다. 그 그리스도는 모든 시대마다 다시 이 땅으로 돌아와, 심지어 죄인들에게조차 찾아와 그분 자신의 궁핍을 통해서 그들의 자비심을 되살리려 오실 분이다. 눈 깜빡할 찰나에 나는 이 꿈이 사실이라는 것을 알았다. 경건한 백성의 꿈이 아니라, 공상이 아니라, 전설이 아니라, 러시아인들의 특권이 아니라, 사람 속에 계신 그리스도 …

나는 또 모든 사람이 한 죄인에 대해 가져야만 하는 존경심도 보았다. 사실상 그의 가장 큰 슬픔인 죄를 너그럽게 용납하는 대신에, 우리는 그 사람 안에서 고난당하는 그리스도를 위로해야만 한다. 또한 그들의 영혼이 죽은 것처럼 보이는 죄인들에게도 이런 존경심을 보여야만 하는데,

그 이유는 그들 속에서 죽은 이는 바로 그 영혼의 생명이신 그리스도이기 때문이다. 그들은 그분의 무덤이며, 그 무덤 속의 그리스도는 잠재적으로 부활하실 그리스도이다.…

그리스도는 어디에나 계신다. 그분 안에서 모든 생명은 의미를 가지며 다른 모든 생명에 영향을 끼친다. 그들 곁에 가까이 다가가 그들을 치유하는 것은 나처럼 어리석은 죄인, 버림받은 자들과 이 세상을 뛰어다니면서 도량이 넓다고 느끼는 나처럼 어리석은 죄인이 아니라, 그들 속에서 그리스도가 그들을 위해 금식하시며 기도하시는 이들이다. 어쩌면 그리스도가 스스로를 다시 그 사람 안에서 종으로 만든 파출부나, 아니면 자신의 금관 속에 가시관을 숨기고 있는 왕일지도 모른다. 그리스도 안에서 우리가 하나라는 것을 깨닫는 일이야말로 인간의 외로움을 치유하는 유일한 길이다. 나에게는 그것이 생명의 유일한 궁극적 의미이며, 모든 생명의 의미와 목적을 주는 유일한 것이기도 하다.

며칠이 지나자, 그 "비전"은 흐려졌다. 사람들은 다시 똑같아 보였고, 내가 다른 사람을 직면할 때마다 느꼈던 똑같은 충격의 통찰력은 더 이상 없었다. 그리스도는 다시 숨겨졌다. 실제로 그 후 몇 해 동안 나는 그분을 찾아야만 했고, 보통은 오직 의도적으로 또 신앙의 맹목적 행동을 통해서만 내가 다른 이들 속에서—여전히 나 자신 속에서는 더욱 더—그분을 발견하곤 했다.

나에게, 또한 우리에게 질문은 도대체 카릴 하우스랜더가 그처럼 모든 승객들에게 스며 있으며 그들로부터 빛나는 것으로 보았던 이 "그리스도"는 누구인가 하는 질문이다. 그녀에게 그리스도는 분명히 단지 나자렛 예수만이 아니라 그 중요성에서 훨씬 더 무한하며 심지어 우주적인 무엇이었다. 어떻게 그럴 수 있으며 또한 왜 그것이 중요한가 하는 것이 이 책의 주제이다. 일단 그런 비전(vision)을 마주치게 되면, 이 비전은 우리가 믿는 것, 우리가 다른 이들을 보는 방법과 관계를 맺는 방법, 하느님이 얼마나 크신 분인가에 대한 우리의 생각, 그리고 창조주가 우리의 세상에서 하고 계신 일에 대한 우리의 이해를 완전히 바꿀 힘을 갖고 있다고 나는 믿는다.

이것은 우리가 희망하기에는 너무나 큰 것처럼 들리는가? 하우스랜더가 자신의 비전 이후에 무엇이 변화되었는지를 파악하기 위해 사용한 단어들을 다시 살펴보라.

어디에나 계신 그리스도
하나라는 깨달음
존경심
모든 종류의 생명은 의미를 갖고 있다
모든 생명은 다른 모든 생명에게 영향을 끼친다

이런 것들을 경험하기를 원하지 않는 사람이 과연 있을까? 만일 하우스랜더의 비전이 오늘날 우리에게 이국적인 것처럼 느껴진다면, 그 비전은 분명히 초기 그리스도인들에게는 그렇게 느껴지지 않았을 것이다. 부활하신 그리스도는 어디에나 계시며 영원하신 분이라는 계시(revelation)는 분명하게 성서 안에서 확증되고 있을 뿐 아니라(골로사이 1, 에페소 1, 요한 1, 히브리서 1), 초대교회 안에서도 확증되고 있었는데, 초대교회 당시는 그리스도교 신앙의 황홀감이 여전히 창조적이며 확장되던 때였다. 그러나 우리 시대에는 이처럼 깊이 보는 방식은 옛 전통을 되찾는 프로젝트로 접근해야만 한다. 1054년에 대분열을 통해 서방교회가 동방교회로부터 분리되었을 때, 우리는 하느님께서 어떻게 만물을 해방시키셨으며 사랑하셨는지에 대한 이런 심원한 이해를 점차 잃어버렸다. 대신에 우리는 점차 신적인 현존을 예수라는 단 하나의 몸에 국한시켰다. **신적인 현존은 빛 자체처럼 어디에나 있으며 인간의 경계선들로 제한시킬 수 없는 때에 그렇게 국한시켰던 것이다.**

(이로 인해) 우리의 믿음의 문이 닫히게 된 부분은 초대 교인들이 "현현"이라고 부른 주현(Epiphany)에 대한 이해, 또는 가장 유명하게도 "화육(성육신, Incarnation)"에 대한 가장 폭넓고 아름다운 이해를 못하게 믿음의 문이 닫혔으며, 또한 화육의 마지막이며 완전한 형태인 "부활"에 대해서도 폭넓은 이해를 할 수 없게 되었다. 그러나 동방정교회들은 원래 이런 주제들에 대해 훨씬 폭넓게 이해하고 있었는데, 서방교회의 카톨릭과 개신교회들은 모두 최근에서야 비로소 이런 통찰력을 인지하기 시작했다. 이것이 바로 요한이 "말씀이 육신(flesh)이 되셨다"(요한 1:14)고 말하면서, 단 한 사람의 몸(body)을 가리키는 용어 '소마(soma)' 대신에 보편적이며 일반적인 용어 '사르크스(sarx)'를 사용한 이유다.[2] 사실상, 요한복음의 서문에는 "예수"라는 이름만 사용된 적이 없다. 당신

---

[2] 존 도미닉 크로산은 *Resurrecting Easter* (San Francisco: HarperOne, 2018)에서 이 점을 설득력 있게 지적한다. 이 책은 동방교회와 서방교회의 미술이 부활을 얼마나 서로 다르게 묘사했는지에 대한 연구서다. 우리는 이 책에서 내가 신학적으로 말하려는 것에 대한 예술적, 역사적, 고고학적 증거를 포함할 수 있도록 이 책의 출판을 연기했다.

은 이런 사실을 주목한 적이 있는가? "예수 그리스도"가 마침내 언급되지만 그 서문이 끝나기 바로 직전에 언급된다(17절).

우리는 1054년에 동방("그리스")교회와 서방("라틴")교회가 서로 상대방 총대주교를 파문함으로써 시작된 분열로 인해, 우리의 복음서 메시지에 끼친 피해를 결코 과소평가할 수 없다. 우리는 지난 천 년 넘는 동안, "하나의 거룩하며 나누어지지 않은" 교회를 알지 못했다.

그러나 우리는 옛 믿음의 문을 다시 열 수 있는 열쇠를 갖고 있는데, 그 열쇠는 우리가 자주 사용하지만 너무나 유창하게 사용하는 단어를 올바로 이해하는 것이다. 그 단어가 바로 **그리스도**(Christ)이다.

만일 그리스도가 우주 안의 모든 '사물' 안에 있는 **초월적 내재**(the transcendent within)를 뜻하는 이름이라면 어찌 될 것인가?

만일 그리스도가 모든 참된 사랑의 엄청난 공간을 뜻하는 이름이라면 어찌 될 것인가?

만일 그리스도가 우리 안에서부터 우리를 끌어올려 앞으로 나아가도록 끌어당기는 무한한 지평을 가리키는 것이라면 어찌 될 것인가?

만일 그리스도가 **만물의 충만함을** 가리키는 **다른 이름**이라면 어찌 될 것인가?

내가 믿기에는 이것이 바로 "위대한 전통(Big Tradition)"이, 어쩌면 그 점을 알지 못한 채, 말하려 했던 것이다. 그러나 우리들 대부분은 그 위대한 전통(영원한 전통)에 노출된 적이 없으며, 이 그리스도의 몸 전체의 지혜(the wisdom of the entire Body of Christ)는 동방교회, 카톨릭교회, 많은 개신교회들 안에서 계속해서 새로 생겨나고 서로 확증해줌으로써 스스로를 바로잡아주는 주제들의 통합인 것이다. 나는 그것이 거대한 목표임을 알지만, 지금 우리에게 과연 선택의 여지가 있는가? 만일 우리가 믿음의 우연한 것들이 아니라 믿음의 참된 본질들을 강조한다면, 그건 그다지 어려운 일이 아니다.

만일 독자들이 허락한다면, 나는 그리스도에 관한 이런 질문들과 우리들 각자를 위한 그 실재의 형태에 관한 질문들을 탐구하는 데서 여러분의 안내자가 되고 싶다. 이것은 50년 넘는 세월동안 나를 매혹시켰고 나에게 영감을 불어넣었던 탐구이다. 나 자신의 프란치스코회 전통과 더불어, 나는 그처럼 엄청난 규모의 대화가 땅의 문제에 뿌리를 내리게 함으로써, 우리가 숲길을 가듯 따라갈 수 있게 만들고 싶다. 즉 자연으로부터 시작해서, 비천한 마구간에 그 부모와 함께 있는 갓 태어난 아기에 이르기까지, 기차 속에 홀로 있는 여인, 그리고 마침내 우리들의 이름일 수도 있는 이름의 의미와 그 안의 신비에 이르기까지 땅의 문제에 뿌리내리게 하고 싶다.

만일 나 자신의 경험이 어떤 시사점을 준다면, 이 책의 메시지는 당신이 보는 방식과 당신이 일상적 세계에서 살아가는 방식을 변혁시킬 수 있다. 이 책의 메시지는 서양문화에 결여된 것처럼 보이며 오늘날 많은 이들이 갈망하는 깊고 보편적인 의미를 당신에게 제공할 수 있다. 그 메시지가 지닌 잠재력은 자연적인 종교로서의 그리스도교, 즉 단순히 특수 계시에 기초해서 몇몇 소수의 깨어난 사람들에게만 주어질 수 있는 종교만이 아니라 자연적인 종교로서의 그리스도교를 다시 뿌리내리게 할 수 있는 잠재력이다.

그러나 이처럼 새로운 이해를 경험하기 위해서는 우리가 전진할 때 종종 간접적 수단, 기다림, 귀를 기울이는 수행을 통해야 한다. 특별히 우리가 시작하면서, 당신은 이 책의 어떤 말들이 **적어도 한동안은 부분적으로 (당신 마음 안에) 신비한 상태로 남아 있도록** 해야만 한다. 나는 이런 것이 우리의 자기중심적 마음에 만족스럽지 않고 마음을 어지럽힐 수 있다는 점을 알고 있다. 왜냐하면 우리의 자기중심적 마음은 그 길을 가는 모든 발걸음을 통제하고 싶어 하기 때문이다. 그러나 이것은 정확히 말해서, 읽고 귀를 기울이는 관상적 방식이기 때문에 훨씬 큰 장(a much Larger Field) 속으로 이끌려 들어가는 방식이다.

체스터톤(G. K. Chesterton)이 말한 것처럼, **당신의 종교는 당신이 속한 교회가 아니라 당신이 그 안에서 살고 있는 우주**(cosmos)**다**. 우리가 우리들 주위의 전체 물리적 세계, 삼라만상 전체가 하느님이 숨어계신 장소이면서 동시에 계시의 장소라는 것을 알게 되면, 이 세상은 깊이 보는 사람에게 은총을 베푸는 안전하고 황홀한 집이 된다. 나는 이처럼 깊이 침착하게 보는 것을 "관상(contemplation)"이라고 부른다.

종교의 본질적인 기능은 우리를 만물과 철저하게 연결시키는 일이다(*Re-ligio* = 다시 연결한다[reconnect].) 종교는 우리로 하여금 세상과 우리 자신을 단지 부분들로만 보게 하는 것이 아니라 전체 속에서 보도록 도와준다. 참으로 깨어난 사람들은, 모든 것을 우월한 것과 저열한 것으로 나누거나, 안에 있는 것과 밖에 있는 것으로 나누는 대신에, **하나**(oneness)**로부터 바라보기 때문에** 하나임(oneness)을 본다. 당신이 사적으로 "구원받았다"고 생각하거나 깨달음을 얻었다고 생각한다면, 당신은 내 생각에 구원받은 것도 아니며 깨달음을 얻은 것도 아니다.

그리스도에 대한 우주적인 개념은 어느 누구와 경쟁하지도 않고 어느 누구를 배제하지도 않는다. 모든 사람과 모든 것을 포함하며(사도행전 10:15, 34), 또한 예수 그리스도가 마침내 전체 우주에 합당한 하느님이 되도록 허락한다. 그리스도교 메시지를 이렇게 이해할 때, 창조주의 사랑과 현존은 창조된 세상 속에 근거하게 되며, 또한 "자연"과 "초자연" 사이의 정신적 구별은 무너지게 된다. 알버트 아인슈타인이 말한 것으로 알려진 것처럼, "당신의 인생을 사는 두 가지 방법이 있다. 하나는 마치 어떤 것도 기적이 아닌 것처럼 사는 방법이다. 다른 하나는 마치 모든 것이 기적인 것처럼 사는 방법이다." 앞으로 나는 두 번째 방법을 선택할 것이다!

비록 나의 일차적인 배경은 철학과 성서신학이지만, 나는 심리학, 과학, 역사학, 인류학을 이용해서 이 책의 내용을 풍부하게 만들 것이다. 이 책에는 비록 신학 내용이 많이 들어 있지만, 나는 이 책이 엄격한 "신학" 서적이 되기를 원하지는 않는다. 예수는 신학자들만이 이해하고 구분할 수 있도록 하기 위해 이 세상에 온 것이 아니라, "이 사람들 **모두가** 하나가 되게 하여 주십시오"(요한 17:21) 하고 간구했다. 그는 이 세상 사람들이 하나가 되도록 하기 위해 왔으며 또한 "하늘과 땅의 만물을 당신과 화해시켜"(골로사이 1:19) 주기 위해 왔다. 길을 걷든지 기차를 타고 있든지 간에, 모든 여자나 남자는 이것을 볼 수 있어야 하며 또한 이것을 향유할 수 있어야 한다!

이 책 전체에 걸쳐서, 독자들은 약간 문맥에서 벗어난 문장들을 발견할 것이다. 그럴 경우, 우리의 중심 이야기와 연결시켜 생각해보라:

그리스도는 어디에나 계신다.
그분 안에서 모든 생명은 의미를 갖고 확고하게 연결된다.

나는 이 책에서 이런 멈춤을 통해 당신이 하나의 사상을 붙들고 씨름하면서 그 사상에 초점을 맞춤으로써, 마침내 그 사상이 당신의 몸, 당신의 가슴, 당신 주변의 물리적 세계에 대한 당신의 인식, 특히 당신 자신의 중심이 보다 큰 장(a larger field)과 연결되도록 초대하려는 것이다. **굵은 글씨체**로 표기한 문장들을 곱씹어서 당신이 그 영향을 느낄 때까지, 그 문장이 이 세상과 역사와 당신 자신을 위해 지니고 있는 보다 큰 함의를 상상할 수 있게 될 때까지 끈질기게 물고 늘어지라는 말이다. (다시 말해서, 당신에게 "그 말씀이 육신이 될" 때까지 곱씹으라는 말이다!) 너무 빨리 다음 문장으로 넘어가려 하지 말라는 말이다.

수도원 전통에서는 이처럼 한 본문을 깊이 곱씹는 수행을 "렉시오 디비나(*Lectio Divina*)"라고 부른다. 그것은 말에 대한 정신적 이해나 말을 사용해서 대답을 주는 것, 당면한 관심들이나 문제들을 해결하는 것보다 더욱 깊이 읽는 관상적 독해방식이다. **관상은 틈새들이 채워지기를 끈기 있게 기다리는 것이기에 쉬운 대답이나 빠른 종결을 주장하지 않는다.** 그것은 결코 판단으로 돌진하지 않으며, 또한 판단은 사랑하는 마음으로 진리를 탐구하는 일보다는 보다 자기중심적이며 개인적인 통제와 관련된 것이기 때문에, 관상은 사실상 빠른 심판을 회피한다.

이것은 우리가 함께 그리스도를 예수의 성(last name)보다는 훨씬 더 크신 분으로 이해하려고 노력할 때 우리를 위한 수행이 될 것이다.

1부

모든 것을 위한
또 다른 이름

1장

그리스도는 예수의 성(姓)이 아니다

한처음에 하느님께서 하늘과 땅을 지어내셨다. 땅은 아직 모양을 갖추지 않고 아무것도 생기지 않았는데, 어둠이 깊은 물 위에 뒤덮여 있었고 그 물 위에 하느님의 기운이 휘돌고 있었다. 하느님께서 "빛이 생겨라!" 하시자 빛이 생겨났다.

― 창세기 1:1-3

그리스도교의 3만여 개의 서로 다른 교파들에 걸쳐서, 신자들은 예수를 사랑하며 또한 (적어도 이론상으로는) 예수의 완전한 인간성과 완전한 신성을 받아들이는 데 어려움이 없는 것처럼 보인다. 많은 사람들은 예수와의 개인적 관계를 표현한다. 이것은 아마도 자신들의 삶 속에서 예수가 친밀하게 현존했던 순간적 영감이나, 그의 심판이나 분노에 대한 두려움을 표현하는 것이리라. 다른 사람들은 예수의 함께 아파하는 마음을 신뢰하며, 또한 흔히 예수를 자신들의 세계관과 정치를 정당화해주는 분으로 본다. 그러나 그리스도라는 개념은 이런 생각들 전체를 어떻게 바꾸어놓는가? 그리스도는 단순히 예수의 성(last name)인가? 아니면 그리스도는 우리가 주목할 가치가 있는 무엇인가를 드러내는 칭호인가? 그리스도의 기능이나 역할은 예수의 기능이나 역할과 어떻게 다른가? 베드로가 오순절 후에 처음으로 군중들에게 "이 예수를 하느님께서는 우리의 주님이 되게 하셨고 그리스도가 되게 하셨습니다"(사도행전 2:36)라고 말할 때 성서가 뜻한 것은 무엇인가? 예수와 그리스도는 예수의 탄생 때부터 항상 하나였고 똑같은 분이 아니었는가?

이런 질문들에 대답하기 위해서, 우리는 다시 되돌아가 질문해야만 한다. 즉 하느님께서는 창조의 그 첫 순간까지 무엇을 하고 계셨는가? 하느님은 우주가 시작되기 이전에는 완전히 눈에 보이지 않았는가? 아니, "이전에는" 같은 것이 있기나 하는가? 하느님은 도대체 왜 창조를 하셨는가? 만물을 창조하신 하느님의 목적은 무엇이었는가? 우주 자체는 영원한가? 우주는 우리가 아는 것처럼— 예수 자신처럼 시간 속의 피조물인가?

우리는 아마도 "어떻게" 창조했으며, "언제" 창조했는지에 관해 결코 알지 못할 것이라는 점을 인정하자. **도대체 왜** 하느님이 하늘과 땅을 창조하셨는지에 대한 어떤 증거가 있는가? 그 때까지 하느님은 무엇을 하셨는가? 어떤 신적인 의도나 목표가 있었는가? 아니면 우리는 우주를 설명하기 위해서 창조주 "하느님"을 필요로 하는가?

대부분의 영원한 전통들은 설명들을 제공해왔으며, 그 설명들은 대개 다음과 같다: **물질적 형태로 존재하는 모든 것은 어떤 최초의 원천**(Primal Source)**의 산물인데, 그 최초의 원천은 본래 오직 영**(Spirit)**으로만 존재했다.** 이 무한한 최초의 원천은 어떤 방식으로든 그 자체를 유한하며 가시적인 형태들 속에 쏟아 부음으로써, 바위에서부터 물, 식물, 유기체, 동물, 인간 등 우리가 눈으로 보는 모든 것을 창조했다. 우리가 하느님이라고 부르는 분이 이처럼 물리적 피조물 속에 자신을 계시한 것이 첫 번째 화육(Incarnation: 성육신, 영이 육신을 입은 것에 대한 총칭적 용어)로서, 그리스도인들이 예수에게 일어난 것으로 믿는 인격적인 두 번째 화육보다 훨씬 오래 전에 일어난 것이다. 이것을 프란치스코회 언어로 표현하자면, **삼라만상은 첫 번째 성서**(the First Bible)**로서, 두 번째 성서**(the second Bible)**가 기록되기 전에 137억 년 동안 존재했다.**[3]

그리스도인들이 "화육"이라는 말을 들으면, 우리들 대부분은 예수의 탄생을 생각하는데, 예수는 하느님과 인간의 철저한 일치(radical unity)를 인격적으로 보여주었다. 그러나 이 책에서 나는 첫 번째 화육은 창세기 1장에 묘사된 순간으로서, 그 순간은 하느님이 물리적인 우주와 일치를 이루고 또한 만물 속의 빛이 된 순간이라고 주장하고 싶다. (바로 이런 이유 때문에 빛이 창조 첫 날의 주제이며, 오늘날 빛의 속도는 우주 안의 한 불변의 상수[constant]로 인정받고 있다.) 따라서 화육은 "하느님이 예수가 되신 것"만이 아니다. 화육은 훨씬 더 폭넓은 사건이기 때문에 요한은 하느님의 현존을 "육신"이라는 일반적 단어로 묘사한 것이다(요한 1:24). 요한은 카릴 하우스랜더가 그처럼 생생하게 만났던, 어디에나 계시는 그리스도를 말하고 있는데, 그 그리스도를 우리들 역시 다른 사람들, 산, 풀잎, 또는 찌르레기 안에서 계속 만난다.

---

[3] 로마서 1:20 역시 똑같은 것을 말한다. 만일 당신이 성서의 이런 자기비판이 성서 자체 안에 어떻게 나타나는지 궁금하다면, 로마서 본문을 보라.

눈에 보이는 모든 것은 예외 없이 하느님에게서 흘러나온 것이다. 정말로 그렇지 않고 다른 무엇일 수 있겠는가? "그리스도"는 원초적 형판(Primordial Template)인 "로고스(Logos)"를 뜻하는 말로서, 그를 통해 "모든 것이 생겨났고, 그를 통하지 않고 생겨난 것은 하나도 없다"(요한 1:3). 이런 방식으로 보는 것이 나 자신의 종교적 믿음을 재구성했으며 다시 활기차게 만들고 더욱 넓게 만들었는데, 나는 이것이 세계종교들 가운데 그리스도교가 독특하게 공헌할 수 있는 것이라고 믿는다.4)

요한이 명백하게 젠더를 초월하는 무엇을 묘사하기 위해 남성대명사를 사용한 것을 당신이 볼 수 있다면, 당신은 요한이 자신의 서문(1:1-18)에서 우리에게 단순히 신학만이 아니라 성스러운 우주론(a sacred cosmology)을 제공하고 있다는 것을 알 수 있다. 예수의 인격적 화육보다 훨씬 이전에, 그리스도는 모든 만물 속에 깊이 심겨졌다. 성서의 첫 번째 구절은 "하느님의 영이 물 위에 뒤덮여 있었다," 또는 "무형의 빈자리 위에 맴돌고 있었다"고 말한 다음에 곧바로 물질적인 우주가 그 깊이와 의미에서 완전히 가시적인 것이 되었다고 말한다(창세기 1:1ff). 물론 이 시점에서 시간은 아무런 의미가 없다. 그리스도 신비는 신약성서가 이 첫 날에 생겨난 이런 가시성(visibility) 또는 **볼 수**

---

4) 바로 이런 이유 때문에 제1부의 제목에서 "모든 것"을 영어로 "Everything" 대신에 "Every Thing"이라고 표기한 것이다. 왜냐하면 나는 그리스도 신비(Christ Mystery)가 구체적으로 사물, 물질성, 육체성에 적용된다고 믿기 때문이다. 나는 개념들과 아이디어들을 그리스도로 생각하는 것이 아니다. 개념들과 아이디어들은 내가 여기서 하려는 것처럼 그리스도 신비를 소통할지도 모르지만, 그러나 나에게 "그리스도"는 구체적으로 "육신이 된"(요한 1:14) 아이디어들을 가리킨다. 독자들은 나의 이런 입장에 동의하지 않을 수 있지만, 적어도 이 책에서 내가 "그리스도"라는 말을 사용할 때 내가 어떤 입장인지를 알 것이다.

있는 것(see-ability)에 대해 이름 붙이려는 시도이다.

빛이란 당신이 직접 보는 것이라기보다는 빛에 의해서 다른 모든 것을 보는 것이다. 바로 이런 이유 때문에 요한복음에서 예수 그리스도는 "나는 세상의 빛이다"(요한 8:12)라고 거의 과장된 진술을 한 것이다. 예수 그리스도는 물질과 영을 한 곳에 함께 놓은 합성(amalgam)으로서, 우리들 자신도 모든 곳에서 그것을 함께 놓을 수 있고 사물들을 그 충만함 가운데 향유할 수 있게 된다. 그것은 심지어 우리로 하여금 **하느님이 보시는 것처럼 볼 수 있게** 만드는데, 만일 그것이 너무 많은 것을 기대하지 않는다면 그렇다.

과학자들은 인간의 눈에 암흑처럼 보이는 것이 실제로는 "중성미자(neutrinos)"라고 부르는 작은 소립자들, 즉 우주 전체를 통과하는 빛의 조각들로 채워져 있다는 것을 발견했다. 분명히 완전한 암흑 같은 것은 어디에도 없다. 비록 인간의 눈에는 그런 완전한 암흑이 있다고 생각하지만 말이다. 요한복음이 그리스도를 "어둠이 이길 수 없는 빛"(요한 1:5)이라고 묘사한 것은 우리가 생각했던 것보다 훨씬 정확한 표현이었다. 사물들의 내적인 빛(the inner light)은 제거하거나 파괴할 수 없음을 아는 것은 매우 희망적인 것이다. 그것이 충분하지 않은 것처럼, 요한이 능동태 (과거진행형－역자주) 동사를 선택한 것("**그 빛이 세상 속으로 오고 있었다.**" 요한 1:9)은 그리스도 신비가 과거에 한 번 일어난 사건이 아니라 시간 속에서 계속적인 과정, 즉 우주를 채우는 빛처럼 불변의 상수(constant)로서 계속적인 과정이라는 것을 보여준다. 그리고 "그 빛은 하느님 보시기에 좋았다"(창세기 1:3). 이것을 잊지 말라.

그러나 이런 상징은 더욱 깊어지며 강화된다. 그리스도인들은 이런 우주적 현존이, 나중에 연대기적 시간의 순간 속에서, "여자의 몸에서 나게 하시고 율법의 지배를 받게 하셨다"(갈라디아 4:4)는 것을 믿는다. 이것이 바로 그리스도인들의 위대한 신앙의 도약인데, 모두가 이런 도약을 하려고 하지는 않는다. 우리는 하느님의 현존이 한 사람 속에 쏟아 부어짐으로써, 인간성과 신성이 그 한 사람 안에서 하나로 —따라서 우리들 안에서도 하나로— 작동하는 것을 볼 수 있게 되었다는 것을 감히 믿는다. 그러나 하느님이 예수를 통해서 세상 **속으로**(into) 들어오셨다고 말하는 것보다는 예수가 이미 그리스도로 흠뻑 적셔진 세상**으로부터 나왔다**(out of)고 말하는 것이 더 나을 것이다. 이 두 번째 화육은 첫 번째 화육으로부터, 물리적 삼라만상과 하느님의 사랑하는 연합으로부터 흘러나왔다. 만일 이것이 당신에게 여전히 이상하게 들리면, 잠시 나를 믿어주기 바란다. 내가 당신에게 약속할 수 있는 것은 그것이 예수와 그리스도 모두에 대한 당신의 믿음을 깊게 해주며 더욱 넓게 해줄 것이라는 점이다. 이것은 하느님이 누구이시며 또한 그런 하느님이 무엇을 하고 계시며, 우리가 이 장 앞부분에서 물었던 질문들에 대해 더 나은 대답을 찾고자 한다면 필요로 할 하느님을 새로운 틀 속에서 생각하게 해주는 매우 중대한 것이다.

내 요점은 이것이다. 내 주변의 세계가 하느님이 숨어계시는 곳인 동시에 계시하는 곳이라는 것을 알았을 때, 나는 더 이상 자연과 초자연 사이, 성(聖)과 속(俗) 사이를 의미 있게 구분할 수 없게 되었다. (사도행전 10장에서는 매우 저항하는 베드로에게 이것을 분명하게 깨닫게 한 것이 바로 하느님의 "음성"이었다.) 내가 보며 아는 모든 것은 사실상 "**하나로 돌다**(uni-verse)," 즉 하나의 일관된 중심의 둘레를 돌고 있는 우주이다. 이런 신적 현존은 분열이나 분리가 아니라 연결과 친교를 추구한다. **분열이나 분리는 더욱 깊은 연합을 위한 것일 뿐이다.**

이것은 내가 세상을 살아가는 방식에서 얼마나 큰 차이를 만들며, 내가 만나는 모든 사람들과 만나는 방식에서 얼마나 큰 차이를 만드는가! 그것은 마치 실망시키며 "타락한" 것처럼 보이는 모든 것, 역사의 흐름에 맞서는 모든 반발들을 이제는 하나의 전체 운동으로 볼 수 있으며 여전히 하느님의 사랑에 의해 사용되며 매혹적인 것으로 볼 수 있다. 그 모든 것들, 심지어 배반이나 십자가 처형처럼 보이는 것들조차도, 어떤 방식으로든 이용할 수 있으며 또한 잠재력을 지닌 것으로 보아야 한다. 이런 방식이 아니라면 달리 어떻게, 왜 우리가 이 세상을 사랑할 수 있겠는가? 어느 것도, 아무도 배제될 필요가 없다.

내가 지금 설명하고 있는 이런 온전함은 오늘날과 같은 포스트모던 세계는 더 이상 향유하지 않을 뿐 아니라 심지어 격렬하게 부인하는 것이기도 하다. 나는 도대체 왜 계몽주의를 통해 합리주의가 승리한 후에 우리는 그처럼 앞뒤가 맞지 않는 것을 선호하는지에 대해서 항상 의아해했다. 내 생각에 우리는 일관성, 패턴, 그리고 어떤 최종적 의미는 좋은 것이라는 데 대해 모두가 동의했었다. 그러나 지난 세기에 지식인들은 그처럼 큰 온전함의 존재와 힘을 부정했으며, 또한 그리스도교에서는 우리가 창조주의 현존을 단지 예수라는 한 인간에게만 국한시키는 잘못을 저질렀다. 이처럼 우리가 매우 선택적으로 보는 방식은 역사와 인류를 위해 매우 파괴적이었다. 하느님의 관심의 실제 드라마는 항상 오직 우리들뿐이라는 관점에서, 삼라만상은 속된 것이며 단순한 우연으로 간주되었다. (더욱 골치 아픈 것은 하느님의 관심이 하느님 자신

뿐이라는 생각이다.) 그래서 우연적이며 공허하며 속된 우주 안에서 살아가는 개인들은 성스러움을 느낄 수 없게 되었다. 이런 방식으로 세상을 보는 것은 우리를 세상으로부터 분리된 경쟁적인 존재로 느끼게 만들어, 서로 깊이 인연을 맺고 더욱 큰 연합을 추구하는 대신에 남보다 우월해지려고 버둥거리도록 만들었다.

그러나 하느님은 사물들이 되심으로써 그들을 사랑하신다.
하느님은 사물들을 배제하는 것이 아니라 그들과 연합하심으로써 그들을 사랑하신다.

창조 활동을 통해서 하느님은 영원히 흘러나오는 신적인 현존을 물리적이며 물질적인 세상 속에 드러내셨다.[5] 평범한 물질은 영이 숨어계시는 장소이기에 바로 하느님의 몸이다. 솔직히 말해서, 우리가—정통 유대인들, 그리스도인들, 무슬림들로서—"한 분 하느님께서 만물을 창조하셨다"고 믿는다면, 달리 무슨 방법이 있었겠는가? 태초부터 하느님의 영은 물리적인 삼라만상을 통해서 그 영광과 선함을 계시해왔다. 그래서 많은 시편들은 이미 이런 점을 주장하면서 "강들이 손뼉을 치며" "산들은 기쁨을 노래한다"고 했던 것이다. 바울로(바울)가 "오직 그리스도만이 계십니다. 그분은 모든 것이며 또 그분은 모든 것 안에 계십니다"(골로사이 3:11)라고 썼을 때, 바울로는 순진한 범신론자였는

---

[5] 로마서 8:19ff.와 I 고린토 11:17ff.를 보면, 바울로는 그의 확대되는 화육 개념을 분명히 표현하고 있다. 우리들 대부분은 단지 이런 방식으로 배운 적이 없었을 따름이다.

가, 아니면 정말로 화육의 복음이 뜻하는 완전한 의미를 이해한 것인가?

하느님은 눈에 보이지 않는 것을 "눈에 보이는 것" 속에 드러내시기로 선택하심으로써, 눈에 보이는 모든 것들이 하느님의 끝없이 확산되는 영적인 에너지를 계시하신 것처럼 보인다. 일단 우리가 이것을 인식하면, 이 세상 속에서 다시 외로움을 느끼기는 어렵다.

보편적이며 개인적인 하느님

수많은 성서본문이 매우 분명하게 가르치는 것은 이 그리스도가 "태초부터"(요한 1:1-18; 골로사이 1:15-20; 에페소 1:3-14) 존재했기 때문에 그리스도는 예수와 동일할 수 없다는 것이다. 그러나 "그리스도"를 예수에게 덧붙임으로써 마치 그리스도가 예수의 성(family name)처럼 되어버렸다. 그리스도는 역사 전체에 걸쳐 하느님의 현존이 모든 물질을 매혹시킨 수단이지만, 그리스도인들은 자신들의 생각에서 꽤나 조잡해졌다. 우리의 신앙은 그 안에서 모두가 타고난 존엄성을 갖고 살 수 있는 **보편적 우주론 대신에, 다양한 교파적 구원론들이 서로 경쟁하는 신학이 되어버렸다.**

과거 어느 때보다도 지금 더욱 더 우리에게 필요한 하느님은 계속 팽창하는 우주처럼 큰 하느님이다. 그렇지 않다면 교육을 받은 사람들은 계속해서 하느님을 생각할 때, 이미 경이롭고 아름답고 그 자체로 찬양받기에 합당한 세계에 단지 덧붙여진 것으로 생각하게 될 것이다. 만일 예수 역시 그리스도로서 제시되지 않는다면, 내가 예언할 수 있는 것은 더욱 많은 사람들이 그리스도교에 대해 적극적으로 반란을 일으키게 되기보다는 오히려 점차 그리스도에 대한 관심을 잃어버리게 될 것이라는 점이다. 많은 과학자들, 생물학자들, 사회사업가들은 예수에 대한 구체적인 언급을 전혀 필요로 하지 않은 채 그리스도 신비를 공경해왔다. 하느님은 우리가 그분의 이름을 정확히 부르는 것에 대해 전혀 염려하지 않으신 것처럼 보인다(출애굽 3:14을 보라). 예수 자신이 말씀하신 것처럼, "'주님, 주님' 하고 **말하는** 이들을 믿지 말라"(마태오 7:21; 루가 6:46). 예수는 "그것을 올바로 말하는" 사람들이 중요한 것이 아니라 "그것을 올바로 행하는" 이들이 중요하다고 가르쳤다. 그러나 말로 하는 정통주의는 그리스도교가 몰두했던 일이다. 때로는 "그것을 올바로 말하지" 않았다는 이유로 사람들을 화형에 처하기도 했었다.

이것이 바로 우리가 배타적으로 예수에게만 초점을 맞출 때, 예수와 "인격적인 관계"를 갖는 것에만 초점을 맞출 때, 그가 영원히 불타는 지옥으로부터 당신과 나를 구원하기 위해 무엇을 할 수 있는지에만 초점을 맞출 때 벌어지는 일이다. 그리스도교 2000년 역사 동안에 우리는 우리의 신앙을 하나의 문제와 하나의 위협이라는 관점에서 그 틀을 만들었다. 그러나 만일 당신이 예수의 가장 중요한 목적이 개인적인 구원의 수단을 마련하는 것이라고 믿는다면, 예수는 인간의 역사, 즉 전쟁이나 불의, 자연파괴, 또는 우리의 에고의 욕망이나 문화적인 편견들과 모순되는 것들과는 전혀 상관이 없다고 생각하는 것이 너무 쉽다. 우리는 결국 그리스도의 이름으로 보편적인 해방의 메시지를 실천하는 대신, 우리의 국가적 문화들을 예수의 이름으로 전파하는 것으로 끝나고 말았다.

이 세상과 그 안의 모든 생명과 죽음의 본래적인 성스러움에 대한 감각이 없다면, 우리는 실재를 존중하고 보호하며 사랑하기는커녕, 우리들 자신의 현실 속에서 하느님을 보려고 애쓰게 된다. 이런 무지함의 결과는 우리들 주변에 있다. 우리가 동료 인간들을 착취하고, 귀한 동물들, 생태계의 그물망, 땅, 물, 공기까지 파괴하는 방식들이 바로 그런 무지함의 결과다. 교황이 이것에 대해 분명하게 말하기까지 21세기가 걸렸다. 프란치스코 교황의 예언자적 문서 『찬미받으소서』(*Laudato Si*)가 그것이다. 그것이 너무 늦은 것이 되지 않기를, 또한 실제적으로 보는 것(과학)과 통전적으로 보는 것(종교) 사이의 불필요한 격차가 완전히 극복되는 것이 너무 늦지 않기를 바란다. 과학과 종교는 여전히 서로를 필요로 한다.

내가 이 책에서 **화육적 세계관**(incarnational worldview)"이라고 부르는 것은 신적인 현존이 문자적으로 "모든 것"과 "모든 사람" 안에 있다는 근본적인 인식이다. 그것이 바로 정신적 건강과 영적인 건강의 열쇠일 뿐 아니라 기본적인 행복과 만족의 열쇠다. 화육적 세계관은 우리의 내부 세계와 외부 세계를 화해시킬 수 있는 유일한 길이며, 통일성과 다양성, 물리적인 것과 영적인 것, 개인과 집단, 신과 인간을 화해시킬 수 있는 유일한 길이다.

2세기에 교회는 스스로를 "카톨릭(catholic)"이라고 부르기 시작했는데, 그 뜻은 **보편적**(universal)이라는 뜻이다. 교회와 그 메시지 자체의 보편적 성격을 인식했기 때문이다. 나중에 "카톨릭"이라는 말에 "로마"라는 말로 경계선을 설정했는데, 이것은 교회가 사람들을 나누지 않고 누구나 포용하는 메시지를 선포한다는 의식을 상실했기 때문이다. 그

후 1517년에 절대 필요했던 종교개혁이 일어난 후에는 우리가 더욱 작아지며 서로 경쟁하는 분파들로 계속 나뉘어졌다. 바울로는 이미 이것에 관해 고린토 교인들에게 경고하면서, "그리스도를 나눌 수 있는가?"(I 고린토 1:12)라고 묻는데, 이것은 여전히 우리의 걸음을 멈추도록 만드는 질문이다. 그러나 이 말씀이 기록된 이후에 우리는 그리스도를 나누는 짓을 상당히 많이 했다.

온건하게 표현하자면, 그리스도교는 당파적인 집단이 되었다. 그러나 그렇게 남아 있을 필요는 없다. 그리스도인들의 온전한 신앙의 도약은 **예수가 그리스도와 함께 우리에게 한 사람을 주었지만 그러나 우리가 하느님이라고 부르는 영원한 현재 속을 볼 수 있는 정확한 창문을 주었다는 것을 믿는 것이다**(요한 8:58; 골로사이 1:15; 히브리 1:3; II 베드로 3:8). 이것이 바로 많은 사람들이 "예수는 하느님이시다!"라고 말할 때 그들이 했다고 믿는 신앙의 도약이다. 그러나 엄격히 말해, 이 말은 신학적으로 올바른 것이 아니다.

그리스도는 하느님이며, 예수는 그리스도가 시간 속에 나타난 역사적인 현현이다.

예수는 단순히 하느님도 아니며 단순히 사람도 아니라, 하느님과 사람이 함께 한 제3의 존재이다.

이것이 그리스도교의 독특하며 핵심적인 메시지이며, 또한 이것은 엄청난 신학적, 심리적, 정치적 함의를 갖고 있다는 점에서 매우 좋은 것이다. 그러나 만일 우리가 하느님과 인간이라는 서로 반대되는 것처럼 보이는 존재를 예수 그리스도 안에 함께 넣을 수 없다면, 우리는 보통 이 둘을 우리들 자신 속에, 또는 이 물리적 우주의 나머지 안에 함께 넣을 수 없게 된다. 이것이 지금까지 우리의 중요한 난관이었다. 예수는 그 비밀 암호 해독자 역할을 하기로 되어 있었지만, 우리는 예수를 그리스도에 연합시키지 않음으로써 그리스도교가 될 수도 있었을 핵심을 상실해버렸다.

단순히 개인적인 하느님은 부족적이며 감상적인 신이 되며, 또한 단순히 보편적인 하느님은 결코 추상적 이론과 철학적 원리의 영역을 벗어나지 못한다. 그러나 우리가 그 둘을 함께 놓는 것을 배우면, 예수와 그리스도는 우리에게 **개인적이며 동시에 보편적인** 하느님을 제시한다. 그리스도 신비는 태초부터 모든 물리적 물질들을 영원한 목적으로 기름 붓는다. (우리가 그리스어로부터 *Christ*라고 번역하는 단어는 "기름 부음을 받은 자," 또는 메시아라는 뜻의 히브리어 *mesach*에서 온 말이다. 그는 모두가 기름 부음을 받았다는 것을 계시한다.) 많은 사람들이 여전히 기도하며 기다리는 것은 이미 우리에게 세 차례나 주어진 것이다. 즉 첫 번째는 창조에서, 두 번째는 예수 안에서 주어짐으로써, "우리가 그를 들을 수 있고, 생명이신 그 말씀을 우리가 눈으로 보고, 목격하고 우리의 손으로 만질 수 있게 하셨습니다"(I 요한 1-2), 그리고 세 번째는 계속되는 사랑의 공동체 (그리스도인들이 그리스도의 몸이라고 부르는 것) 안에서인데, 이 공동체는 인류 역사 전체를 통해 서서히 발전하고 있다(로마서 8:18ff). 우리는 여전히 그 큰 흐름 안에 있다.

우리의 의식이 현재와 같이 진화된 상황에서, 특히 "전체 그림(whole picture)"에 대해 지금 우리가 갖고 있는 역사적 및 기술적 접근가능성의 상황에서, **만일** 하느님이 개인적인 관계들을 보편적인 것들과도 연결시키지 않는다면, 어느 진지한 사람이 하느님과의 건강하며 거룩한 "개인적" 관계를 가질 수 있을지 의문이다. 개인적 하느님은 보다 작은 하느님을 뜻할 수 없으며, 또한 하느님도 당신을 어떤 방식으로든 더욱 작게 만들 수 없다. 만일 그런다면, 하느님이 아니다.

아이러니하게도, "재림"을 기다리는 수백만 명의 매우 경건한 이들은 보통 첫 번째와 세 번째를 놓치고 있다. 다시 말하지만, **하느님은 그들이 되심으로써 그들을 사랑하신다.** 하느님은 우주를 창조하실 때 그렇게 하셨으며, 예수를 창조하실 때도 그렇게 하셨고, 또한 계속되는 그리스도의 몸 안에서(I 고린토 12:12ff)와 심지어 빵과 포도주 같은 단순한 요소들 안에서도 그렇게 하신다. 그러나 슬프게도 그리스도교의 한 부분은 하느님의 계속되는 창조로부터 벗어나 아마겟돈(Armageddon)이나 휴거(Rapture)와 같은 출구를 찾고 있으며, 심지어 그것을 위해 기도하고 있다. 요점을 놓친 장광설이다! 가장 효과적인 거짓말은 흔히 정말로 큰 거짓말이다.

계속 발전하며 우주처럼 팽창되는 그리스도 신비 안에 우리 모두가 참여하고 있는데, 이 그리스도 신비가 이 책의 주제이다. 예수는 생명의 시간적이며 개인적인 차원을 위한 지도(a map)이며, 그리스도는 모든 시공간과 생명 자체를 위한 청사진(the blueprint)이다. 예수와 그리스도 모두 자기를 비우며 채우는 (그리스도) 보편적 패턴과 죽음과 부활 (예수) 패턴을 계시하는데, 이 보편적 패턴은 우리가 역사 속에서 서로 다른 시대에 따라 "거룩함," "구원" 또는 단순히 "성장"이라고 부른 과정이다. 그리스도인들에게는 이런 보편적 패턴이 그리스도교 신학의 삼위일체의 내적인 생명을 완전하게 모방한 것으로서,6) 삼위일체의 이 내적인 생명은, 만물이 하느님의 형상과 닮음으로 창조된(창세1:26-27) 이래로 어떻게 실재가 펼쳐지는지를 보여주는 우리의 원형이다.

나로서는 완전한 그리스도 신비를 참되게 이해하는 것이 그리스도교를 기초에서부터 개혁하기 위한 열쇠인데, 이것만이 우리로 하여금 하느님을 우리들만의 배타적인 집단 속에 집어넣거나 잡아두려는 어떤 시도에서든지 벗어나 앞으로 나아가게 할 것이다. 신약성서가 극적으로 또한 명백하게 표현한 것처럼, "천지창조 이전에 우리는 그리스도 안에서 선택되었으며 … 하느님의 자녀들로 선언되었으며, 태초부터 선택됨으로써"(에페소 1:3, 11), "그분은 모든 것이 그리스도를 머리로 하고 하나로 만드실 수 있게 하셨습니다"(1:10). **만일 이 모든 것이 진실하다면, 우리는 모든 몸을 포함하는 자연종교를 위한 신학적 기초를 갖고 있는 것이다. 그 문제는 태초부터 해결되었다.** 그리스도교를 통해 세뇌된 당신의 머리를 떼어내어 세차게 흔들어 당신이 배운 것들을 떨어낸 다음에 다시 붙이도록 하라!

예수, 그리스도, 그리고 사랑받는 공동체

프란치스코회 철학자이며 신학자인 존 던스 스코투스(1266-1308)에 대해 나는 4년 동안 연구했는데, 그가 "**하느님은 그리스도를 무엇보다도 최고의 가장 위대한 작품**(*summum opus dei*)**이 되도록 하신 것이다**"라

---

6) 이 개념을 더욱 자세하게 설명한 것을 보기 위해서는 나의 책 *The Divine Dance* (New Kensington, PA: Whitaker House, 2016)를 보라.

고 썼을 때,7) 그는 바로 이처럼 그리스도에 대한 일차적이며 우주적인 개념을 표현하려 했던 것이다. 다시 말해서, 하느님의 "첫 번째 생각" 과 우선순위는 하느님 자신을 눈에 보이도록 만들며 공유할 수 있도록 만드는 일이었다. 성서 안에서 이런 사상을 위해 사용된 용어가 '로고스(*Logos*)'인데, 이 용어는 그리스 철학에서 가져온 용어로서, 나는 실재를 위한 "청사진"이나 원초적 패턴이라고 번역한다. 예수만이 아니라 **삼라만상 전체**가 사랑받는 공동체이며, 하느님의 춤에서의 파트너이다. 모든 것은 "하느님의 자녀"이다. 예외가 없다. 당신이 이것을 생각할 때, 달리 어떤 것일 수 있겠는가? 모든 피조물들은 그들을 창조하신 창조주의 신적인 DNA를 어떤 방식으로든 지니고 있다.

불행하게도 서양에서 등장한 신앙(faith)의 개념은, **하느님이 만물 속에 본래적으로 계시는 것을 조용히 신뢰하며 또한 이 전체가 어디인가 좋은 곳을 향해 가고 있다는 것을 희망적으로 신뢰하는 것이라기보다는 오히려 어떤 정신적인 믿음조항들(beliefs)의 진리에 대한 이성적인 동의**(rational assent)처럼 되어버렸다. 따라서 우리는 조만간 지적인 믿음(이것은 구분하고 제한시키는 경향이 있다)을 사랑과 희망(이것은 연합시키고 영원한 것이 되게 한다)으로부터 분리시켰다. 바울로가 사랑에 대한 그의 위대한 찬미에서 말한 것처럼, "영원한 것은 세 가지뿐인데, 믿음과 희망과 사랑입니다"(I 고린토 13:13). 다른 모든 것은 지나간다.

믿음, 희망, 사랑은 하느님의 본성이며, 모든 존재의 본성이다.

---

7) 항목 'Scotism,' *Encyclopedia of Theology*, ed. Karl Rahner (London: Burns and Oates, 1975), 1548.

그처럼 좋은 것은 죽을 수 없다.(이것이 "천국"이라는 뜻이다.)

이 세 가지 위대한 미덕들의 각각은 진정한 것이 되기 위해 항상 다른 두 가지를 포함한다. 즉 사랑은 항상 희망하며 믿으며, 희망은 항상 사랑하며 믿으며, 또한 믿음은 항상 사랑하며 희망한다. 이것들은 하느님의 본성이며 따라서 모든 존재의 본성이다. 이런 온전함이 우주 안에서 그리스도로 인격화되며, 인류 역사 안에서는 예수로 인격화된다. 따라서 하느님은 단지 사랑일 뿐만이 아니라(I 요한 4:16), 절대적인 신실함과 희망 자체이기도 하다. 이런 신실함과 희망의 에너지는 창조주로부터 흘러나와 모든 피조물에게 들어가 모든 성장, 치유를 일으키며, 매해 봄을 가져온다.

어느 한 종교도 그런 믿음의 깊이를 전부 품어 안지 못한다.
어느 한 인종도 그런 희망을 독점하지 못한다.
어느 한 민족도 그런 보편적 사랑의 흐름을 통제하거나 제한시킬 수 없다.

이런 것이 그리스도 신비의 선물로서, 이제까지 살았고 죽었고 다시 살게 될 모든 것 속에 감추어져 있다.

나는 이런 비전이 좀 더 분명하게 되기를 바란다. 그것은 어떤 점에서 너무 단순하고 상식이기 때문에 가르치기가 어렵다. 그것은 주로 이제까지 배운 것을 내려놓는 문제이며, **당신의 그리스도인으로서의 상식을 신뢰하는 것을 배우는 문제이다.** 그리스도는 절대적인 온전함, 완전한 화육, 창조의 통전성을 뜻하는 단순한 은유이다. 예수는 우리와 같은 인간의 원형(archetypal human)으로서(히브리 4:15), 만일 우리가 완전히 그 속에서 살아갈 수 있다면, 참사람(Full Human)이 어떤 모습일지를 우리에게 보여주었다(에페소 4:12-16). 솔직히 말해서, **예수는 우리에게 어떻게 영적인 인간이 되는가보다는 오히려 훨씬 더 어떻게 인간이 되는지를 보여주기 위해 왔으며**, 또한 그 과정은 여전히 그 초기 단계에 있는 것처럼 보인다.

예수 없이는, 우리의 깊은 인간성의 규모와 중요성에 대해 우리들처럼 일상적인 인간들이 상상하기에는, 그것이 너무나 엄청나며 너무나 좋은 것에 불과하다. 그러나 우리가 예수를 그리스도와 다시 결합시키면, 우리는 큰 상상과 위대한 작업을 시작할 수 있다.

2장

당신이 완전히 받아들여진 것을 받아들이라

내가 모든 것을 새롭게 만든다. … 이 말은 이루어질 것이다. … 이미 이루어졌다. 나는 알파와 오메가, 곧 처음과 마지막이다.

— 요한의 묵시록 21:5-6

정말 잘 들어두어라. 나는(I AM) 아브라함이 태어나기 전부터 있었다.

— 요한 8:58

이 두 성서 본문에서, 누가 말하고 있다고 당신은 생각하는가? 나자렛 예수인가 아니면 다른 누구인가? 우리가 결론을 내려야 하는 것은 여기서 누가 말하고 있든지 간에 그는 모든 역사에 대해 거대하고 낙관적인 원호를 제공하고 있다는 점이며, 또한 단순히 갈릴리의 비천한 목수로서 말하고 있는 것이 아니라는 점이다. "나는 처음이면서 동시에 마지막이다"(요한의 묵시록 22:13)라는 말씀은 만물의 시작과 끝 사이의 일관된 궤적을 묘사한다. 요한복음서에서 인용한 두 번째 말씀은 더욱 놀라운 말씀이다. 만일 여기서 말하는 것이 단지 예수뿐이었다면,

예루살렘 성전에 서서 자신을 하느님이라고 부르는 예수에 대해 그곳에 있었던 모든 사람들은 그를 돌로 쳐서 죽일 온갖 이유들을 갖고 있었을 것이다.

나는 예수가 자신이 하느님과 실제로 연합되어 있다는 것에 대해 전혀 의심하지 않았다고 믿지만, 나자렛 예수는 생애 동안에 보통은 하느님을 가리키는 "나는(I AM)"이라는 표현을 사용하지 않았으며, 이런 표현은 요한복음 전체에서 일곱 차례 나온다. 마태오, 마르코, 루가복음서에서는 예수가 거의 언제나 자신을 가리켜 "사람의 아들(the Son of Human)" 또는 단순히 "보통 사람(Every-man)"이라는 표현을 사용하는데 이런 표현은 모두 여든 일곱 번 나온다.1) 그러나 기원후 90년에서 110년 사이에 기록된 요한복음에서는 그리스도의 음성이 앞에 나와 거의 모든 말씀을 하신다. 이런 점은 "나는 길이요 진리요 생명이다"(요한 14:6), 또는 "나는 아브라함이 태어나기 전부터 있었다"(8:58)는 말씀처럼, 예수의 입을 통한 말씀들로 보기에는 무리가 있는 말씀들을 이해할 수 있게 도와준다. 나자렛 예수는 그런 식으로 말하지 않았을 것이지만, 만일 이런 말씀들이 영원한 그리스도의 말씀들이라면, "나는 길이요 진리요 생명이다"는 선언은 어느 누구의 마음도 상하게 만들지 않고 위협하지도 않을 매우 온당한 선언이다. 결국 예수는 어느 집단을 가입시키거나 배제하는 것에 관해 말하는 것이 **아니라, 오히려 모든 사람들과 모든 종교들이 물질과 영이 하나로 작동하도록 허락해야만 하는**

---

1) 이 용어에 대한 방대한 연구는 Walter Wink, *The Human Being: Jesus and the Enigma of the Son of Man* (Minneapolis: Fortress Press, 2002). 한성수 역, 『참사람: 예수와 사람의 아들 수수께끼』(한국기독교연구소, 2014)를 보라.

방식(길)을 묘사하고 있는 것이다.

일단 우리가 영원한 그리스도가 이 성서 구절들에서 말하는 분이라는 것을 이해하면, 하느님의 본성—그리고 하느님의 형상으로 창조된 만물—에 관한 예수의 말씀은 삼라만상 전체를 위한 깊은 희망과 폭넓은 비전으로 충만한 것처럼 보인다. 역사는 목표가 없는 것이 아니며, 단순히 임의적인 운동의 산물이 아니며, 묵시적 종말을 향한 달음박질이 아니다. 이것은 선하고 보편적인 진리로서, "하느님의 계시"를 혼자만 갖고 있다고 주장하는 어떤 집단에 달려 있는 것이 아니다. 이것은 흔히 종교가 택하는 분파적 형태와 얼마나 다른가! 계속 팽창되는 우주 안에 있는 한 작은 행성의 극소수 사람들만을 위한 개인적 구원이라는 편협한 개념, 특히나 (수만 년 전에) 티그리스 강과 유프라테스 강 사이의 지역에서 저질러진 한 번의 죄를 중심으로 전개되는 개인적 구원이라는 창백한 개념과 얼마나 다른가!

초대교회 시절부터 정통 그리스도인들의 신앙적 도약은 이 영원한 그리스도가 참으로 말씀하신 것은 예수를 통해서였다는 믿음이었다. 신성과 인간성은 어떤 방식으로든 하나로서 말할 수 있어야만 한다. 왜냐하면 만일에 하느님과 인류의 연합이 예수 안에서 "진실"이라면, 그것은 우리들 모두에게도 역시 진실일 수 있다는 희망이 생기기 때문이다. 이런 희망은 예수로 하여금 영원한 그리스도로서 말씀하시도록 한 것으로부터 한 발 더 크게 나아간 것이다. 그는 실제로 히브리서에 표현된 것처럼, "우리의 믿음의 개척자이며 완성자"(12:2)로서, 인간의 여정에 대한 완벽한 모델이 되었다.

나는 이것이 우리들 대부분을 위해 관점을 크게 바꾸어주는 것임을 알기 때문에 아래와 같이 요약하고자 한다.

그리스도인들의 이야기는 예수가 죽었고 그리스도는 "부활하셨다"고 말하는데, 그렇다, 여전히 예수로서 부활하셨다. 그러나 지금은 또한 그 완전한 목적과 목표 안에서 모든 삼라만상을 포함하며 계시하는, 집합적 인격(the Corporate Personality)으로서도 부활하셨다. 또는 "정통주의 아버지"라 부르는 성 아타나시우스(296-373)가 교회가 자체를 보다 사회적이며 역사적이며 혁명적인 의미에서 이해할 때 썼던 것처럼, **"하느님은 시종일관하게 자신을 어디에나 계시하기 위해서 한 사람을 통해서 일하셨으며 또한 그분이 창조하신 다른 부분들을 통해서도 일하심으로써, 어느 것도 그분의 신성과 그분 자신에 대한 지식이 결여되지 않도록 하셨으며 … '물이 바다를 채우듯이, 전체 우주가 주님에 대한 지식으로 채워지게 하셨다.'"**2) 이 책 전체는 아타나시우스의 이 말에 대한 각주에 불과한 것으로 생각할 수 있다.

서방교회가 "화육(성육신)"이나 "구원"이라고 부르는 이 과정에 대해 동방교회는 성스러운 용어로 표현하여 '테오시스(*theosis*),' 곧 "신화(divinization, 神化)"라고 부른다. 만일 이 용어가 도발적으로 들린다면, 그들은 베드로후서 1:4의 말씀, 즉 "그분은 우리에게 매우 위대하고 훌륭한 것을 주셨습니다. 여러분은 … **하느님의 본성을 나누어 받게 되었습니다**"라는 말씀에 근거한 것이다. 이것이 그리스도교의 핵심적 복음이며 유일하게 변혁시키는 메시지이다.

대부분의 카톨릭 신자들과 개신교인들은 여전히 화육을 단 한 번,

---

2) Athanasius, *De Incarnatione Verbi* 45.

한 사람에게 일어난 사건으로 나자렛 예수와만 관계된 것으로 생각하지, 태초부터 하느님의 현존의 모든 역사 속에 배어 있는 우주적 사건으로는 생각하지 않는다. 따라서 이것이 함축하는 바는 다음과 같다:

• 하느님은 왕좌에 앉아계신 노인이 아니다. 하느님은 삼위일체 교리가 보여주듯이, 관계 자체이며 신적인 다양성 사이의 무한한 사랑의 역동적 관계이다. (창세기 1:26-27은 "**우리가 우리의 형상을 따라 창조하자**"라고, 창조주를 묘사하기 위해 복수 대명사를 두 번 사용한 것을 기억하라).

• 하느님의 무한한 사랑은 항상 하느님이 태초부터 창조하신 모든 것을 포함해왔다(에페소 1:3-14). 그 연관성은 본래적이며 절대적이다. 토라는 그것을 "사랑의 언약"이라고 부르는데, 이것은 조건이 없는 동의이며, 하느님 편에서 제안하시고 또한 완성시키는 것이다 (심지어 우리가 상응하지 못할 경우에라도).

• 따라서 창조주의 신적인 "DNA"는 모든 피조물 속에 들어 있다. 우리가 모든 피조물의 "영혼"이라고 부르는 것은 그 피조물 속에 들어 있는 **하느님을 아는 지식**으로 볼 수 있다. 그 피조물은, 모든 씨앗과 알(egg)처럼, 자신이 누구인지를 알며, 그 정체성 속으로 성장한다. 따라서 구원은 우리들이 배운 것처럼 **응보**(retributive agenda)라기보다는 "**회복**(restoration)"이라고 부르는 것이 가장 적합할 것이다.

- 우리가 하느님을 회복이라는 틀 대신에 응보라는 틀 속에 가두어 놓는 한, 우리는 사실상 실질적인 복음을 갖고 있지 못하다. 그런 응보는 기쁜 소식도 아니며 새로운 소식도 아니다. 단지 역사 속에서 지긋지긋하게 들어왔던 똑같은 이야기일 뿐이다. 그것은 우리가 하느님을 우리 수준에 맞게 격하시킨 것에 불과하다.

믿음의 본질적 핵심은 **당신이 받아들여진 것을 받아들이는 것이다**. 우리는 우리를 지으신 분을 알지 못하고는 우리 자신을 깊이 알 수 없다. 또한 하느님께서 우리들의 모든 부분을 철저하게 받아들이셨다는 것을 우리가 받아들이지 못하면, 우리 자신을 완전히 받아들일 수 없다. 하느님께서 우리를 받아들이셨다는 그 불가능성을 보다 쉽게 파악할 수 있는 방법은 우선, 인간 예수가 신적인 그리스도와 완전히 일치했다는 것을 인정하는 방법이다. 예수에게서부터 시작해서, 계속해서 당신 자신에게로, 마지막으로는 다른 모든 것들에게로 확장시켜보라. 요한이 말한 것처럼, "이 충만함(*pleroma*)으로부터 우리는 모두 넘치는 은총을 받고 또 받았다"(1:16). 이 마지막 부분을 더욱 정확히 번역하면, "은총에 풍성하게 응답하는 은총"일 것이다. 은총 안에서 끝나기 위해서는 당신이 어떤 방식으로든 은총으로 시작해야 하며, 그러면 모든 과정이 은총이 된다. 또는 다른 이들이 단순하게 표현한 것처럼 "당신이 그곳에 어떻게(방법) 도달하는가는 당신이 도달하는 곳이 어디인가(결과)이다."

보는 것과 알아차리는 것은 똑같은 것이 아니다

하느님이 예수 안에 화육(성육신)하셨다는 메시지의 핵심은 신적인 현존이 멀리 떨어진 "저 너머에" 있는 것만이 아니라 여기에, 우리들과 만물 속에 있다는 것이다. 초기 그리스도인들은 이처럼 새롭게 우리가 다가갈 수 있는 현존을 "주님이며 동시에 그리스도"(사도행전 2:36)라고 불렀으며, 또한 예수는 역사의 고속도로 위에 하느님의 메시지를 인격적인 방식으로 선포한, 큰 광고판이 되었다. 하느님은 우리의 시선을 끌기 위해 무엇인가, 또는 누군가를 필요로 하셨다. 예수는 그 역할을 매우 잘 수행하신다.

고린토인들에게 보낸 첫째 편지 15:4-8에서, 바울로는 예수가 죽은 후에 어떻게 그리스도가 그의 사도들과 추종자들에게 여러 차례 나타났는지를 묘사한다. 네 개의 복음서들도 똑같이 어떻게 부활한 그리스도가 집의 문, 벽, 공간, 민족, 종교, 물, 공기, 시간을 뛰어넘어 음식을 드시고 때로는 심지어 두 곳에 동시에 나타나는지를 묘사하는데, 항상 물질과 상호작용하신다. 이 모든 묘사는 그리스도가 물리적으로 현존하신 것으로 설명하지만, 항상 다른 종류의 몸을 입으신 것처럼 보인다. 또는 마르코가 그의 복음서 마지막에 정확하게 말하는 것처럼, "그는 다른 모습(form)으로 나타나셨다"(16:12). 이것은 새로운 종류의 현존, 새로운 종류의 몸, 새로운 종류의 신성이다.

내 생각에는 이것이 바로 그리스도의 이런 출현을 목격한 사람들이 마침내 그를 **알아차리게** 된 것처럼 보였지만, 보통은 즉각 알아차리지 못한 이유이다. 보는 것과 알아차리는 것은 똑같은 것이 아니다. 그리고 이것은 우리들 자신의 삶 속에서도 일어나는 일이 아닌가? 처음에 우리는 촛불을 보고, 그것이 우리에게 주는 개인적 의미나 메시지를 파악할 때, 그 촛불은 우리를 위해 "불꽃을 일으킨다." 우리는 한 노숙자를 보고, 우리가 그에게 마음을 열 때, 그는 귀한 인간이 되며 심지어 그리스도가 된다. 모든 부활 이야기는 매우 평범한 상황 속에서, 즉 낯선 사람과 엠마오를 향해 가는 길, 해변에서 생선을 굽는 일, 또는 막달라 마리아에게 정원지기처럼 나타난 일처럼3) 매우 평범한 상황 속에서, 모호하지만 여전히 분명한 현존을 강력하게 확증하는 것처럼 보인다. 성서의 이런 순간들은 우리로 하여금 평범하고 물질적인 것 속에서 하느님의 현존을 기대하고 갈망할 수 있는 무대를 설정해주기 때문에, 우리는 초자연적인 출현을 기다릴 필요가 없다. 카톨릭 신자들은 이것을 "성사/성례전(sacramental)" 신학이라고 부르는데, 이것은 우리가 눈에 보이는 것과 손으로 만질 수 있는 것들이 눈에 보이지 않는 것의 일차적인 현관임을 뜻한다. 이런 이유 때문에 교회의 공식적인 성사들 각각은 물, 기름, 빵, 포도주와 같은 물질적 요소들과 안수, 또는 혼인 자체의 절대적인 육체성을 강조하는 것이다.

바울로가 예수가 죽은 후 약 20년 정도 지나, 골로사이인들에게 쓴 편지(1:15-20)와 에페소인들에게 쓴 편지(1:3-14)를 썼을 때는, 그가 이미 예수의 몸을 나머지 인류와 연결시켰으며(I 고린토 12:12ff), 빵과 포도주가 상징하는 개별적 요소들과도 연결시켰으며(I 고린토 11:17ff), 또한 우주 역사와 자연 자체의 역사 전체와 연결시켰다(로마서 8:18ff). 이

---

3) Richard Rohr, *Immortal Diamond*, 김준우 역, 『불멸의 다이아몬드』, 23-24.

런 연결은 나중에 요한복음 서문에서 더욱 다듬어져서 표현되었는데, 그 저자는 이렇게 말한다. "한처음, 천지가 창조되기 전부터 말씀(Logos)이 계셨다. 말씀은 하느님과 함께 계셨고 하느님과 똑같은 분이셨다. 말씀은 한처음 천지가 창조되기 전부터 하느님과 함께 계셨다. 모든 것은 말씀을 통하여 생겨났고 **이 말씀 없이 생겨난 것은 하나도 없다.** 생겨난 모든 것이 그에게서 생명을 얻었으며 그 생명은 사람들의 빛이었다"(요한 1:1-4). 만물은 말씀이 육신이 된 것에 근거했다(1:14)는 말이다. 초기 동방교부들은 예술과 신학 모두에서 이처럼 보편적이며 집합적인 구원 개념을 많이 표현했지만, 서방교회에선 그렇지 않았다.

그 성사의 원리(sacramental principle)는 바로 이것이다: **이 물리적인 세상 속에 기초한 만남의 구체적인 순간에서 시작하라. 그러면 거기에서 영혼이 보편적인 것이 되게 함으로써 여기에서 참된 것은 다른 모든 곳에서도 참된 것이 된다.** 그러면 영적인 여정은 더욱 많은 것을 포함하는 원들(circles)과 더불어 하나의 거룩한 신비 속으로 나아간다. 그러나 그것은 항상 사람들이 "특수성의 스캔들"이라고 부르는 것에서 시작한다. 바로 거기에서 우리는 항복해야만 한다. 심지어 그 대상 자체가 우리의 외경, 신뢰, 또는 항복을 위해 무가치한 것처럼 보일 때라도 말이다.4)

---

4) Richard Rohr, *Just This*, 7 (Center for Action and Contemplation, 2018), "Awe and Surrendering to It," 2018.

빛과 깨달음

"세상의 빛"이라는 표현은 그리스도를 묘사하기 위해 사용되었지만(요한 8:12), 그러나 예수는 그 표현을 바로 우리에게 적용하신 것(마태오 5:14, "너희는 세상의 빛이다")을 주목했던 적이 있는가? 이것을 나에게 가르쳐준 설교자는 없었다.

빛은 우리가 직접 보는 것이라기보다는 **그 빛을 통해 우리가 모든 다른 것들을 보는 것**이다. 다시 말해서, 우리는 그리스도를 믿음(faith in Christ)으로써 그리스도의 믿음(faith of Christ)을 가질 수 있다. 이것이 목표다. 그리스도와 예수는 하느님의 증명할 수 있는 결론보다는 도관(conduits)으로 섬기는 일에서 매우 행복한 것처럼 보인다.(만일 전자의 경우였다면, 화육은 카메라와 비디오카메라가 발명된 후에 일어났을 것이다.) 우리는 예수의 눈으로 세상을 바라볼 수 있을 때까지 예수를 바라볼 필요가 있다. 세상은, "예수를 사랑"하지만 그 밖에 다른 것들은 사랑하지 않는 것처럼 보이는 사람들을 더 이상 신뢰하지 않는다.

예수 그리스도 안에서, 하느님 자신의 넓고 깊고 모두를 포함하는 세계관이 우리에게 주어졌다.

이것이 바로 복음서들의 전체 요점일 것이다. 우리는 메시지를 신뢰할 수 있기 전에 그 메신저를 신뢰해야만 하며, 이것이 예수 그리스도의 전략인 것처럼 보인다. 너무나 자주 우리는 메시지를 그 메신저로 대체해버렸다. 그 결과 우리는 그 메신저를 예배하고 다른 사람들도 똑같이 하도록 만드는 데 많은 시간을 허비했다. 너무나 자주 이런 강박관념은 실제로 그의 가르침을 **따르는 것**에 대한 경건한 대체물이 되었다. 그는 여러 차례 자신을 따르라고 요청했지, 자신을 예배하라고는 요청한 적이 한 번도 없었다.

우리가 성서본문에 주의를 기울인다면, 우리는 요한이 그리스도의 메시지에 대해 매우 진화적인 개념을 제시한 것을 볼 수 있다. "모든 사람을 깨우치는 참 빛은 이 세상 속으로 **오고 있었다**(was coming, *erxomenon*)"(1:9). 다시 말해서, 우리는 지금 자연 속에서 한 번 일어난 빅뱅이나 예수 안에서 한 번 일어난 화육에 관해 말하는 것이 아니라, 계속 펼쳐지는 만물 속에서 지속적으로 진보하는 운동에 관해 말하는 것이다. 화육은 2000년 전에 한 번 일어난 것이 아니다. 화육은 시간의 전체 역사를 통해 계속 일어났으며, 앞으로도 계속될 것이다. 이것은 흔히 "그리스도의 재림(Second Coming of Christ)"이라는 말로 표현되는데, 이 말은 불행하게도 위협으로 읽혀졌지만("아빠가 집에 가서 보자!"), 보다 정확하게는 "그리스도의 영원한 도래(Forever Coming of Christ)"를 말하는 것으로서, 위협과는 전혀 상관이 없는 것이다. 사실상, 그것은 영원한 부활에 대한 지속적인 약속이다.

그리스도는 사람들로 하여금 사물을 그 충만함 가운데 보도록 하는 빛이다. 그런 빛의 정확한 결과는 다른 모든 곳에서 그리스도를 보는 것이다. 사실상 이것이 참된 그리스도인에 대한 나의 유일한 정의이다. **성숙한 그리스도인은 모든 것과 모든 사람 속에서 그리스도를 본다.** 이것은 우리를 결코 실망시키지 않는 정의로서, 항상 우리에게 더 많은 것을 요구하며, 어느 누구도 배제하거나 거절할 이유를 주지 않는다.

이것은 아이러니하지 않는가? 그리스도인의 삶의 요점은 자신을 불경한 사람들로부터 구별하는 것이 아니라, 다른 모든 사람과 사물과 철저하게 연대하는 것이다. 이것이 화육의 의도적이며 완전하며 최종적인 결과로서, 그 종국성은 십자가에서 상징화되었다. **십자가는 하느님의 심판 대신에 하느님의 연대하심을 보여준 위대한 행동이다.** 의심의 여지도 없이 예수는 이렇게 보는 것을 완벽하게 본보기로 보여주었으며, 그것을 그 다음 역사에 넘겨주었다. 이것이 바로 우리가 그리스도를 닮아야 하는 방법으로서, 이 선한 유대인 남자는 시로 페니키아 여인과 로마의 백부장과 같은 이방인들 속에서, 제국에 동조한 유대인 세리들 속에서, 제국에 반대한 젤롯당원들 속에서, 모든 죄인들, 고자들, 이방인 점성술사들, 그리고 "율법 바깥에 있는" 모든 이들 속에서 신적인 것을 보았으며 그것을 불러냈다. 예수는 사람들의 **다른** 것이 무엇이든 간에, 아무것에도 방해받지 않았다. 사실상 그 "잃어버린 양들"은 그에게 전혀 잃어버린 사람이 아니라는 것을 발견했고, 그의 가장 훌륭한 추종자들이 되곤 했다.

사람들은 원칙들을 사랑하기보다는 사람들을 사랑하도록 되어 있으며, 예수는 이런 패턴을 완전히 보여주는 본보기였다. 그러나 많은 사람들은 원칙들을 더 좋아하는 것처럼 보인다. 우리들 각자는 모세처럼 우리의 하느님을 "얼굴을 맞대고" 알 필요가 있다(출애굽기 33:11; 민수기 12:8). 예수는 "하느님께서 죽은 자들의 하느님이 아니라 살아 있는 자들의 하느님이다. **왜냐하면 하느님에게는 모든 사람들이 살아 있기 때문이다**"(루가 20:39)라고 말씀하셨다. 내 생각에는 예수의 활력과 신바람(aliveness)이 사람들로 하여금 자신의 활력과 신바람을 신뢰하기 훨씬 쉽게 만들었고 하느님과도 그렇게 관계를 맺도록 했다고 보는데, 그 이유는 **끼리끼리는 서로를 알기 때문**이다. 누군가는 이것을 형태 공명(morphic resonance)이라고 부른다. C. S. 루이스는 자신의 책 한 권의 제목을 『우리가 얼굴을 갖기까지』(*Till We Have Faces*)라고 붙이면서, 이와 똑같은 진화적 요점을 설명했다.

참으로 하나의 거룩하며 보편적이며 **나누어지지 않은** 교회는 지난 천 년 동안 존재하지 않았으며, 많은 비극적 결과들을 초래했다. 우리는 그런 교회를 되찾을 준비가 되어 있지만, 이제 우리는 예수가 분명히 행했던 것처럼 포용하는 데 초점을 맞추어야만 하지, 예수가 결코 하지 않았던 배제에 초점을 맞추면 안 된다. 예수가 배제했던 것처럼 보이는 유일한 사람들은 자신들이 다른 사람들과 마찬가지로 평범한 죄인들이라는 것을 알고 싶어 하지 않은 사람들이었다. **예수가 배제했던 유일한 것은 배제 자체였다.** 이 사실을 점검해 보면, 내 말이 옳다는 것을 알게 될 것이다.

이것이 우리가 느끼며 알고 있는 하느님에 관한 모든 것에 도대체 어떤 의미가 있는지를 생각해보자. 예수의 화육 이후, 우리는 주고받으시는 하느님, 관계를 맺으시는 하느님, 용서하시는 하느님을 좀 더 쉽게 상상할 수 있게 되었다. 사진기의 외장 플래시 불빛처럼 나타나는 그리스도의 계시를 브루노 반하트(Bruno Barnhart)는 "그리스도 콴타(Christ Quanta)"라고 부르는데,5) 이런 계시는 이미 북미 원주민들의 종교들이 섬기는 신들, 힌두교의 아트만, 불교의 가르침, 유대교의 예언

---

5) Bruno Barnhart, *Second Simplicity: The Inner Shape of Christianity* (Mahwah, New Jersy: Paulist Press, 1999), part 2, chap. 7.

자들 속에서 볼 수 있으며 공경을 받고 있었다. 그리스도인들은 예수 안에서 매우 좋은 모델과 메신저를 갖고 있었지만, 그러나 예수가 흔히 잔치에 관한 비유들에서 가르친 것처럼, 실제로 그 잔치에 더욱 쉽게 온 사람들은 바깥의 국외자들이었다(마태오 22:1-10; 루가 14:7-24). "나쁜 사람 좋은 사람 할 것 없이 만나는 대로 다 데려왔다. 그리하여 잔칫집은 손님으로 가득 찼다"(마태오 22:10). 이처럼 하느님이 좋은 사람과 나쁜 사람 사이에 벽을 쌓거나 울타리를 만들기를 거부하시는 이런 과분한 선물에 대해 우리는 무엇을 어떻게 해야만 하는가?

우리는 이 사실에 대해 정직하고 겸손해야만 한다. 즉 유대인 예언자들, 힌두교 신비가들, 수피 스승들과 같은 다른 신앙의 많은 사람들과 많은 철학자들은 수많은 그리스도인들보다 훨씬 더 신적인 만남의 빛 가운데서 살았다. 하느님이라는 이름에 합당한 하느님이 도대체 왜 **모든** 자녀들을 돌보지 않으실 것인가? (이 점과 관련해서 탁월한 성서 본문은 지혜서 11:23-12:2이다.) 하느님이 그 자녀들 가운데 정말로 더욱 아끼시는 자들이 있는가? 그렇다면, 그 가족은 얼마나 불행한 가족인가! 우리의 그리스도교 정경 안에 유대인들의 성서를 포함시킨 것은 그리스도교가 철저한 포용성을 향해 나아가는 운동이라는 것에 대한 구조적이며 명확한 선언으로 보아야 한다. 어떻게 우리가 그 사실을 놓칠 수 있는가? 어느 종교도 그렇게 하지 않았다.

하느님께서 모세에게 하신 말씀, 즉 "나는 곧 나다(I AM Who I AM)"(출애굽 3:14)라는 말씀을 기억하라. **하느님은 분명히 어떤 한 이름에 매여 있지 않으시며**, 또한 우리가 신성을 어느 한 이름에 매어놓는 것을 원하지 않으시는 것처럼 보인다. 바로 이런 이유 때문에 유대교에서는 모세에게 하신 하느님의 선언이 말로 표현할 수 없고 이름 붙일 수 없는 하느님이 되었다. 어떤 사람들은 심지어 하느님의 이름을 문자적으로 "부를" 수 없다고 말하곤 했다.6) 그것은 매우 현명한 방식으로서 우리가 생각하는 것보다 더욱 필요한 일이다! 이런 전통만으로도 우리가 하느님에 관해 근본적으로 겸손해야 한다는 것을 가르쳐준다. 하느님은 우리에게 이름을 주신 것이 아니라 **순전한 현존만을** 주신다. 우리로 하여금 하느님을 "안다"고 생각하거나 그분을 우리의 사적인 소유로 만들지 않도록, 하느님은 우리에게 핸들을 주시지 않는다.

그리스도는 항상 우리에게는 너무 큰 길이다. 한 시대, 문화, 제국, 종교보다는 너무 큰 길이다. 그리스도의 급진적인 포용성은 어떤 권력 구조에도 위협이 되며, 어떤 오만한 사고방식에도 위협이 된다. 예수 자신은 지난 2000년 동안, 대개 인간 의식의 진화에 의해 제한되어왔고, 또한 문화, 민족주의의 포로가 되었으며, 그리스도교 자체는 백인 부르주아 유럽 중심의 세계관의 포로가 되었다. 이제까지 우리가 역사를 잘 이어오지 못했는데, 그 이유는 "우리들 가운데 우리가 알아차리지 못한 분이 서 계시며," "내 뒤에 오시는 분은, 내가 태어나기 전부터 계셨기 때문이다"(요한 1:26, 30). 그는 하층계급 출신이며, 황갈색 피부로, 여성적 영혼을 지닌 남성의 몸으로 태어났고, 흔히 증오의 대상이 되는 종교 안에서 성장하고, 동양과 서양이 만나는 지점에서 살았다. 어느 누구도 그를 소유하지 못하며 앞으로도 그럴 것이다.

---

6) Richard Rohr, *The Naked Now* (New York: Crossroad, 2009), 2장. 실제로 YHWH라는 거룩한 이름은 발음하기보다는 숨을 쉬는 것이 가장 적합하며, 우리 모두 똑같은 방식으로 숨을 쉰다.

사랑하는 예수, 사랑하는 그리스도

예수의 사랑을 받으면 우리의 **마음의** 능력(용량)이 커진다. 그리스도의 사랑을 받으면 우리의 **정신의** 능력이 커진다. 우리가 온전하게 되기 위해서는 예수와 그리스도 모두가 필요하다는 것이 내 생각이다. 참으로 변혁적인 하느님—개인과 역사 모두를 위해—은 개인적 차원과 보편적 차원 모두에서 경험될 필요가 있다. 그렇지 않으면 온전한 변혁이 이루어지지 않기 때문이다. 만일 지나치게 개인적인 (심지어 감상주의적인) 예수가 심각한 제한점들과 문제들을 노출했다면, 이 예수는 보편적이지 않았기 때문이다. 그런 예수는 안락한 예수가 되고 우리는 우주적 차원을 상실하고 만다. 역사가 분명히 보여주는 것은 그리스도를 예배하지 않은 채 예수를 예배하는 것은 으레 시간과 문화에 매인 종교, 심지어 인류의 많은 부분을 하느님의 품에서 제외시키는 종족 중심, 인종차별적 종교가 된다는 사실이다.

그러나 내가 확실하게 믿는 것은 **심지어 예수가 태어나기 이전 시대에서조차도, 그리스도가 소유하지 않았던 영혼은 하나도 없었다는 것**이다. 도대체 당신은 왜 당신의 종교나 당신의 하느님이 그보다 작은 것이 되기를 원하는가?

당신이 배운 예수나 그리스도의 메시지로 인해서 당신이 상처를 입었거나 배제됐다고 느꼈다면, 여기서 문이 열리는 것을 느끼고 당신이 포기했을지도 모를 환영을 발견하기를 바란다.

당신이 하느님이나 신적인 세계를 믿고 싶었지만, 종교 집단들이 가르치는 것을 "믿을" 수 없었다면, 예수 그리스도에 대한 이런 비전이 도움이 되는가? 만일 그것이 당신으로 하여금 사랑하고 희망하도록 도와준다면, 그것은 그리스도의 참된 종교이다. 울타리를 치는 집단은 결코 그런 주장을 할 수 없다.

당신이 이제까지 예수를 열정적으로 사랑해왔다면, 그 이름에 합당한 하느님은 교리와 교파, 시간과 공간, 민족과 국가, 모든 젠더들을 반드시 초월해야 하며, 우리가 보고 고통받고 즐길 수 있는 모든 제한들을 확장시켜야만 하는 하느님이라는 것을 인정하는가? **당신은 당신의 젠더가 아니며, 당신의 민족이 아니며, 당신의 인종이나 피부색깔이나 사회계급이 아니다.** 도대체 왜 그리스도인들이 이런 일시적인 옷들이나 토머스 머튼이 "가짜 자기(false self)"라고 부른 것을 가지고, "항상 그리스도와 함께 하느님 안에 있어서 보이지 않는"(골로사이 3:3) 실질적인 자기를 대신하려 하는가? 우리는 우리 자신의 복음을 정말로 알지 못하는 것처럼 보인다.

당신은 하느님의 자녀이며 항상 그럴 것이며, 심지어 당신이 그것을 믿지 않을 때조차도 그렇다.

바로 이런 이유 때문에 카릴 하우스랜더는 완전히 낯선 사람들의 얼굴에서 그리스도를 볼 수 있었던 것이다. 바로 이런 이유 때문에 나는 내가 키우는 개 안에서, 하늘에서, 그리고 만물 안에서 그리스도를 보며, 또한 그것이 당신이 누구이든지 간에 당신의 정원이나 부엌에서, 당신의 남편이나 아내 속에서, 평범한 딱정벌레 안에서, 어느 누구도 눈으로 본 적이 없는 깊은 바다 속에 사는 물고기 안에서, 심지어 당신을 **좋아하지 않는** 사람들, 그리고 당신과 **같지 않은** 사람들 속에서도 하느님의 변함없는 돌보심을 경험할 수 있는 이유이다.

이것이 만물을 비추는 빛으로서, 우리로 하여금 그 충만함을 보게 만드는 것이다. 그리스도가 자신을 "세상의 빛"(요한 8:12)이라고 말할 때, 그는 우리에게 단지 그를 바라보라고 요청하는 것이 아니라 그의 자비로운 눈으로 모든 생명을 바라보라고 말하는 것이다. 우리는 그를 봄으로써 우리가 **그처럼** 무한한 자비심으로 볼 수 있게 된다.

당신의 고립된 "나"가 서로 연결된 "우리"로 바뀔 때, 당신은 예수로부터 그리스도로 옮겨간 것이다. 우리가 더 이상 완전한 "나"가 되어야 하는 부담을 질 필요가 없는 이유는 우리가 "그리스도 안에서" 그리스도로서 구원받았기 때문이다. 또는 우리가 공식적 기도의 마지막에 너무 재빨리 말하지만 옳게 말하듯이, "우리 주 그리스도를 통하여, 아멘"이라고 기도하는 것처럼 구원받았기 때문이다.

3장

우리들 안에, 우리로서 계시된 것

> 모든 것에서 눈을 돌려 하나의 얼굴을 보는 것은 모든 것과 대면해서 자신을 발견하는 것이다.
> — Elizabeth Bowen, *The Heart of the Day*

만일 당신에 교회에 다녔다면, 사울의 회심 이야기를 들었을 것이다. 사도행전에 세 번(9:1-19; 22:5-16; 26:12-18) 나오는 그 이야기는 우리가 그 중요성과 가치를 놓치지 않도록 하기 위한 것이다.

사울은 몇 년 동안 예수의 길을 따르는 사람들을 잔인하게 박해했었다. 그는 그 일을 하기 위해 다마스커스로 가던 길에, 갑자기 "빛"에 맞아 쓰러지고 눈이 멀게 되었다. 그리고 그 빛으로부터 "사울아, 사울아, 네가 왜 **나를** 박해하느냐?"라는 음성을 들었다.

사울은 "당신은 누구십니까?" 하고 물었다.

그러자 "나는 예수다. 네가 **나를** 박해하고 있다"는 대답을 들었다.

사울이 예수를 만난 사건의 깊은 의미는 그가 들은 예수의 말씀이 마치 예수 자신과 사울이 박해하는 사람들 사이에 도덕적으로 같다는 말씀에 있다. 즉 그 음성은 두 번이나 그 사람들을 "나"라고 부른다! 그날 이후로 바울로의 이처럼 놀라운 관점의 반전은 그의 발전하는 세계관과 그를 흥분시킨 "그리스도"의 발견에 기초가 되었다. 이런 근본적인 깨달음은 그로 하여금 자신이 사랑했던 민족 중심의 유대교로부터 종교에 대한 보편적 비전을 향해 나아가도록 했으며, 그는 자신의 히브리 이름을 바울로(Paul)라는 라틴어 이름으로 바꾸도록 만들었다. 나중에 그는 자신이 한때 "이방인들", "민족들"이라고 깔보았던 사람들을 위한 "사도"와 "종"이라고 부르게 되었다(에페소 3:1; 로마서 11:13).

바울로—또는 아마도 그를 통해 훈련을 받은 제자—는 자신에게 "하나의 신비에 대한 지식"(에페소 3:3), 즉 "영원 전부터 한 계획에 따른 하느님의 지혜가 실제로 얼마나 광범위한지"(3:10)를 계시한 "하나의 신비에 대한 지식"이 주어졌다고 말한다. 그는 그 경험을 자기 눈에서 비늘이 벗겨짐으로써 "다시 볼 수 있게 되었다"(사도행전 9:18)고 말한다.

바울로의 이야기에서 우리는 원형적인 영적 패턴을 볼 수 있는데, 그것은 사람들이 **자신들이 항상 알고 있다고 생각했던 것에서부터 이제는 완전히 알아차리는 것으로** 옮겨가는 것이다. 그 패턴은 과거에 토라에서 야곱이 베델의 바위 위에서 "잠에서 깨어나" 결국 "참말 야훼께서 여기 계셨는데도 내가 모르고 있었구나. 이 얼마나 두려운 곳인가. 여기가 바로 하느님의 집이요, 하늘 문이로구나"(창세기 28:16-17) 하고 말한다.

바울로는 그의 여생 동안 이 "그리스도"에 사로잡혔다. "사로잡혔다"는 말은 지나치게 강력한 말이 아니다. 바울로는 그의 편지들에서 예수의 말씀을 직접 인용한 적이 거의 없다. 오히려 그는 길 위에서 자신의 눈을 멀게 만들었던 신적 현존을 신뢰하며 소통하는 관점에서 글을 쓴다. 바울로를 이끌었던 사명은 **"예수가 그리스도였다는 것을 증언하는"**(사도행전 9:22) 일이었다. 이런 이유 때문에 오늘날까지도 우리는 예수인(Jesuits)이 아니라 "그리스도인(Christians)"이라고 불리는 것이다.

바울로는 갈라디아인들에게 보낸 편지에서 자신이 예수를 만난 경험을 묘사하면서, 매우 중요한 것을 지적한다. 그는 우리가 기대한 것처럼 "하느님께서 그 아들을 나에게(to) 계시하셨다"고 말하지 않고, 대신에 "하느님께서 그 아들을 내 안에(in) 계시하셨다"고 말한다(갈라디아 1:16). 이처럼 강력한 수준의 신뢰, 자기성찰, 자기에 대한 앎, 자기 확신은 당시에는 매우 특이한 것이었다. 사실상 우리는 이것에 견줄 수 있는 것을 거의 볼 수 없다가, 기원후 400년경 집필된 아우구스티누스의 『고백록』(Confessions)에서야 그런 것을 볼 수 있는데, 이 책에서 저자는 바울로와 비슷한 수준의 엄밀한 내면적인 삶을 묘사한다. 내 생각에 바로 이런 이유 때문에 그리스도교 역사의 처음 1500년 동안 바울로를 별로 중요하게 다루지 않았던 것이다. 그는 너무 내면적이었고 심리적이었던 반면에, 문명은 여전히 너무나 외향적이었고 문자적이었다. 이처럼 예외적인 아우구스티누스와 카톨릭의 수많은 신비가들과 은수자들(hermits)을 빼놓고 볼 때, 16세기에 (주로 인쇄술의 발달로 인해) 문자 해독능력이 확산되고 또한 문서들이 보급됨으로써 우리는 보다 내면적이며 내성적인 그리스도교를 향해 나아갈 수 있었으며, 그 결과는 좋은 점도 있었고 나쁜 점도 있었다.[1]

바울로의 영혼을 눈멀게 만들었던 것이 걷혀진 후, 그는 자신의 참된 정체성을 그리스도의 "선택된 도구"로 인정하게 되었다(사도행전 9:15). 자신이 박해했던 그리스도의 추종자들을 위한 도구가 된 것이다. 주제넘게 보일 수 있었지만, 그는 자신을 열두 사도들 가운데 하나라고 말하며, 심지어 유대인 집단이나 새로운 그리스도인 운동 안에서 아무런 공식적 역할이나 합법적 위치를 맡은 것이 없었음에도 불구하고, 자신이 그 두 집단 **모두의** 지도자라고 주장했다(갈라디아 2:11-14; 사도행전 15:1-11). 이처럼 혈통이나 임명에 의한 것이 아니라 신적인 확인에 의한 자기 서품(self-ordination)은 내가 아는 한, 이 두 성스러운 전통 안에서, "예언자들"로 부름을 받은 몇몇 사람들을 제외하고는, 유례가 없었던 일이다. 이것은 본래 불안정하며 심지어 위험한 참 예언자들의 역할이다. 정의상 그들은 체제를 대표하는 것이 아니라 그 체제를 비판하기 위해서 근원(the Source)으로부터 직접 권위를 끌어 온다(비록 참 예언자들은 드물며, 바울로는 결코 자신에게 그런 용어를 적용하지 않는다.)

그러나 바울로가 진정한 신앙을 위한 일차적 기준으로 삼고 있는 것을 살펴보자. 그가 말하는 일차적 기준은 매우 특이하다. "**여러분은 자기의 믿음을 제대로 지키고 있는지 스스로 살피고 따져보십시오. 여러분은 그리스도 예수께서 여러분과 함께 계시다는 것을 깨닫고 계십니까? 만일 깨닫지 못하신다면 여러분은 그리스도인으로서 낙제한 것입니

---

1) Krister Stendahl, "The Apostle Paul and the Introspective Conscience of the West," *Harvard Theological Review* 56, no. 3 (1963), 199-215. 이 학술적 논문은 나로 하여금 지난 500년 동안 어떻게 바울로의 메시지를 오해했고 개인주의적인 것으로 만들었는지를 이해하도록 도와준 열쇠였다. N. T. Wright는 바울로에 대한 그의 기념비적인 연구에서 이 점을 더욱 발전시켰다.

다"(II 고린토 13:5). 너무 단순해서 겁나게 만든다! 바울로의 철저한 화육주의(incarnationalism)는 후대의 그리스도교의 모든 성인들, 신비가들, 예언자들의 표준을 설정한다. 바울로는 그리스도를 **외적으로** 주님과 스승으로 깨달을 수 있기 전에 무엇보다도 먼저 **내적으로** 깨달아야만 한다는 것을 알고 있었다. 하느님은 자신을 당신**에게** 완전히 계시하실 수 있으려면 자신을 당신 **안에** 계시하셔야만 한다. 여기서도 또 다시 형태 공명이다.

바울로는 우리들처럼 예수를 결코 육신으로는 알지 못했다는 것을 기억하는 것이 중요하다. 바울로처럼 우리들 역시 그리스도를 알 수 있는 것은 오직 우리들 자신의 경험의 깊이를 관찰하고 공경함을 통해서뿐이다. 우리가 우리 자신의 슬픔이나 충만함의 순간을 하느님의 영원한 슬픔이나 충만하심에 은혜롭게 참여하는 것으로 받아들이고 공경할 수 있을 때, 우리는 자신이 이 하나의 보편적인 몸에 참여하는 멤버임을 깨닫기 시작하는 것이다. 우리는 나에서 우리로 옮겨가는 것이다.

이처럼 바울로는 우리들에게 우리들 역시 우리 자신의 **내적인 정신적 대화를** 통해서, 또는 "우리의 마음에 새겨진" 자연법을 통해서 그리스도가 무한하게 현존하는 것을 알 수 있음을 보여준다. 그는 매우 외람되게 심지어 이방인들조차 "율법을 갖고 있지 않지만 그들 자신이 **율법이라고 말할 수 있다**"(로마서 2:14-15)고 선언한다. 분명히 이런 이유 때문에 그는 교육을 많이 받은 아테네 사람들에게 "**알지 못하는 신에게 … 여러분은 미처 알지 못한 채 예배해왔다**"(사도행전 17:23)라고 말한 것이다. 바울로는 아마도 이런 생각을 예언자 예레미야로부터 물려받았을 것인데, 그는 하느님의 백성들에게 감히 "새로운 언약"(31:31)을 제공했다. 그러나 이런 생각은 지난 세기에 윤리신학자들이 **자연법**을 추구하기 전까지는 별로 발전되지 않았다. 그리고 최근에 프란치스코 교황은 개인적인 양심에 대한 강한 이해를 통해서 이런 생각을 발전시켰다. 그것은 여전히 많은 사람들에게 하나의 충격이다.

그러나 바울로는 화육주의를 취해서 그 보편적이며 논리적 결론에까지 밀고 갔다. 우리는 그것을 그의 담대한 외침, 즉 "오직 그리스도만이 계십니다. 그는 전부이며 모든 것 안에 계십니다"(골로사이 3:11)라는 외침 속에서 본다. 내가 오늘 그런 말을 한다면, 사람들은 나를 범신론자(pantheist, 우주는 하느님이다)라고 부를 것이지만, 나는 사실상 범재신론자(panentheist, 하느님은 만물 안에 계시지만, 또한 만물을 초월하신다)로서, 예수와 바울로 모두와 정확히 비슷하다.

"그리스도 안에"

바울로는 구원에 대한 자신의 집합적 이해를 간단히 "그리스도 안에(*en Christo*)"라는 말로 표현했는데, 이 말은 그가 그의 편지들에서 가장 많이 사용한 말로서 모두 164회나 사용했다. "그리스도 안에"라는 말은 **은총에 의한 구원에 참여하는 경험**, 즉 바울로가 세상과 긴급하게 나누고 싶어 했던 길을 뜻하는 바울로의 암호처럼 보인다. 간단히 말해서, "그리스도 안에" 있다는 정체성은 **인간이 결코 하느님으로부터 분리된 적이 없다는 것**을 뜻한다. 인간이 스스로 부정적인 선택을 통해 하느님으로부터 자신을 분리하지만 않는다면 말이다. 우리 모두는 단 한 사람의 예외도 없이, 이미 있는 우주적 정체성 안에서 살아가고 있으며, 그 정체성이 우리를 앞으로 나아가도록 안내하고 있다. 우리는 모두 의도적이든 아니든, 행복하든 아니든, 의식적이든 아니든 간에, **그리스도 안에 있다.**

바울로는 외로운 개인이란 그 **"영광의 무게"나 "죄의 짐"을 감당하기에는 너무나 작고, 불안전하며, 짧은 인생을 산다는 것**을 이해한 것처럼 보였다. 오직 온전한 사람들만이 그처럼 계속되는 상실과 갱신의 우주적인 신비를 감당할 수 있다. 바울로는 "그리스도 안에서" 사는 삶을 알았기 때문에, 하느님의 보편적인 이야기에 이름을 붙이고 초점을 맞추고 사랑할 수 있게 되었으며 또한 승리하는 방향을 가리킬 수 있었기 때문에, 그 다음 세대들은 그를 믿고 이 우주적이며 집합적인 길에 뛰어오를 수 있었다.

내가 바라는 것은 당신도 이처럼 짧고 훌륭한 말의 완전한 의미를 배우고 누리는 것이다. 왜냐하면 이 말은 그리스도교의 미래를 위해 매우 중요하기 때문인데, 현재 그리스도교는 여전히 구원에 대해 매우 개인주의적인 개념에 사로잡혀 있어서 전혀 구원처럼 보이지 않는 것으로 끝나기 때문이다. 우리들 모두는 한 사람도 예외 없이 이런 공통의 정체성, 이미 있으며 우리를 앞으로 나아가도록 안내하는 공통의 정체성 안에서 살아가고 있다. 바울로는 이처럼 큰 신적인 정체성을 "그분의 목적의 신비로서, 그분이 매우 친절하게 태초부터 **그리스도 안에** 만드신 감춰진 계획"(에페소 1:9)이라고 부른다. 오늘날 우리는 그것을 "집단 무의식"이라고 부른다.

모든 피조물—아기를 키우는 십대 엄마, 불안 속에 살아가는 이민자, 풀잎 하나, 이 책을 읽고 있는 당신—은 "그리스도 안에" 있으며

"태초부터 선택되었다"(에페소 1:3, 9). 달리 어떤 방법이 있을 수 있겠는가? **바울로에게 구원은 도덕적이거나 심리적인 메시지**(이것은 항상 불안정하다)**가 되기 이전에 존재론적이며 우주론적인 메시지**(이것은 확고하다)**이다.** 잠시 멈추고 이 말을 심각하게 생각해보라.

마르코복음에서 예수는 제자들에게 복음을 단지 사람들에게만이 아니라 "온 세상" "모든 피조물"에게 선포하라고 말씀하신 것(16:15)에 대해 당신은 주목했던 적이 있는가? 바울로가 바로 이런 일을 하면서 했던 말씀이 "여러분은 튼튼한 믿음의 기초 위에 굳건히 서서 여러분이 이미 받아들인 복음의 희망을 저버리지 말고 신앙생활을 계속해야 합니다. 그 복음은 하늘 아래 모든 피조물에게 전파되었고 나 바울로는 그 소식을 전하는 일꾼입니다"(골로사이 1:23)라는 말씀이다. 그는 정말로 자신의 짧은 생애 동안에 "하늘 아래 모든 피조물"에게 복음을 전파했는가? 분명히 아니다. 그러나 그가 알고 있었던 것은 이 세상이 모두 그리스도 안에 있다고 말함으로써 만물의 가장 깊은 철학적 기초를 세상에 선포했다는 것이며, 또한 그는 이 진리가 마침내 확고하게 될 것이며 지속될 것이라고 믿었다.

나는 결코 하느님으로부터 분리된 적이 없었으며, 또한 앞으로도 분리될 수 없다. 오직 내 정신 속에서만 그럴 수 있다. 나는 당신이 이처럼 사랑이 충만한 의식을 갖게 되기를 바라마지 않는다. 실제로 지금 이 책을 내려놓고 숨을 쉬면서 그런 사랑이 당신 속에 뿌리내리도록 만들기를 바란다. 당신이 이것을 경험해서 세포 차원에서 알게 되는 것이 중요하다. 이것은 사실상 이성적으로 아는 것만큼이나 실제로 아는 방법이다. 그 일차적 특징은 그것이 비이분법적(non-dual)이며 개방된 앎

의 방식으로서 이분법적 사고처럼 빨리 한정해서 폐쇄되지 않는다.2)

유감스럽게도 그리스도인들은 이처럼 하느님과 하나를 이루고 있다는 철저한 인식을 지켜내지 못했다. 집합적 그리스도(a Corporate Christ)에 대한 바울로의 탁월한 이해와 따라서 우리들의 우주적 정체성에 대한 이해가 곧 사라지게 된 이유는 초기 그리스도인들이 점차 **오직 예수에게만** 초점을 맞추고 심지어 삼위일체의 영원한 흐름과는 상관없이 예수를 이해하게 되었기 때문인데, 이런 방식은 결국 신학적으로 많은 문제를 일으키게 되는 방식이다.3) 그리스도는 영원히 예수를 확실하게 삼위일체 안에 유지하는데, 단순히 나중에 덧붙이거나 어떤 임의적인 화육이 아닌 것이다. 화육주의는 처음부터 하느님을 단순한 군주가 아니라, **관계성 자체**(Relationship Itself)로서 설명한다.

그리스도인들은 로마제국 안에서 우리의 새로운 종교를 합법화하기 위해서 예수가 독립적으로 신적인 존재였다는 것을 입증해야만 한다고 느꼈다. 니케아 공의회(325년) 이후, 예수는 독립적으로 하느님과 동일본질이라고 말해졌으며, 칼케돈 공의회(451년) 이후에는 교회가 예수의 인간성과 신성이 예수 안에서 하나로 연합되었다는 철학적 정의에 동의했다. 모두 진실이지만, 그런 하나됨은 주로 멀리 떨어진 학문 이론으로 남게 되었다. 왜냐하면 우리는 그런 철학적 정의가 갖는 실제적이며 놀라운 함의를 끌어내지 않았기 때문이다. 삼라만상 전체 안에 있다는 것에 관심을 기울이기보다는 우리 자신의 부족, 집단, 민

---

2) Rohr, *The Naked Now* 그리고 *Just This*. 이 두 권은 바로 이런 핵심적 사상을 발전시킨 것이다.
3) Rohr, *The Divine Dance*.

족의 우월성에 더욱 관심을 기울이는 것이 하나의 규칙처럼 작동한다. 우리의 실재관은 대체로 제국주의적이며 가부장적이며 이분법적이다. 우리는 사람이나 사물을 우리에게 이로운 것인지 아니면 해로운 것인지에 따라 (이분법적으로) 바라보며, 우리는 승자들이거나 아니면 패자들로, 전적으로 선하거나 아니면 전적으로 악한 존재로 판단한다. 이처럼 작은 자기 이해와 개인적 구원 이해는 현재까지 우리를 압도하는 선입견으로 항상 남아 있었다. 이것이 바로 우리의 종교가 사랑을 실천하고 확대하는 것에 초점을 맞추는 대신에 순종과 순응에 초점을 맞추게 된 방식이다. 우리가 공유하는 큰 이야기가 없이는 우리 모두가 사적인 개인주의 속으로 물러나서 일말의 안전감과 제정신을 차리려고 하게 마련이다.

아마도 우리가 그리스도 신비에 주목하지 않는 가장 큰 본보기는 우리가 계속해서 행성 지구를 오염시키고 파괴하는 방식에서 볼 수 있을 것인데, 행성 지구는 우리 모두가 의존해서 살아가는 터전이다. 오늘날 과학은 대부분의 종교들보다 훨씬 더 물리적인 것들을 사랑하고 존중하는 것처럼 보인다. 오늘날에는 **과학과 기업이 대다수 사람들—심지어 여전히 교회에 다니는 사람들—에게 의미를 설명하는 주체들이 된 것**은 놀랄 일이 아니다. 우리 그리스도인들은 이 세상을 진지하게 대하지 않았는데, 그 이유는 하느님이나 구원에 대한 우리의 관념이 물리적 우주를 포함하지 않았거나 존중하지 않았기 때문이다. 그리고 이제는 이 세상이 우리를 진지하게 대하지 않고 있다.

모든 것이 집합적으로 절망적이면, 개인이 희망을 가질 수는 없다. 전체를 치유할 수 없는 것으로 볼 때는 개인을 치유하기 어렵다.

우리는 여전히 이 소용돌이에서 벗어나려고 발버둥치지만, 고작 매우 작은 노를 저으면서 발버둥칠 따름이다. 선재하는 그리스도(pre-existing Christ)라는 개념을 통해서만 우리는 예수가 어디에서부터 "왔으며" **또한 그가 우리를 어디로 인도하는지**—정확히 "삼위일체의 가슴"(요한 1:18) 속으로 인도하시는 것—를 회복할 수 있다. 그리스도가 약속하신 것은 "가서 너희가 있을 곳을 마련하면 다시 와서 너희를 데려다가 내가 있는 곳에 같이 있게 하겠다"(요한 14:3)는 약속이다. 이것은 신약성서 전체에서 구원에 대한 가장 훌륭하며 가장 간결한 설명이다.

패러다임의 변화

과학계와 문화계에서 "패러다임의 변화(paradigm shift)"라는 말은 우리의 관점이나 가정을 크게 바꾸는 것을 말한다. 종교계에서 이 말을 별로 듣지 못하는 이유는 종교 집단들이 영원하며 불변하는 절대적 진리를 다루고 있다고 가정하기 때문이다. 그러나 아이러니하게도, 종교적인 패러다임의 변화는 정확히 예수와 바울로가 당시에 시작했던 일이다. 그들의 패러다임의 변화가 너무 큰 것이었기 때문에, 그들이 의도했던 의도하지 않았던 간에, 그들의 인식 방법이 완전히 새로운 종교가 되었던 것이다. 우리는 오늘날 2천 년 전에 유대교로부터의 그 패러다임의 변화를 "그리스도교"라고 부른다.

역사가 여전히 기다리고 있는 것은 그리스도인들의 정신이, 처음 창조 이래로 항상 진실이었던 것에로 다시 되돌아가는 "변화"를 일으키는 것인데, 이것만이 그리스도교를 보편적(또는 참으로 **카톨릭적인**)

종교로 만들 수 있는 것이다. 이 보편적 그리스도는 지난 2천 년 동안 대부분의 사람들에게는 너무나 큰 사상이었으며, 너무나 기념비적인 변화였다. 사람들은 어떤 사태를 역사적이며 일화가 많은 부분들로 보기를 좋아하는데, 심지어 그런 관점이 모순, 소외, 절망으로 인도할 때조차 그렇다.

각각의 종교는 그 나름의 방식으로 달을 가리키는 손가락, 입구, 성례전(성사), 아바타(Avatar)를 찾고 있다. 우리는 육체적 화육으로부터의 보편적 현존 속으로 들어가는 여정, 즉 일상적인 인간의 존재를 통해서, 시련과 죽음을 통해서, 시공간의 제약을 받지 않는 보편적인 현존 속으로 들어가는 여정(이것을 우리는 **"부활"**이라 부른다)의 본보기와 모델이 되어줄 사람이 필요하다. 우리들 대부분은 예수가 바로 이런 여정을 걸었다는 것에 관해 알고 있지만, 훨씬 극소수의 사람들만이 그리스도가 바로 이 똑같은 여정에 대한 집합적이며 영원한 현시라는 것, "그리스도" 이미지는 우리들 모두와 만물을 포함하는 이미지라는 것을 알고 있다. 바울로는 바로 이런 깨달음에 압도당했으며, 이것이 그의 전체 메시지의 핵심이 되었다. 나의 희망은 바로 이런 패러다임의 변화가 당신에게도 명백한 것이 되는 것이다.

예수는 한 집단이나 종교를 하나로 결합시킬 수 있다. 그리스도는 만물을 하나로 결합시킬 수 있다.

사실상 그리스도는 이미 이 일을 하고 계신다. 그런 온전함에 저항하는 것은 우리들이다. 우리들은 마치 우리들의 주장을 즐기며 우리들이 부분들로 나누어지는 것을 즐기는 것 같다. 그러나 성서 전체를 통해서 우리는 다음과 같은 말씀들을 받았다.

- "모든 것이 그분 안에서 화해될 때에는 … 하느님께서 만물 안에 계실 것입니다."(I 고린토 15:28)
- "오직 그리스도만이 계십니다. 그분이 전부이며 모든 것 안에 계십니다."(골로사이 3:11)
- "모든 충만함이 그분 안에 있으며, 하늘과 땅의 만물이 그분을 통해서 화해되었습니다."(골로사이 1:19-20)

이것은 이단이 아니며, 보편주의가 아니며, 싸구려 일신론(Unitarianism)이 아니다. 이것은 우주적 그리스도로서, 그분은 항상 존재하셨으며 시간 속에서 화육하셨으며, 또한 여전히 계시되고 있는 분이다. 우리가 만일 예수가 하느님이었다는 것을 증명하는 대신에 그리스도가 어떻게 모든 곳에 계시는지를 드러내는 데 우리의 시간을 더 많이 사용했다면 우리는 역사와 개인들을 훨씬 더 많이 도와주었을 것이다.

그러나 큰 사상이 사람들 속에 뿌리내리는 데는 시간이 걸린다.

완전히 참여적인 우주

미래의 세대들은 그리스도교의 처음 2천 년을 "초기 그리스도교"라고 이름붙일 것이라고 나는 확신한다. 그들은 우주적 그리스도(a Cosmic Christ)에 대한 이런 이해가 갖고 있는 엄청난 함의를 더욱 많이 끌어내게 될 것이라고 나는 믿는다. 그들은 구원을 단지 선택된 몇몇 사람들만 다음 세상으로 갈 수 있다는 식의 사적인 피난 계획으로 간주하는 구원 이해를 오래 전에 내버렸을 것이다. 지금의 세상은 주로 당연한 것으로 간주되거나 무시된다. 우리의 개인적 이익을 위해 착취할 수 있는 경우에만 지금의 세상을 의미 있는 것으로 간주한다. 그런 믿음을 가진 사람들이 도대체 어떻게 천국에서는 고향처럼 느낄 수 있을 것인가? 그들은 이 땅에서 고향을 느끼는 연습도 하지 않았는데 말이다. 이 땅에서 어떻게 고향처럼 느낄 수 있는지를 배우지도 않았는데 말이다.

(내가 이런 종류의 복음이 지닌 한계점들을 지적하는 것은 일차적으로 북반구에 사는 백인 그리스도인들에게 말하는 것이다. 나는 역사상 거의 대부분의 시간 속에서 대다수 사람들의 삶이 얼마나 힘겨웠는지를 단 한 순간도 잊은 적이 없다. 인생이란 수백만 명의 사람들에게 여전히 "눈물의 골짜기"이며, 이 형제자매들에게는 더 나은 세상에 대한 희망만이 또 다른 하루를 살아갈 수 있게 만드는 이유라는 것을 분명하게 이해할 수 있다.)

오늘날 많은 전통적 그리스도인들은 보편적 구원을 포함해서 무엇이든 보편적인 것을 이단으로 간주한다는 것을 당신도 알고 있을 것이다. 많은 사람들은 심지어 국제연합(United Nations)조차도 좋아하지 않는다. 또한 많은 카톨릭 신자들과 동방교회 그리스도인들은 민족의 경계선을 통해 누구를 안에 있는 사람이며 누구를 밖에 있는 사람인지 결정한다. 이런 확신들은 "만물을 창조하신 한 분 하느님"을 믿는 종교인들에게는 매우 이상한 일이다. 하느님은 적어도 분명히 우리가 알고 있듯이 더욱 빠른 속도로 팽창되고 있는 우주처럼, 오랜 세기를 거치면서 전개되고 있는 의식의 진화처럼, 크며 신비하다. 요한복음 17장 전체를 읽거나 아니면 그 한 부분을 읽은 사람이라면, 도대체 어떻게 그리스도나 예수를 통일성과 연합 이외에 다른 어떤 분으로 생각할 수 있겠는가? 그리스도는 21절에서 "아버지여, 그들 모두가 하나가 되게 하소서"라고 말하는데, 그분은 그 전체 기도에서 이런 똑같은 열망과 의도를 많은 방식으로 반복하고 계신다. **하느님께서는 기도하시는 것을 얻으신다고 나는 믿는다.**

바울로는 "그리스도 안에"라는 말과 함께, "지혜," "비밀," "감추진 계획," "신비"와 같은 말을 즐겨 사용한다. 그가 그런 말을 너무 많이 사용하기 때문에, 우리는 그 의미들을 안다고 생각하고 쉽게 지나치는 것 같다. 우리들 대부분은 그가 예수에 관해 말하는 것으로 생각하는데, 이런 생각은 부분적으로는 옳다. 그러나 바울로가 말하는 "비밀의 신비(secret mystery)"의 직접적 의미는 우리가 이 책에서 말하는 그리스도이다. 바울로에게 그리스도는 "오랜 세월 동안 감추어두셨던 신비"(로마서 16:25-27)이다. 그 신비는 여전히 대다수 그리스도인들에게는 깊이 감춰진 비밀이다.

성 아우구스티누스가 그의 『재고록』(*Retractions*)에서 용기 있게 표현한 것처럼, "지금 그리스도 종교라고 부르는 것은 심지어 고대 시대에도 존재했으며 또한 인류의 시작 때부터 없지 않았다."[4] 한번 생각해보자. 네안데르탈과 크로마뇽, 마야 문명과 바빌로니아 문명, 아프리카 문명과 아시아 문명, 그리고 모든 대륙들과 고립된 섬들에서 수천만 년 동안 살았던 수많은 토착민들은 단지 "우리들"을 위한 리허설에 불과했는가? 하느님이 정말로 그처럼 비효율적이며 따분하며 인색한

---

[4] Augustine, *The Retractions*, trans. M. Inez Bogan, R.S.M., *The Fathers of the Church* (Baltimore: Catholic University of America Press, 1968), 52.

가? 전능하신 분이 사랑과 용서에 대한 궁핍 모델(scarcity model)로 작동하는가? 하느님은 민족 중심의 동방교회, 로마 카톨릭, 유럽인들의 개신교회, 미국의 복음주의자들이 나타날 때까지 기다리셨다가 비로소 하느님의 사랑의 관계를 시작하신 것인가? 나는 그렇게는 상상조차 할 수가 없다.

삼라만상은 무엇보다 그 자체의 목적을 위해 존재하며, 둘째로는 하느님의 선하심, 다양성, 은혜를 위해서 존재하며, 셋째로는 인간이 이용하도록 존재한다. 우리들의 협소하며 궁핍에 근거한 세계관의 결과가 여기에서 그대로 나타나며, 나는 이런 세계관이 무신론의 등장과 오늘날 대부분의 서양의 국가들에서 실제로 작동하는 "실천적 무신론"의 등장에 주로 기여했다고 믿는다. 우리가 오늘날 사람들에게 제시하는 하느님은, 가슴이 큰 사람들이 신뢰하거나 사랑하기에는 너무 작고 인색할 뿐이다.

위대한 사랑과 위대한 고난

당신은 원시인들과 그리스도교 이전의 문명들이 정확히 어떻게 하느님께 다가갈 수 있었는지에 대해 궁금해 할지 모른다. 나는 그들이 **위대한 사랑과 위대한 고난**이라는 보편적이며 정상적인 변혁의 여정[5]을 통해서 하느님께 다가갈 수 있었다고 믿는데, 이런 여정은 인류의 시작 때부터 모든 개인들이 거쳐 간 것이다. 오직 위대한 사랑과 위대한 고난만이 우리의 절대적인 에고의 보호에서 벗어나 우리로 하여금

---

5) Rohr, *The Naked Now*, 16장.

진정한 초월의 경험에 대해 개방적이 될 만큼 충분히 강력하다. 그리스도가 특히 예수와 짝을 이룰 때, 그는 **신적인 패턴으로서의 보편적인 사랑과 필수적인 고난**에 관한 분명한 메시지가 되는데, 이것은 삼위일체의 세 인격에서 시작된다. 즉 삼위일체에서 **하느님은 끝없이 흘러나오며 또한 자기를 비우는 분이라고 말해진다.** 이 과정은 마치 물레방아의 돌아가는 세 개의 물받이처럼, 그 흐름이 영원히 흐르도록 유지한다. 하느님 안에서 그리고 밖에서, 한 방향을 향해서 흐르도록 말이다.

우리가 하느님에 대해 올바른 단어를 갖고 있지 못하다는 사실 자체가 우리가 올바른 경험을 하지 못했다는 뜻은 아니다. 처음부터 야훼 하느님은 유대 민족으로 하여금 어느 단어조차도 하느님의 무한한 신비를 포착할 수 없다는 것을 알게 하셨다. 이스라엘의 하느님의 메시지는 "나는 너희들에게 나를 통제할 힘을 주지 않을 것이다. 만일 그런 힘을 준다면 너희들은 조만한 모든 것을 통제하려고 할 것이다"인 것처럼 보인다. 통제하는 사람들은 다른 사람들을 통제하려 하며, 하느님도 통제하려고 한다. 그러나 무엇이든지 사랑하는 것은 통제를 포기하는 것을 뜻한다. **우리는 우리와 매우 비슷한 하느님을 창조하는 경향이 있는데, 원래는 하느님이 자신과 매우 비슷한 사람들을 창조하셨다.** 당신은 하느님이 이 우주 안에서 어느 누구보다도 더 많이 통제를 포기하신다는 생각을 한 적이 있는가? 하느님은 통제에 매달리신 적이 거의 없다는 것이 진리이다. 그러나 우리는 통제에 매달린다. 하느님은 매일 이것을 일상적으로 허락하신다. 그만큼 하느님은 자유로우시다.

어떤 종류이든 진정한 하느님 경험은 보통 사랑이나 고난처럼 느껴지거나, 그 둘 모두처럼 느껴진다. 그 경험은 우리를 충만한 실재에 연결시키는데, 더욱 새로운 넓이와 깊이로 연결시켜 마침내 "하느님께서 만물 안에 온전히 계실 때까지"(I 고린토 15:28) 충만하게 연결시킨다. 우리가 속해 있는 집단들은 시간이 지나면서 확장되거나 축소된다. (적어도 이것이 내가 카운슬러, 영적 지도자, 고해성사를 받는 사람으로서 다른 사람들과 함께 하면서 관찰한 것이다.) 우리가 관계를 맺는 방식들은 일단 설정되면 우리의 삶 전체의 궤적들을 결정한다. 만일 우리가 본래 회의적이며 의심이 많으면 그 초점이 편협해진다. 만일 우리가 희망적이며 신뢰하면, 그 초점이 계속 확장된다.

여기서 나에게 매우 분명하며 기본적인 요점을 다시 반복하겠다. **우리가 그리스도인이라는 증거는 우리가 어느 곳에서든지 그리스도를 볼 수 있다는 것이다.** 이것이 바로 카릴 하우스랜더가 지하철에서 경험한 것이며, 예수께서 "가장 작은 형제자매들"(마태오 25:40) 안에서 신성을 가리켰으며, 심지어 예수 옆에서 십자가에 달렸던 악한 강도(루가 23:43) 안에서조차 신성을 가리킨 이유이다. 진정한 하느님 경험은 항상 우리의 시각을 확장하는 것이지 축소시키는 것이 아니다. 하느님에게 다른 어떤 방법이 있겠는가? **하느님 안에서는 우리가 배제하는 것이 점점 더 적어지며, 항상 더욱 많은 것을 보며 사랑한다.** 우리가 우리의 작은 에고를 초월할수록 우리는 더 많은 것을 포함할 수 있다. "밀알 하나가 땅에 떨어져 죽지 않으면 한 알 그대로 남아 있고, 죽으면 많은 열매를 맺는다"(요한 12:24)는 것이 예수 그리스도의 가르침이다.

예를 들어, 내가 자주 나의 애완견 검은색 라브라도 비너스의 얼굴을 바라보듯이, 당신이 당신의 애완견의 얼굴을 바라볼 때, 당신은 신적인 현존인 그리스도의 또 다른 화육을 보고 있는 것이다. 당신이 다른 사람, 꽃 한 송이, 꿀벌 한 마리, 산봉우리 등 무엇을 바라보든, 당신은 당신을 위한 하느님의 사랑, 당신이 고향이라고 부르는 우주를 향한 하느님의 사랑의 화육(성육신)을 보고 있는 것이다.

지금 잠시 멈추고, 당신 주변에 하느님의 사랑이 분명하게 화육하신 것에 초점을 맞추어보라. 반드시 그렇게 할 필요가 있다.

내가 바라는 것은 당신에게 보다 큰 이해가 떠오르는 것이다. 무엇이든지 간에 모든 실제적인 목적을 위해서 당신을 당신 자신에게서 벗어나게 만드는 것은 그 순간에 하느님으로서 당신을 위해 작용하는 것이다. 그 여정이 달리 어떤 방법으로 시작할 수 있겠는가? 달리 어떻게 당신을 끌어내 앞으로 나아가도록 할 수 있겠는가? 지금 한가한 믿음 조항들이 아니라 내적인 생동감을 통하지 않는다면 말이다. 하느님은 우리가 우리 자신에게서 벗어나고 우리를 초월하도록 유혹하실 무엇인가를 필요로 하시는데, 그래서 하느님은 특히 세 가지를 사용하신다. 선함, 진실, 그리고 아름다움이다. 이 세 가지 모두는 우리를 끌어내어 합일의 경험 속으로 이끌 능력을 갖고 있다.

우리 스스로는 이처럼 빛나며 광대하게 보는 방법 속으로 들어갈 길을 생각할 수 없다. 우리는 때때로 사랑과 외경의 관계 속에 사로잡혀야만 하는데, 이런 관계는 흔히 매우 더디게 오며, 서서히 침투되며 모방, 공명, 명상, 자기를 비추는 것을 통해 온다. 그리스도는 항상 거저 주어지며, 마치 다른 주자가 넘겨주는 배턴처럼 건네진다. 그 과정에서 우리가 맡은 유일한 역할은 그 때마다 손을 뻗어 그것을 잡는 일이다.

바울로에게, 그리고 당신과 나처럼 평범한 신비가들에게는, 내가 지금 말하는 종류의 보는 방식은 관계의 경험이며 상호적인 경험으로서 그 경험 안에서 우리는 우리들 자신 속에 계신 하느님을 발견할 뿐 아니라 동시에 우리들 너머의 외부 세계에 계신 하느님을 발견한다. 그 밖에 다른 길이 있을 것 같지는 않다. 현존은 결코 우리들 안에서 자체적으로 발생되는 것이 아니라, 항상 다른 것으로부터 주어지는 선물이며, 신앙은 항상 그 핵심에서 관계적이다. 신적인 봄(divine seeing)은 혼자 할 수 있는 것이 아니라, 오직 한 의식이 다른 의식과 접속할 때만 가능하며, 그 둘은 **주체와 주체로 만나면서** 서로 주고받는다. 현존은 주어지고 제공되어야 하며, 불러일으켜지고 받아들여져야만 한다. 현존은 육체적인 제스처, 조용한 말 한마디나 미소, 우리가 사랑하는 사람과 함께 나누는 식사를 통해 일어날 수 있는데, 그런 순간에 우리는 갑자기 우리 둘보다 더욱 큰 힘에 의해 생기를 얻는다.

그런 순간을 맛보며 접촉하며 신뢰하는 것이 중요하다. 말과 복잡한 제의들은 이런 점에서 거의 방해가 된다. 그런 현존 앞에서 우리가 정말로 할 수 있는 것이라곤 우리 자신의 현존으로 마주하는 것뿐이다. 여기서는 아무것도 믿어야 하는 것이 없다. 단지 우리들 자신의 깊은 경험을 신뢰하고 그런 경험을 끌어내는 것을 배우면, 우리는 매일 어떤 종교 예배에 참석하기 이전이든 이후든 간에 그리스도를 알게 된다. 교회, 성전, 사원은 완전히 새로운 차원에서 의미를 갖기 시작할 것이며, 동시에 교회, 성전, 사원은 완전히 따분하며 불필요한 것이 될 것이다. 내가 당신에게 그 두 가지 모두를 확실히 말하는 이유는 당신이 이미 완전히 받아들여졌으며 또한 완전히 받아들이고 있기 때문이다.

4장

원죄가 아니라 원선

대지는 하늘로 채워졌으며
흔히 보는 모든 관목은 하느님으로 불타지만
그것을 보는 사람만이 신발을 벗는다.

― Elizabeth Barrett Browning, *Aurora Leigh*

뉴멕시코주에 있는 우리의 "행동과 관상 센터" 뒤뜰에는 150년 된 리오그란데 사시나무가 그 울퉁불퉁한 가지들을 잔디밭 위로 펼치고 있다. 이곳을 방문하는 사람들은 즉시 그 나무에 이끌려, 그 그늘에 서서 웅장한 가지들을 올려다본다. 전문적으로 나무를 키우는 어떤 사람이 그 나무줄기가 그처럼 뒤틀린 것은 아마도 변종이 된 때문일 것이라고 말한 적이 있다. 그 나무가 어떻게 그토록 굳게 서 있는지에 대해 의아하게 생각할 수 있지만, 사시나무는 우리 센터에 있는 최고의 예술 작품으로서 그 비대칭적 아름다움은 우리 센터의 핵심 메시지 가운데 하나를 보여주는 완벽한 표본인 셈이다. 그것은 **신적인 완벽함은 정확**

하게 말해서 불완전하게 보이는 것을 포함하는 능력이라는 것이다. 우리가 센터 안에 들어가 기도하고 일하고 신학을 가르치기 전에, 그 거대한 현존은 이미 우리에게 침묵의 설교를 하는 셈이다.

당신은 자연 속에서 이와 같은 만남을 경험한 적이 있는가? 아마도 호수나 해변에서, 등산하면서, 정원에서 비둘기 울음소리를 들으면서, 심지어 분주한 길거리 모퉁이에서 그런 경험을 했을 것이다. 그처럼 본래적인 신학을 받아들이면, 그것은 거의 아무런 노력이 없이도 우리를 성장하게 만들며, 확장시키며 영적인 깨달음을 얻게 한다. 그것과 비교할 때, 그 밖에 다른 모든 하느님 논의는 인위적이며 무모한 것처럼 보인다.

원주민의 종교들은 대체로 몇몇 성서 구절들처럼 이것을 간파했다 (다니엘 3:57-82; 시편 98, 104, 148을 보라). 욥기 12:7-10과 욥기 38-39장 대부분에서, 야훼 하느님께서 기이한 동물들과 자연의 요소들이 본래 갖고 있는 지혜를 찬양하시는데, "빗장을 내린 바다," "야생나귀," "타조의 날개" 등이 그런 것으로서, 사람은 보다 큰 생태계의 한 부분이라는 것을 상기시켜 주시는 것이다. 하느님은 "매가 치솟아 올라 남쪽으로 날아가는 것이 너의 지혜 때문인가?"라고 물으신다. 명백한 대답은 "아닙니다!"다.

하느님은 우리가 만물의 중심이라는 주제넘은 생각에 매이신 분이 아니며, 또한 삼라만상은 사실상 그에 덧붙여 성스러움을 전해주기 위해 예수(혹은 우리들)를 요구하거나 필요로 하지 않았다. 처음 빅뱅의 순간부터 자연은 신적인 현존의 영광과 선함을 계시해왔다. 자연은 감사한 선물이지 필연이 아니다. 예수는 자연 속에서 살고 그 모든 자연적 다양성 속에서 삶을 향유하심으로써 우리의 모델과 본보기가 되기 위해 오셨다. **예수는 이런 선물을 영광스럽게 만드는 선물이다.**

이상하게도 오늘날 많은 그리스도인들은 하느님의 섭리와 돌보심이 오직 인간들에게만 국한되며, 그것도 매우 소수의 인간들에게만 국한되는 것으로 간주한다. 예수는 하느님의 관대하심을 참새들, 백합화, 당나귀, 들의 풀(루가 12:28), 심지어 "머리털"(마태오 10:30)에까지 확장하셨는데, 그에 비해 우리들은 얼마나 다른가! 하느님은 결코 인색하신 분이 아니다! 그러나 우리들은 얼마나 인색하기에 하느님의 관심—심지어 영원한 관심—을 우리들 자신에게만 국한시켜 버렸는가? 만일 하느님이 우리들 이외에 다른 모든 것을 돌보지 않으신다면, 도대체 우리는 어떻게 하느님이 우리들만은 돌보신다고 상상할 수 있는가? 만일 하느님이 선택적으로 돌보심을 인색하게 나누어주신다면, 우리는 그 돌보심을 받을 행운아들 속에 포함될지에 대해 항상 불안하다. 그러나 우리가 일단 만물 속에 자연적으로 존재하는 관대하며 창조적인 현존을 인식하게 되면, 우리는 그것을 모든 존엄성과 가치의 내적인 원천으로서 받아들일 수 있다. 존엄성은 가치 있는 것들에게만 겨우 베풀어지는 것이 아니다. 존엄성은 만물의 본성과 존재 자체 속에 들어 있는 본래적 가치의 기초이다.

존재의 거대한 고리

성 보나벤투라(1221-1274)는 **하느님을 사랑하는 데까지 도달하기 위해서는 가장 비천하고 단순한 사물들을 사랑하는 것에서부터 시작하여**

차츰 올라가라고 가르쳤다. 그는 "우리는 바닥에서부터 올라가는 첫 발걸음을 시작하여, 전체 물질세계를 거울로 삼아 나아가면, 최고의 기술자이신 하느님께 도달할 수 있을 것이다"라고 썼다. 또한 "창조주의 최고의 능력, 지혜, 자비하심은 만물을 통해 빛난다"1)고 했다.

나는 당신이 이런 영적인 통찰력을 문자적으로 적용하라고 격려하고 싶다. 하느님을 사랑하거나, 심지어 사람을 사랑하는 것에서 시작하지 말고, 우선 바위와 흙, 물과 불, 공기를 사랑하고, 그 다음에는 나무들을 사랑하고, 그 다음에는 동물들을 사랑하고, 그 다음에 사람들을 사랑하라. 조만간 천사들이 실제적인 가능성처럼 보이게 될 것이며, 그 다음에 조금만 뛰어오르면 하느님을 사랑하게 될 것이다. 사실상 이것이 사랑하는 유일한 방법이다. 왜냐하면 **당신이 무엇인가를 하는 방법이 바로 당신이 모든 것을 하는 방법**이기 때문이다. 요한의 첫 번째 편지가 매우 직접적으로 가르쳐주듯이, "하느님을 사랑한다고 말하면서 그의 형제자매를 미워하는 사람은 거짓말쟁이다"(4:20). 결국에는 당신이 모든 것을 사랑하든가 아니면 당신이 무엇을 사랑하는 것에 대해 의심할 이유가 있든가 둘 중 하나이다. 바로 이런 하나의 사랑과 하나의 사랑스러움에 대해 많은 중세 신학자들은 "존재의 거대한 고리(Great Chain of Being)"라고 표현했다. 그 메시지는 만일에 당신이 그 고리 가운데 어느 하나 속에서 현존을 알아차리지 못한다면, 성스러운 전체 우주는 박살이 나고 만다는 것이다. 그것은 정말로 "전부 아니면 전무(all or nothing)"였다.

---

1) Bonaventure, *The Soul's Journey to God* I, 9-10 (New York: Paulist Press, 1978), 63.

하느님은 우리에게 성서나 교회, 또는 예언자들을 통해서 말씀하시기 시작하지 않으셨다. 우리는 정말로 하느님께서 137억 년 동안 전혀 말씀하실 것이 없으셨다고 생각하는가? 지질학적 시간의 최근 10억 분의 1초 동안만 말씀하셨다고 생각하는가? 우리의 성스러운 경전들 이전의 모든 역사는 진리나 권위의 기초를 전혀 제공하지 않았단 말인가? 물론 아니다. 신적인 현존의 광채는 태초부터, 즉 인간의 눈이 그것을 보거나 알기 이전부터, 빛을 비추고 확장되어왔다. 그러나 19세기 중엽에는 교회가 확실성과 권위를 붙잡는 데 열중하다가 합리주의와 과학주의 앞에서 빠르게 길을 잃기 시작하여, 카톨릭은 교황이 "무오하다(infallible)"고 선언했고, 복음주의자들은 성서가 "무오하다(inerrant)"고 결정했다. 그러나 우리는 1800년 동안 그런 믿음 없이 잘 지내왔다. 사실상 이런 주장들은 대부분의 초기 그리스도인들에게는 우상숭배처럼 보였을 것이다.

삼라만상은 그것이 행성들이든, 식물이든 아니면 팬더든 간에, 단지 인간의 이야기나 성서를 위한 준비운동이 아니었다. 자연세계는 그 자체가 선하며 충분한 이야기이기 때문에, 우리가 겸손과 사랑으로 그것을 보는 방법을 배우기만 한다면, 그 이야기를 들을 수 있을 것이다. 그러기 위해서는 관상(contemplation) 수련을 해야만 한다. 우리의 분주하며 피상적인 정신을 충분히 멈추어 그 아름다움을 보며, 그 진실을 허락하며, 그것이 나에게 유익하든지, 나를 기쁘게 해주든지 상관없이 그 본래적 선함을 보호해야 한다.

음식과 물과 같은 모든 선물, 단순한 친절의 모든 행동, 모든 햇살, 새끼들을 돌보는 모든 척추동물, 그 모든 것은 이처럼 본래적으로 선한 삼라만상에서 비롯되는 것이다. 인간은 이처럼 항상 존재하는 실재, 즉 우리가 너무 자주 찬양하지 못하거나 무시하고 당연한 것으로 간주하는 실재를 알고 향유하도록 창조된 것이다. 창세기에 묘사된 것처럼, 창조는 6일에 걸쳐 펼쳐졌는데, 이것은 성장에 대한 발달적 이해를 함축하는 것이다. 오직 일곱째 날에만 운동이 없다. 여기서 드러나는 하느님의 일정한 패턴은 행위(doing)가 무위(not-doing)와 균형을 이루어야만 한다는 것이다. 유대인 전통은 이 무위를 "안식일 휴식"이라 부른다. **모든 관상은 제7일의 선택과 경험을 반영하며, 노력 대신에 은총에 의지하는 것이다.** 충분한 성장이 함축하는 것은 시간을 맞추고 무대를 만들고 행동하고 기다리는 일, 그리고 노동과 휴식이다.

감각 능력이 있는 다른 모든 존재들 역시 자신들의 작은 일들을 하며, 삶과 죽음의 주기 안에서 자신들의 자리를 차지하고, 하느님의 영원한 자기 비움과 영원한 채움을 반영하며, 때로는 그 모든 것을 신뢰한다. 나의 애완견 비너스가 나를 바라보다가 다시 정면을 응시하고 이제 그만 자라고 하면 겸손하게 코를 땅에 대는 것처럼 말이다. 동물들은 물론 공격을 두려워하지만, 죽음의 공포 때문에 고통스러워하지는 않는다. 반면에 죽음을 두려워하고 피하려고 하는 것은 모든 인간의 절대적 특성이라고 한다.

우리가 그런 생태계의 리듬에 속해 있다는 것을 인정하고 의도적으로 그 리듬 안에서 기뻐할 수 있다면, 우리는 우주 안에서 우리의 위치를 발견하기 시작할 수 있다. 이 장의 첫 부분에 인용한 엘리자베스 바렛 브라우닝의 표현처럼, **대지는 하늘로 채워졌으며 흔히 보는 모든 관목은 하느님으로 불타고 있다**는 것을 우리가 보기 시작할 것이다.

원죄가 아니라 원선

모든 종교의 참되며 본질적인 과제는 우리로 하여금 만물 속의 하느님의 형상을 인정하고 회복하도록 돕는 일이다. 그것은 모두가 자신이 누구인지를 알게 되기까지 만물을 정확하고 깊이 있게, 그리고 완전하게 거울에 비추는 일이다. 거울은 그 본성상 반영하는 것이 부분적이며, 동등하며, 노력 없이 하며, 무의식적이며, 끝이 없다. 거울은 이미지를 창출하지 않으며 그것이 선호하는 것이나 인지하는 것에 따라 이미지를 걸러내지도 않는다. 거울이 진정으로 비추는 것은 오직 이미 있는 것만 비출 수 있다.

그러나 우리는 거울의 이런 반사작용 개념을 확장하여 이 책의 핵심 주제를 이해하기 위한 또 다른 방식을 발견할 수 있다. 예를 들어, "그리스도의 마음"이라고 부를 수 있는 신적인 거울이 있다. 그리스도라는 거울은 영원 전부터 우리를 완전히 알고 사랑하며, 그 이미지를 우리에게 비춰준다. 나는 이것을 논리적으로 입증할 수는 없지만, 이런 반향 속에서 사는 사람들은 행복하며 건강하다는 것을 나는 알고 있다. 자기 주변의 사물들과 공명하며 상응하지 않는 사람들은 오직 외로움과 소외 가운데 성장할 따름이며, 어떤 형태로든 폭력을 행사하는 경향이 있다. 자신들을 향해서조차 폭력을 행사하는 경향이 있다.

당신은 또한 요한의 말씀, 즉 "내가 이렇게 여러분에게 편지를 써 보내는 것은 여러분이 진리를 몰라서가 아니라 이미 진리를 알고 있기 때문입니다"(l 요한 2:21)라는 말씀의 중요성을 깨닫고 있는가? 그는 우리들 각자 속에 **이미 심겨져 있는 앎**, 즉 내적인 거울에 관해 말하고 있는 것이다. 오늘날 많은 사람들은 그것을 "의식"이라고 부를 것이며, 시인들과 음악가들은 그것을 "영혼"이라고 부를 것이다. 예언자 예레미야는 그것을 "너희들의 가슴에 새겨진 내 법"(31:33)이라고 부른 것이며, 그리스도인들을 그것을 "내주하는 성령(Indwelling Holy Spirit)"이라고 부를 것이다. 나는 이런 용어들이 대체로 서로 바꿔서 사용할 수 있는 용어들로서, 똑같은 주제를 서로 다른 배경과 기대를 갖고 접근하는 것이라고 본다.

요한에게 보낸 첫 번째 편지에서 요한은 그것을 매우 직접적으로 이렇게 표현한다. "사랑하는 여러분, 우리는 **이미** 하느님의 자녀입니다. 우리가 장차 어떻게 될지는 분명하지 않지만 그리스도께서 나타나시면 우리도 하느님과 같은 사람이 되리라는 것을 우리는 알고 있습니다. 그 때에는 우리가 하느님의 참모습을 뵙겠기 때문입니다"(3:2). 우리가 마침내 보게 될 이 하느님은 누구신가? 그분은 존재 자체이다. 왜냐하면 하느님은 한 분으로서, 바울로에 따르면 "'우리는 그분 안에서 숨쉬고 움직이며 살아갑니다.' 또 여러분의 어떤 시인이 말한 것처럼 '우리는 모두 그의 자녀입니다'"(사도행전 17:28).

우리가 타고난 "하느님과 닮음"은 하느님께서 모든 피조물들에게 똑같이 주신 객관적 연결성에 달려 있는데, 그 각각의 피조물은 각자 독특한 방식으로 하느님의 DNA를 지니고 있다. 오웬 바필드(Owen Barfield)는 이런 현상을 "원래적 참여(original participation)"라고 불렀다. 나는 그것을 "원복(original blessing)" 또는 "원래의 결백(original innocence, unwoundedness)"이라고 부르고 싶다.2)

그것을 당신이 무엇이라고 부르든 간에, "하느님의 형상"은 절대적이며 불변한다. 그것을 증가시키거나 축소시키기 위해 인간이 할 수 있는 것은 아무것도 없다. 또한 누가 그것을 갖고 누구는 그것을 갖지 않는지를 결정하는 것은 우리가 아니다. 우리가 그런 결정권을 갖고 있다고 착각한 것이 이제까지 우리들의 가장 큰 문제였다. 그것은 순전한 선물로서 누구에게나 똑같이 주어진 것이다.

그러나 이런 현실이 더욱 복잡하게 된 것은 원죄(original sin)라는 개념이 그리스도인들의 정신에 들어왔을 때다.

원죄라는 개념은 성서에서는 전혀 언급되지 않은 말이지만 5세기에 아우구스티누스가 처음 사용한 개념으로서, 우리는 이 개념을 통해 인간이 "죄" 속에 태어난다는 것을 강조했다. 왜냐하면 아담과 하와가 "선악을 알게 하는 나무"의 열매를 먹음으로써 하느님의 명령을 어겼기 때문이다. 그에 대한 벌로 하느님은 그들을 에덴동산에서 쫓아내셨다. 죄에 대한 이런 이상한 개념은 우리가 보통 생각하는 죄, 즉 개인적인 책임과 꾸중을 들어야만 할 일의 문제와는 맞지 않는다. 원죄는 우리가 전혀 저지르지 않은 것이다. 원죄는 아담과 하와로부터 **우리에게** 전해진 것이다. 따라서 우리는 애당초 나쁘게 출발한 셈이다.

이와는 대조적으로, 세계의 위대한 종교들 대부분은 그들의 창조 이야기들에서 원초적인 아름다움과 선함에 대한 감각을 갖고 출발한다. 유대-그리스도교 전통 역시 이런 점을 아름답게 계승하여, 창세기 1:10-22는 다섯 번이나 하느님이 피조물들을 보시기에 "좋았다"고 말

---

2) Owen Barfield, *Saving the Appearance* (Middletown, CT: Wesleyan University Press, 1988), 6장.

쓸하시며, 심지어 1:31에서는 "매우 좋았다"고 말씀하셨다. 삼라만상에 대한 최초의 은유는 (에덴) 동산이었는데, 그 동산은 본래 긍정적이며 아름답고 성장 지향적인 장소이며 "경작하고 돌볼"(2:15) 장소로서, 거기서는 사람들이 벌거벗고 다니면서도 부끄러움을 모를 수 있었다.

그러나 아우구스티누스 이후에는, 대부분의 그리스도교 신학들이 창세기 1장의 긍정적인 모습에서부터 창세기 3장의 보다 어두운 모습으로 바뀌었다. 이것이 소위 타락이며, 나는 이것을 "문제"라고 부른다. 인류와 삼라만상을 위한 하느님의 마스터 플랜—우리들 프랜치스칸들이 여전히 "그리스도의 우위성(Primacy of Christ)"이라고 부르는 것—을 포용하는 대신에 그리스도인들은 예수와 그리스도에 대한 우리의 이미지를 축소시켰으며, 우리의 "구원자"는 단지 죄의 문제, 즉 주로 우리가 스스로 만들어낸 문제에 대한 새롭고 서투른 "해결책"이 되어버렸다. 그것은 예수에게는 매우 제한된 역할이었다. 그의 **삶**(life) 대신에 그의 **죽음**(death)이 우리를 구원하는 것으로 정의되었다! 이것은 결코 작은 문제가 아니다. 우리에게 매우 중요한 문제에서의 이런 변화는 흔히 우리로 하여금 예수의 실제 삶과 가르침을 회피하도록 만들었다. 왜냐하면 우리에게 필요했던 것 전부는 그의 죽음이라는 희생적 사건뿐이었기 때문이다. 예수는 단지 죄를 청소하는 사람이 되어버렸고, 죄의 관리(sin management)가 오늘날까지 그리스도교 이야기 전체를 지배하는 것이 되어버렸기 때문이다. 이것은 결코 과장이 아니다.

어떤 점에서 "원죄" 교리가 도움이 되었던 것은 그것이 우리에게 **우리 모두가 지니고 있는 상처와 연약함에 대해 놀라지 말라**고 가르쳤기 때문이다. 선이 본래적이며 공유할 수 있는 것처럼, 악도 마찬가지인 것처럼 보인다. 그리고 이것은 사실상 매우 자비로운 가르침이다. 우리가 상처를 공유하고 있다는 것을 아는 것은 우리를 불필요한—또한 개인적인—죄의식이나 수치심으로부터 벗어나 자유롭게 해주어야 하며, 또한 우리가 자신에 대해서, 그리고 다른 이들에 대해서 용서하며 함께 아파하는 사람들이 될 수 있도록 도와준다. (우리가 기꺼이 찾아보려고만 한다면, 모든 어설픈 신학적 선언들에는 대개 하나의 밝은 측면이 있다.)

그러나 역사적으로는 원죄에 대한 가르침이 우리로 하여금 처음부터 잘못된 발걸음을 내딛도록 만들었다. 즉 **긍정 대신에 부정을 갖고, 신뢰 대신에 불신을 갖고 출발하도록** 만들었다. 우리는 인류의 중심에 있는 "문제"라고 배운 것을 해결하느라 오랜 세월을 보냈다. 그러나 우리가 문제에서 출발하면, 우리는 결코 그 사고 구조(mind-set)를 넘어서지 못하는 경향이 있다.

아우구스티누스의 신학적인 **부정**(no)에서부터 그 구멍은 더욱 깊어질 따름이었다. 즉 마틴 루터는 인간을 "똥 무더기(a pile of manure)"라고 묘사했으며, 장 칼뱅은 그 악명 높은 "전적 타락(total depravity)" 교리를 제정했으며, 가련한 조나단 에드워드는 뉴잉글랜드 지방 사람들을 "분노하신 하느님의 손 안에 있는 죄인들"이라고 정죄했다. 따라서 그리스도인들이 부정적인 인간학(negative anthropology)을 갖고 있다고 비난받는 것은 전혀 놀랄 일이 아니다.

불신과 의심의 신학은 온갖 잘못된 관념들에서 드러나는데, 그런 잘못된 관념들은 세상이 항상 자체와 경쟁하는 중이며, 세례에 대한 기계적이며 주술적인 이해, 불타는 지옥에 대한 관념들, 보상과 처벌의 체제, 상처받은 개인들 모두를 수치스럽게 여기며 배제하는 태도, 피부색, 인종, 민족의 우월성에 대한 믿음 같은 것들이다.

이 모든 것이 "의로운 사람들이 아니라 죄인들을 위해" 오신 분(루가 15:1-7; 마르코 2:17; 루가 5:32), 그리고 우리에게 "풍성한 생명"을 주기 위해 오신 분(요한 10:10)의 이름으로 행해졌다. 이런 것은 결코 작동할 수 없을 것이며, 또한 결코 작동하지 못했다.

우리가 너무나 자주 엘리트 성직자들에 의해 운영되는 죄의 관리라는 신학에서 출발할 때, 우리는 정신분열적 종교로 끝장나게 마련이다. 결국 예수가 이 지상에서는 자비로웠지만 다음 세상에서는 처벌하는 예수로 끝장이 난다. 여기서는 용서하는 분이 나중에는 용서하지 않는다는 말이다. 이런 그림에서는 하느님이 보통의 관찰자에게조차 변덕스럽고 믿을 수 없는 분처럼 보인다. 그리스도인들이 이런 결과를 인정하는 것은 겁나는 것일 수 있지만, 우리는 이런 결과를 인정해야만 한다. 나는 이것이 사람들이 더 이상 과거처럼 그리스도교 이야기 줄거리에 대해 별로 반응하지 않는 핵심적인 이유라고 믿는다. 사람들은 단순히 그 이야기 줄거리를 더 이상 진지하게 받아들이기를 거부할 따름이다.

원죄라는 구멍에서 벗어나기 위해서는, 우리가 긍정적이며 관대한 우주적 비전에서부터 출발해야만 한다. 관대함은 스스로 커지는 경향이 있다. **나는 인간 본성의 타고난 선함을 깊이 신뢰하지 않는 사람들 가운데서 진실로 함께 아파하며 사랑하는 인간을 본 적이 없다.**

그리스도교의 이야기 줄거리는 인류와 역사에 대한 긍정적이며 포괄적인 비전에서부터 시작해야만 한다. 그렇지 않다면 그것은 대부분의 인류의 초창기 발달 단계, 즉 원시적이며 타인들을 배제하며 공포에 기초한 단계를 넘어설 수 없다. 우리는 이미 중요한 경로 변경을 위한 준비가 되어 있다.

적극적인 비전을 붙들기

뇌에 대한 연구들은 우리가 적극적인 비전보다는 문제에 초점을 맞추도록 되어 있다는 것을 보여주었다. 인간의 뇌는 (단추 대용의) 접착천(Velcro)처럼 공포와 문제들에 달라붙는다. 우리는 나쁜 경험에 붙들리며 미래에 잘못될 일을 예상하느라 많은 에너지를 사용한다. 바꿔 말하면, 적극적인 것과 감사, 단순한 행복은 뜨거운 불판(Teflon) 위의 치즈처럼 쉽게 녹아 사라진다. 신경과학자 릭 핸슨(Rick Hanson)이 수행한 연구와 같은 것들은 우리가 적극적인 생각이나 느낌을 최소한 15초 동안 의식적으로 붙들어야만 그것이 신경에 흔적을 남긴다는 것을 보여준다. 이런 전체 역학관계는 실제로 마음의 벨크로/테플론(Velcro/Teflon) 이론이라고 한다. 우리는 해결책보다는 문제에 더 마음이 끌린다고 말할 수 있다.[3]

나는 당신이 단순히 나의 말만 듣지 말기를 바란다. 당신 자신의 뇌와 감정들을 살펴보라. 당신은 "부정적인" 것들에 병적으로 마음이 끌리는 것을 알 수 있을 것이다. 그것이 직장에서의 상황이든, 누군가를 비난하는 소문이든, 친구에게 벌어진 슬픈 사연이든 말이다. 이런 경향

---

[3] Rick Hanson, *Hardwiring Happiness* (New York: Harmony Books, 2013), xxvi.

성에서 벗어나 참된 자유를 찾는 것은 매우 드문 일이다. 왜냐하면 우리는 대부분 자동적인 반응에 지배당하기 때문이다. 그렇다면 진정한 영성을 증진시키는 유일한 방법은 적극적 반응과 감사하는 마음을 실제로 향유하는 **의도적 훈련**을 하는 방법이다. 그것이 주는 유익은 매우 실제적이다. 이처럼 의식적 선택을 통해서 우리는 사랑, 신뢰, 인내를 향한 우리의 반응을 새롭게 구성할 수 있다. 신경과학은 이것을 "**신경성형력**(neuro-plasticity)"이라고 부른다. 이것이 바로 우리가 자유의 용량을 늘리는 방법이며, 이것은 분명히 진정한 영성의 심장박동이다.

우리들 대부분은 우리가 공포심, 증오, 모든 위협들을 무시하거나 부정하면서 한가할 수는 없다는 것을 알고 있다. 그러나 우리가 이런 것을 어떻게 피할 수 있는지에 대한 실제적 가르침을 준 사람은 거의 없다. 예수가 우리의 외적인 행동보다 내적인 동기와 의도가 절대적으로 중요하다고 강조하여, 이 주제에 관해 산상 설교의 거의 절반(마태오 5:20-6:18)을 할애하고 있다는 점은 흥미롭다. 우리는 **반드시** 날마다, 심지어 매시간마다 선하고 참되며 아름다운 것에 초점을 맞추도록 선택해야만 한다. 이런 의지의 행동을 잘 묘사한 것을 필립피 4:4-9에서 볼 수 있는데, 여기서 바울로는 "주 안에서 **항상 기뻐하라**"고 말한다. 만일 당신이 이것을 한가한 "적극적 사고"라고 치부하고 싶은 마음이 든다면, 바울로가 이 편지를 쓴 것이 실제로 그가 감옥에서 사슬에 묶여 있을 때였다는 것(1:17)을 기억하라. 그는 어떻게 그 사슬에서 벗어났는가? 당신은 그것을 "마인드 컨트롤(mind control)"이라고 부를지 모른다. 그러나 우리들 대부분은 그것을 "관상"이라고 부른다.

그렇다면 우리는 어떻게 처음에 이런 "원선(Original Goodness)"을 보고 또한 실천하는가?

　바울로는 우리에게 대답도 준다. 그는 "그러므로 믿음과 희망과 사랑, 이 세 가지는 언제까지나 남아 있을 것입니다. 이 중에서 가장 위대한 것은 사랑입니다"(I 고린토 13:13)라고 말한다. 그리스도교 신학에서는 이 세 가지 본질적인 태도를 "신학적 덕(theological virtues)"이라고 부른다. 왜냐하면 그것들은 "하느님의 생명에 참여하는 것"으로서 하느님께서 거저 주시는 것이거나 우리가 잉태될 때 우리 속에 "주입"되는 것이기 때문이다. 이런 이해에서는 믿음, 희망, 사랑이 "도덕적인 덕(moral virtues)," 즉 우리가 성장하면서 배우는 여러 선한 행동보다 인간을 훨씬 더 많이 정의하는 것이다. 바로 이런 이유 때문에 나는 동방교회나 카톨릭의 세계관을 포기할 수 없다. 그 모든 어설픈 신조들에도 불구하고, 그 신조들은 여전히 인류에게 가장 기본적인 **적극적인 인간학**을 제공한다(비록 많은 사람들이 어설픈 교리문답 때문에 그것을 배우지 못하지만 말이다). 단지 도덕적으로 가치 있는 존재가 되기 위해 자신과 싸움을 벌이는 것은 항상 불안정하다.

　애당초 믿음, 희망, 사랑은 우리의 본성 안에 깊이 심겨졌다. 그것들은 정말로 우리의 본성이다(로마서 5:5; 8:14-17). **그리스도인의 삶은 단순히 우리의 이미 있는 모습이 되는 문제이다**(I 요한 3:1-2; II 베드로 1:3-4). 그러나 우리는 이처럼 우리의 핵심 정체성에 대해 긍정하고 또한 그것을 믿을 수 있는 절대적 원천(Absolute Source)[4]으로 삼아 의존함으로써, 이 핵심 정체성에 대해 깨어 있고 또한 전진해야만 한다. (하느

---

4) 나는 이 개념에 관해 『불멸의 다이아몬드』에서 길게 설명했다.

님의) **형상**(image)은 (우리의) **닮음**(likeness)이 되어야만 한다. 심지어 훌륭한 신학조차 나쁜 인간학을 수선하기는 쉽지 않다. 만일 인간이 "똥무더기"라면, 심지어 "그리스도의 흰 눈"조차 단지 그것을 덮을 뿐이지 없애지는 못한다.

그러나 우리가 그처럼 심겨진 믿음, 희망, 사랑에 대해 긍정하면, 하느님의 그런 형상을 닮는 일에서 중요한 역할을 한다. 따라서 인간의 자유가 중요한 것이다. 마리아가 긍정한 것은 화육(성육신) 사건에서 본질적인 것으로 보인다(루가 1:38). 하느님은 초대하지 않으면 오시지 않는다. 하느님과 은총은 우리 쪽에서 문을 열지 않으면 들어올 수 없다. 만약 그렇다면 우리는 로봇에 불과하다. 하느님은 로봇을 원하시는 것이 아니라 사랑에 대해 자발적으로 사랑을 선택하는 연인들(lovers)을 원하신다. 이런 최고의 목적을 향해서 하느님은 기꺼이 기다리시며 달래시며 부추기신다.

다시 말해서, **우리가 문제다**. 우리는 실재와 심지어 우리의 육체성을 신뢰하는 것을 선택해야만 하는데, 이것은 결국 우리 자신을 신뢰하는 것이다. 우리가 스스로를 신뢰하지 **않을** 준비가 되어 있다는 것은 분명히 우리가 계속 저지르는 죄들 가운데 하나다. 그러나 너무나 많은 설교들은 **오직** 하느님만을 신뢰하고 우리 자신은 **결코** 신뢰하지 말라고 가르친다. 이것은 지나치게 이분법적인 것이다. 도대체 자신을 신뢰하지 않는 사람이 어떻게 다른 누구를 신뢰하는 것을 알 수 있겠는가? 신뢰는 사랑과 마찬가지로 한 조각이다. (한편, 역사상 지금은 "**신뢰**"가 "**믿음**"보다 훨씬 도움이 되며 잘 묘사하는 말일 것이다. 왜냐하면 "믿음"은 너무 남용되었으며 지적인 것이 되었으며 심지어 진부한 말이 되어버렸기 때문이다).

실제적인 순서상 우리가 우리의 **원선**(Original Goodness)을 발견하는 것은 우리들 안에 깊이 심겨진 이 세 가지 덕이나 태도들을 발견하고 소유할 때다.

- 내적인 일관성 자체를 신뢰하는 것. "그 모든 것은 무엇인가를 뜻한다!" (믿음)
- 이런 일관성은 긍정적이며 어딘가 선한 곳으로 향해 갈 것을 신뢰하는 것 (희망)
- 이런 일관성은 나를 포함하며 심지어 나를 정의한다는 것을 신뢰하는 것 (사랑)

이것이 영혼의 기초이다. 우리가 그런 신뢰와 순종을 할 수 있다는 것은 인간의 선함과 거룩함을 위한 객관적 기초이며, 또한 우리는 이것을 매일 다시 선택해야만 냉소주의에 빠지지 않고, 희생자를 만들거나 희생자 역할을 하지 않고, 흔한 자기 연민에 빠지지 않는다. 어느 철학이나 정부, 어느 법률이나 이성도 우리에게 이런 태도를 완전히 제공하거나 약속하지 않지만, 복음은 제공할 수 있으며 약속한다. 건강한 종교는 우리에게 인간의 선함과 존엄성을 위한 매력적인 기초를 제공할 능력이 있으며, 그런 기초 위에서 우리의 삶을 건설할 방법을 보여준다.

어느 시대나 문화에서도 우리는 인종차별주의, 성차별주의, 성소수자 혐오, 군사주의, 외모주의, 계급주의를 향한 퇴보를 보아왔다. 이런 패턴은 우리가 존엄성을 보편적으로, 객관적으로, 또한 처음부터 하느님에 의해 주어진 것으로 이해하지 않는다면, 인간은 계속해서 존엄성을 결정하는 것이 우리라고 생각할 것이라는 점을 깨닫게 한다. 그러나 이런 비극적 역사가 보여주는 것은, 한 집단이 다른 집단의 가치와 존엄성을 동등하게 인정하지 않는 한 신뢰할 수 없다는 점이다. 우리의 기준은 자기중심적이며 매우 편견을 갖고 있는 경향이 있으며, 약자들은 항상 배제된다. 심지어 미국의 영광스러운 독립선언문—이것은 "모든 사람은 창조주에 의해서 양도할 수 없는 권리들을 갖고 있다"고 선언한다—조차도 백인들 대다수로 하여금 아직까지도 그런 권리들을 즉각적이며 동등하게 배분하도록 힘을 발휘하지 못했다.

지구 행성과 모든 생명체들이 앞으로 전진하기 위해서는 우리가 의존해야 할 것이 바로 **본래적인 원선과 보편적으로 공유한 존엄성**이다. 그래야만 우리가 새로운 세상을 건설할 수 있는 이유는 그 기초가 강하기 때문이며 그 기초 자체가 선하기 때문이다. 분명히 이것이 바로 예수가 우리에게 "땅을 깊이 파고 반석 위에 기초를 놓고 집을 지으라"(루가 6:48)고 말씀하실 때 뜻하셨던 것이다. 우리가 긍정(또는 긍정적 비전)으로 시작하면 우리는 관대함과 희망을 갖고 나아갈 가능성이 크며 또한 더욱 큰 긍정으로 끝맺음할 기회가 훨씬 많아진다. 부정(no)에 기초해서 세우려는 것은 예수의 말씀에 따르면 "모래 위에 짓는" 것이다.

만일 우리의 포스트모던 세계가 냉소주의, 회의주의, 믿지 **않는** 것에 빠질 가능성이 매우 높고, 우리가 지금 가짜뉴스가 횡행하는 미국에 살고 있다면, 우리 "신자들"은 우리의 문화가 이처럼 슬픈 방향으로 나아가게 만든 것에 대해 최소한 책임이 있다. **나쁜 것에 대한 최고의 비판은 여전히 더 나은 것을 실천하는 일이다.** 반대하는 에너지는 그저 똑같은 것만을 더 만들어낼 따름이다. 모든 문제의 해결은 무엇보다도 긍정적이며 포괄적인 비전에 의해 인도되어야만 한다.

우리는 원선(Original Goodness)을 참된 출발점으로 삼아서 크리스천 프로젝트를 되찾아야만 한다. 우리는 예수가 사람들을 배제하는 재판장이 아니라 포용하는 구세주이며, 우주적인 알파와 오메가로서 역사를 관장하는 분임을 되찾아야만 한다. 그러면 역사와 개인 모두는 집단적 안전과 확실한 성공 가운데 살 수 있다. 어떤 이들은 이것이 바로 구원의 모습이라고 부를 것이다.

5장

사랑이 그 의미라는 것을

잘 아셔요, 사랑이 그 의미라는 것을.
누가 당신에게 이것을 드러내나요? 사랑이지요.
무엇을 드러내나요? 사랑입니다.
왜 드러내나요? 사랑을 위해서지요.
이 안에 머물러 있으면 당신은 더욱 많은 것을 알게 됩니다.

— Lady Julian of Norwich, *Showings*

프랑스 출신 예수회 신부로서 고생물학과 지리학을 전공한 떼이야르 샤르댕(1881-1955)에게는 사랑이 바로 우주의 물리적 구조이다. 이것은 특히 과학자가 주장하기에는 매우 담대한 주장이다. 그러나 떼이야르에게는 중력, 궤도, 주기, 원자의 접착, 광합성, 생태계, 힘의 장(field), 전자기장, 섹슈얼리티, 인간의 우정, 동물의 본능, 진화 등 모든 것이 에너지를 드러내는데, 그 에너지는 모든 것과 존재들을 서로 끌어당겨, 더욱 큰 다양성과 복잡성을 향해 나아가도록 만들지만, 아이러니하게도 더욱 깊은 차원에서는 통일을 향해 나아가도록 만든다. 이 에너지는 단순히 말해서 **많은 다양한 형태로 표현되는 사랑**이다.(당신은 당신에게 보다 적절한 다른 단어를 사용할 수 있다). 이 장에서는 바로 이런 사랑의 기초적인 힘에 관해, 그리고 그리스도이기도 한 예수가 어떻게 우리로 하여금 그것을 볼 수 있게 하며, 더욱 완전히 그것에 참여할 수 있도록 하는지를 말하고 싶다.

사랑이 우리에게 하느님에 관해 말해주는 것

사랑은 모든 것을 서로 끌어당기는 것이라고 부를 수도 있는데, 사랑은 보편적 언어이며 또한 우리가 아무리 그것에 대해 저항한다고 할지라도 계속해서 그것을 보여주는 배후의 에너지이다. 그것은 너무나 단순하기 때문에 말로 가르치기 어렵지만, 우리가 그것을 볼 때는 우리 모두가 그것을 알고 있다. 결국 사랑하는 방식에는 원주민, 힌두교, 불교, 유대교, 이슬람 또는 그리스도인의 방식이 따로 있지 않다. 굶주리는 사람들을 위해 무료식당을 운영하는 데는 감리교 방식이나 루터교 방식 또는 동방교회 방식이 따로 있지 않다. 신실한 삶을 사는 방식에는 성소수자의 방식이나 이성애자의 방식이 따로 있지 않으며, 희망하는 방식에 흑인의 방식이나 백인의 방식이 따로 있지도 않다. 우리 모두는 그 적극적인 흐름을 보고 알며, 또한 우리는 그에 대한 저항과 냉혹함을 느낄 수 있다. 나머지 모두는 단순히 이름표에 불과하다.

우리가 참으로 "사랑 안에" 있을 때는 우리가 우리의 작고 개인적인 자아에서 벗어나 다른 이들과 연합한다. 그것이 동반자 관계이든, 단순한 우정이든, 혼인 관계이든, 다른 어떤 신뢰 관계이든 마찬가지다. 당신은 파티에서 혼자 있는 사람과 의도적으로 친구가 된 적이 있는가? 당신이 보기에 전혀 매력적이지 않은 사람, 또는 당신이 공통의 관심사를 나눌 수 없는 사람의 친구가 된 적이 있는가? 그것은 작지만 하느님의 사랑의 흐름을 보여주는 실제 본보기일 것이다. 그것을 무의미한 일이라고 무시하지 말라. 그것이 바로 그 사랑의 흐름이 시작하는 방식이다. 비록 그런 만남이 그 장소에서 어느 누구의 삶도 바꾸지 않는다 하더라도 말이다. 우리의 편협한 획일성을 넘어서기 위해서는 우리가 스스로를 외부적으로 확장해야 하는데, 이런 일에 대해 우리의 에고는 항상 위협이라고 느낀다. 왜냐하면 그것은 우리의 분리, 우월감, 통제력을 포기하는 것을 뜻하기 때문이다.

오늘날 남성들은 이런 일에 대해 특별히 어려움을 느끼는 것처럼 보인다. 나는 그동안 수많은 혼인예식을 집례하는 즐거움을 누렸다. 내가 혼인하는 당사자들에게 각자 혼인서약을 하도록 했을 때, 실제로 신랑이 기절해서 쓰러진 적이 세 번이나 있었다. 그러나 신부가 기절하는 것은 본 적이 없다. 철저하게 보호받고 경계선을 유지하는 남성들의 에고에게, "죽음이 우리를 서로 갈라놓을 때까지"라는 서약만큼 큰 위협이 되는 말이 없기 때문이다. (물론 여성들도 자신들의 방어벽을 갖고 있다.) 이런 이유 때문에 많은 문화들에서 남자들에게 어떻게 신뢰하고 자신을 내려놓고 항복하도록 가르치기 위해 입문식(성년식) 의례들을 만들었을 것이다.[1]

사랑은 역설이다. 사랑은 흔히 분명한 결정을 내리는 것과 연관되

---

1) 나는 이 문제에 관해 『야생에서 아름다운 어른으로』에서 길게 설명했다.

지만, 그 중심에서는 사랑이 정신이나 의지의 문제가 아니라, **되돌려 받을 것을 요구하지 않은 채 기꺼이 허락하며 교환하는 에너지의 흐름** 이다. 물론 하느님의 사랑은 그런 인간의 사랑을 위한 모델과 주형이지만, 인간의 사랑은 하느님의 사랑과 만나기 위해 필수적인 학교이다. 만일 당신이 희생과 용서와 관대함의 경지까지 인간의 사랑을 경험하지 못했다면, 당신이 하느님의 사랑과 같은 것을 상상하고 경험하기는 매우 어려울 것이다. 바꾸어 말해서, 만일 당신이 하느님의 방식대로 깊고 세밀한 방식으로 하느님께서 당신을 사랑하시도록 허락한 적이 없다면, 당신은 당신이 할 수 있는 가장 깊은 방식으로 다른 사람을 사랑하는 방법을 모르게 마련이다.

사랑은 항상 모든 관련자들의 유익을 위한 미래의 가능성을 창조한다. 특히 사태가 잘못될 때 더욱 그렇다. 사랑은 인간의 경험 속에서 모든 것, 선과 악 모두를 허락하며 조화시킨다. **사랑 이외에는 이런 일을 실제로 할 수 있는 것이 아무것도 없다.** 전혀 없다. 사랑은 물처럼 쉬지 않고 아래로 흐르며 모든 장애물을 돌아간다. 사랑과 물은 높은 곳을 추구하지 않고 항상 낮은 곳으로 향한다. 바로 이런 이유 때문에 용서는 흔히 사랑을 행동으로 보여주는 가장 강력한 행동이다. 우리가 용서할 때, 우리는 사실상 용서할 무엇이 있다는 것(실수, 범죄, 잘못)을 인정하지만, 생존방식으로 되돌아가는 대신에 그 잘못한 상대방을 처벌이나 비난으로부터 벗어나도록 풀어준다. 그렇게 함으로써 우리는 항상 부활하시며 항상 사랑하시는 그리스도를 증언한다. 그분은 항상 "당신들보다 먼저 갈릴래아로 가실 터이니 거기에서 그분을 뵙게 될 것이오"(마태오 28:7)라고 말씀하신다. 용서하지 않는 것은 반복되는 과거 속에서 살아가는 것으로서 결코 과거를 내려놓지 못한다. 그러나 용서는 **큰 영혼**으로서, 이런 큰 영혼이 없이는 미래도 없고 창조적인 행동도 없다. 단지 옛 이야기의 반복만 있을 따름이며, 상처만 기억되고 또한 모든 당사자들에 대한 피해의식만 늘어갈 따름이다.

열심히 사랑할 준비가 된 것은 궁극적인 자유이며 미래이다. 우리가 하느님의 가없는 사랑의 품 안에 포함될 때는 처벌, 복수, 경솔한 심판, 보복(응보)에 대한 요청은 자리가 없다. 우리는 분명히 이런 편협한 마음을, 예수 자신의 배척당하고 배신당하고 잔인한 죽음 이후 부활한 그리스도 안에서는 찾아볼 수 없다. 심지어 그의 제자들이나 신약성서 전체에서도 이런 편협한 마음을 찾아볼 수 없다. 나는 이보다 더욱 크며 넓은 삶의 방식을 상상할 수 없다. 예수의 죽음과 부활사건은 역사의 물줄기를 바꾼 사건이기 때문에, 우리가 그의 생애를 시작으로 달력의 기점을 삼는다는 것은 전혀 놀라운 일이 아니다.

십자가에 달리시고 부활하신 그리스도께서는 과거의 잘못들을 이용하여 적극적인 미래를 창조하시는데, 그 미래는 보복 대신 구원의 미래이다. 그분은 잘못을 제거하거나 처벌하지 않으신다. 그분은 변혁적인 목적을 위해 그런 잘못들을 사용하신다.

그런 사랑으로 형성된 사람들은 파멸당할 수 없다.

용서는 하느님의 선하심이 인류 안에서 불러일으키시는 것을 가장 잘 묘사한 것이다.

깨어나기

최상의 종교는 사람들에게 이처럼 기초가 되는 하느님의 사랑이 의식(consciousness) 속에서 더욱 확장되도록 돕는다. 다시 말해서, 종교는 청소하는 것보다는 깨어남에 관한 것이다. 초기 단계의 종교는 청소하는 일에 초점을 맞추는데, 이것은 종교적 믿음과 도덕적 행위를 위해 요구되는 것들에 대해 누가 잘 부응하는지를 결정하는 일이다. 그러나 예수는 안식일, 제의법, 정결법, 회원의 자격, 부채법 등등 자신이 2차적인 것이라고 간주한 것들에 전혀 개의치 않음으로써 그런 종교적 구조 전체를 무시했다. 예수는 그런 것들을 단지 "사람의 명령들"로 간주했는데, 이런 것들은 너무나 자주 사랑의 자리를 차지했다(특히 마태오 15:3, 6-9). 예수는 또 "너희 같은 위선자들은 화를 입을 것이다. 너희는 박하와 회향과 근채에 대해서는 십분의 일을 바치라는 율법을 지키면서 정의와 자비와 신의 같은 아주 중요한 율법은 대수롭지 않게 여긴다"(마태오 23: 23)라고 말씀하신다. 청소하는 것은 깨어나는 것의 결과이지만, 우리들 대부분은 앞뒤를 바꾸어 생각한다.

그러니 당시 유대인들이 예수를 죽인 것은 놀랍지 않다. 마치 오늘날 카톨릭 신자들이 프란치스코 교황을 제거하고 싶어 하듯이 말이다. 예수와 프란치스코 교황처럼 일단 당신이 **깨어나면**, 당신은 청소하는 일이 시대에 따라, 서로 다른 사람들을 위한 시간표에 따라, 서로 다른 많은 이슈들을 중심으로, 또한 서로 다른 동기들을 위해 계속되는 과정이라는 것을 알게 된다. 바로 이런 이유 때문에 사랑과 성장은 분별을 요청하는 것이지 강압을 요청하는 것이 아니다. 그것이 실제 영혼의 과업과 연결될 때, 순응하고 감시하려는 대부분의 시도들은 별로 소용이 없는 것들이다. 내가 사람들의 고해성사를 받으며 상담자이며 영적인 안내자로서 살아온 동안에, 이 문제에 관해 사람들에게 정직하며 참된 도움을 주려고 했던 것은 바로 이런 이유 때문이었다.2) 단순한 순종은 너무나 자주 실제 사랑을 에둘러 돌아가는 우회로이다. 순종은 보통 청소하는 일에 관한 것이며, 사랑은 깨어남에 관한 것이다.

이런 점과 관련하여, 적어도 미국에서는 우리의 문화적인 의미가 매우 축소되어 **온통 승리하는 문제**가 되어버렸다. 그리고 일단 승리하면, 온통 소비하는 문제가 되어 버린다. 나는 오늘날 미국인의 실제 생활에서 이기고 소비하는 것 이외에 다른 철학을 찾을 수가 없다. 그런 세계관은 영혼을 양육할 수 없으며, 의미와 격려를 제공하고 사랑이나 공동체를 낳는 것에 대해서는 꿈도 꿀 수가 없다.

더욱 생명을 낳는 세계관을 위한 통찰력을 얻기 위해서 우리는 성서와 노르위치의 줄리안(1342-1416) 같은 현명한 성인들을 살펴볼 수 있는데, 그가 말한 "사랑이 그 의미라는 것"이 이 장의 제목이다. 오랫동안 종교인들과 비종교인들 모두를 상담한 후, 나에게는 대부분의 사람들이 건강과 행복을 유지하기 위해서는 사랑의 대상(그 객체는 조만간 주체가 된다)을 필요로 하는 것처럼 보인다. 그 사랑의 대상은 우리에게 "북극성"이 되어 우리의 도덕적 나침판이 되며 또한 우리가 행복하며 희망적인 방식으로 생활하게 만드는 이유가 된다. 우리 모두는 우리의 가슴을 머리와 연결시키게 해줄 사람이나 물건을 필요로 한다. 사

---

2) Richard Rohr, *Falling Upward* (2011, 이현주 역, 『위쪽으로 떨어지다』, 2018).

랑은 초점, 방향, 동기, 심지어 기쁨을 창조함으로써 우리의 근거를 마련해준다. 그러나 만일 우리가 사랑할 대상을 찾지 못하면, 우리는 보통 증오할 대상을 찾으려 하기 마련이다. 당신은 오늘날 사람들 속에서 이처럼 충족되지 않은 욕구의 결과들을 보고 있는가? 내게는 그런 결과들이 보인다.

내가 흔히 이런 적극적인 초점과 목적을 보는 곳은 힘들게 일하는 젊은 부모들의 행복 안에서다. 그들의 어린 아기는 그들의 북극성이며, 그들은 자신들이 왜 매일 아침마다 깨어나야만 하는지를 분명히 알고 있다. 이것은 하느님 본능(God Instinct)으로서, 이것을 우리는 "찬미할 욕구"라고 불러도 좋을 것이다. 그것은 가장 큰 초점이며 삶의 방향이며 목적으로서, 성서가 말하는 "너희들 앞에 다른 신"(출애굽기 20:3)이다. 가족은 부모 역할을 하며 사랑의 본능을 배우는 일차적인 학교이며 항상 그럴 것이다. 그런 일들은 기본적인 컨테이너 역할을 하며 그 안에서 영혼, 가슴, 몸, 심지어 정신이 번창할 수 있다. 따라서 우리는 한 가족을 떠나 새로운 가족을 이루는 것이다. 내가 14년 동안 교도소에서 사목활동을 할 때, 그곳에서도 재소자들이 가족을 만들려고 노력하는 것을 보았다. 많은 이들이 나를 "신부님(아버지)"이라고 부르며 자신들의 가장 친구인 듯이 "형제여!"라고 부르기를 원했다. 이처럼 안전한 근거를 잡고 자신을 비춰보는 거울을 필요로 하는 욕구는 결코 멈추지 않는다.

사람들은 자신을 전적으로 바칠 수 있는 무엇(또는 사람)을 필요로 하며 우리의 사랑의 초점을 맞출 무엇인가를 필요로 한다. 우리는 수피 시인이며 신비가인 루미(Rumi)가 표현한 것처럼 "무릎을 꿇고 땅에 입을 맞출" 장소를 필요로 한다. 또는 프랑스 출신 탁발승이었던 엘루와 르끄레르끄(Eloi Leclerc, 1921-2016)가 프란체스코 성인의 말을 아름답게 풀어 설명한 것처럼, "우리가 **찬미할 줄 안다면**, 아무것도 우리의 평화를 참으로 방해할 수 없다. 우리는 **거대한 강처럼** 고요하게 세상을 여행할 것이다. 그러나 우리가 **찬미할 줄 알 때만** 그렇다."3) 물론 찬미는 결국 완전한 무엇에 대한 반응이다. 그러나 사랑의 천재성은 그것이 우리에게 어떻게 불완전한 것들에 대해서도 우리 자신을 내어줄 수 있는지를 가르쳐준다. **사랑은 찬미를 위한 훈련장이라고 말할 수 있다.**

"사랑이 나로 하여금 그 일을 하도록 만들었다!"

어떤 점에서 우리의 사랑의 대상은 임의적이다. 그것은 골프, 깨끗한 집, 당신의 고양이에 대한 사랑, 또는 당신 자신에 대한 명성을 추구하는 욕망으로 시작할 수 있다. 그 대상이 클수록 당신의 사랑의 크기를 결정하게 되지만, 하느님은 당신이 어느 것에서부터 시작하고 초점을 맞추고 흐르도록 하실 수 있다. 하느님을 사랑하는 것에서부터 이 여정을 실제로 시작하는 사람은 매우 적다. 그리고 그것은 충분히 예상할 수 있는 일이다. **하느님은 실체와 경쟁하지 않으시며, 그것과 완전히 협력하신다.** 인간의 모든 사랑, 열정, 전념하는 것들은 사랑을 촉진시킬 수 있지만, 시간이 지나서 우리들 대부분이 깨닫게 되는 것은 그런 사랑의 처음과 마지막 원천이다. 하느님은 분명히 겸손하시어 누가 또

---

3) Eloi Leclerc, *The Wisdom of the Poor One of Assisi*, trans. Marie-Louise Johnson (Pasadena, CA: Hope Publishing House, 1992), 72.

는 무엇이 그 공적을 차지하는지에 대해서는 신경을 쓰지 않으시는 것처럼 보인다. 무엇이 당신 안에서 그 흐름을 유도하든지 간에, 그 순간과 그 만남에서 그것은 당신에게 하느님이다! 내가 이런 말을 하는 것은 신학적 근거 없이 하는 말이 아니다. 왜냐하면 나의 삼위일체 신앙은 하느님이 관계 자체라고 말하기 때문이다. 삼위일체의 세 "인격들"의 이름들은 그들 사이의 관계만큼 중요한 것이 아니다. 그곳이 바로 모든 힘이 자리하고 있는 곳이다.

예수의 치유에 관한 복음서들의 기록에서, 우리는 누가 치유되며 누구는 치유 받지 못하는지에 대한 아무런 논리가 없다는 점을 발견한다. 치유 이야기들 가운데 어디에서도 치유가 그 사람의 가치에 달려 있다고 설명하는 곳은 없다. 때로는 그 치유 받은 사람이 심지어 치유를 요청하지도 않는다. 예수 자신이 그들이 치유 받고 싶어 하는지를 묻는다(요한 5:6). 그러나 치유 이야기들 전체에서 예수는 어떤 방식으로든 간에, 어떤 사람들 속에 하느님의 전기가 흐르는 **회로를 완결할** 수 있어서 그들을 때로 육체적으로 치유하지만, 항상 영적으로 치유한다. 이것을 예수로부터 그 치유 받은 사람에게로 흐른 **직류**라고 잘못 생각해서는 안 된다. 예수는 자신이 기적을 일으키는 사람으로 특징지어지기를 한사코 거부하며, 명성과 악명 모두로부터 달아난다. 바로 이런 이유 때문에 예수는 누군가를 치유한 다음에 "내 마술적인 능력이 너를 치유했다. 그러니 나의 종교에 가담하라"고 말하는 대신에 "너의 믿음이 너를 구했다. 이제 평안히 가라"(마태오 9:22; 마르코 5:34; 루가 8:48)고 말씀하신다. 사람들은 마술적인 종교를 선호하는데, 이런 종교는 기적을 수행하든 하지 않든 간에 모든 책임을 하느님에게 돌린다. 반면에 성숙하고 변혁적인 종교는 **우리에게 참여하며 협동하며 변화될 것을 요청한다. 이런 신적인 댄스는 항상 파트너와 함께 하는 춤이다.**

예수는 치유받은 사람들이 자기 자신이 되도록 되돌려 놓았지, 어떤 종류든 간에 예수 자신에 대한 의존성이나 (병적인) 공동 의존증을 만들지 않았다. 그런 것은 그들 자신이 스스로 힘을 깨닫는 것을 방해하기 때문이다. 모든 사람은 자신 속에 심겨진 영(Implanted Spirit)에 의존하는 방법을 배워야만 한다. 왜냐하면 이 힘만이 그들로 하여금 어떤 방식으로든 장기적인 도움을 얻도록 하기 때문이다. 예수는 그들 자신의 "내적인 그리스도(Inner Christ)"를 신뢰할 용기를 주었다. 예수 자신에게서 그것이 외적으로 드러난 것만 보여준 것이 아니었다. 복음서들을 다시 읽어보면 내 말이 참되다는 것을 알 것이다.

우리는 영원한 그리스도가 이 세상 속에 주어진 하느님의 에너지의 상징적인 "초전도체(superconductor)"라고 말할 수 있다. 예수는 그 에너지의 전기 저항(ohms)을 낮추어 우리가 일상적인 인간의 수단들을 통해서 그 하느님의 사랑을 다룰 수 있고 또한 받을 수 있게 하셨다.

하느님의 사랑의 회로를 완결하기 위해서 우리는 흔히 경외의 순간을 필요로 하며, 그 전기 도전(conductivity)을 불러일으킬 사람, 우리가 깊이 존경하며 심지어 "아버지"나 "어머니," 또는 "연인"이나 단지 "아름다운 존재"라고 부를 수 있는 무엇인가를 필요로 한다. 그럴 때만 비로소 우리는 하느님의 회로를 우리 편에서 완결시킬 용기와 확신을 발견한다. 바로 이런 이유 때문에 사람들은 자신이 사랑을 완전히 선택한 것이 아니라, 사랑 속에 빠졌다는 것, 사랑이 지닌 강력한 전하(charge)를 받게 된다는 것을 안다. 이런 흐름 속에 당신이 있다는 증거는 흔히 양면적이다. 즉 당신은 통제를 잃는 동시에 통제를 발견한다.

베드로가 열정적으로 "당신은 살아계신 하느님의 아들 그리스도입니다"라고 고백할 때, 예수는 그에게 그런 결론을 내릴 수 있는 것은 "살과 피"—즉 인간의 논리나 인간 편에서의 노력—가 아니라, "너에게 그것을 알려주신 분은 하늘에 계신 내 아버지"(마태오 16:16-17)라고 말한다.4) 이와 마찬가지로, 내가 인생에서 사랑하려고 노력했던 것들과 사람들을 볼 때, 나는 "그들이 나로 하여금 사랑하게 만들었다!"고 말하게 되는 것이다. 상대방의 타고난 선함, 내적인 아름다움, 취약성, 철저한 정직성, 영의 관대함이 나로 하여금 나의 자아에서 벗어나 그들에게 향하도록 만들었던 것이다. 매우 실제적인 의미에서 내가 솔선해서 그들을 향한 사랑을 시작한 것이 아니었다. 오히려 그 사랑은 그들에 의해서 나로부터 빠져나오게 된 것이다.

은총은 우리가 그 흐름에 저항하는 대신에 흐르도록 허락할 때마다 흐르는 자연적인 사랑의 흐름이다.

죄는 그 사랑의 흐름의 회로를 끊거나 제한시키는 것이다. 그리고 우리 모두는 때때로 그런 죄를 짓는다.

그러나 때때로 일어나는 정전 사태는 우리가 이처럼 받게 되는 사랑을 얼마나 필요로 하며 또한 그 사랑에 의존하는지를 새롭게 깨닫도록 도와준다. 실패는 그 관계의 한 부분이다.

---

4) 로마서 8:28-29도 보라. 여기서 바울로는 "동역자들(co-operators)"이 "그의 아들의 참된 모습(images)이 되어, 예수가 많은 형제[자매]들의 맏아들이 되셨다"고 말한다.

하느님의 두 걸음 안에서 움직이기

떼이야르의 『신의 영역』(*Divine Milieu*)에서 좀 더 인용함으로써, 인간들은 어떤 방식으로든 자신들이 포함되는 것들이 아니면, 그런 것들에 대해 신경을 쓰지 않는 경향이 있다는 점을 기억할 필요가 있다.

> 하느님은 자신을 우리 유한한 존재들에게 하나의 사물로서, 즉 완결되고 즉각 받아들일 수 있는 하나의 사물로서 제공하지 않으신다. 우리에게는 그분이 영원한 발견이며 영원한 성장이다. 우리가 그분을 이해한다고 생각하면 할수록, 그분은 자신을 전혀 다른 방식으로 계시하신다. 우리가 그분을 붙잡고 있다고 더욱 많이 생각하면 할수록, 그분은 더욱 멀어지시며, 우리를 그분 자신의 깊음 속으로 끌어당기신다.[5]

이것은 나 자신의 하느님 경험에 꼭 들어맞는다. 하느님과 사람 사이의 이런 춤은 서로가 맞추는 춤이다. 때로 우리가 앞으로 나아가기 위해서는 파트너가 한 걸음 비켜주어야 한다. 그런 물러남은 잠깐 동안이며, 그 목적은 우리가 파트너를 향해 나아가기 위한 것이다. 그러나 그 순간에는 그런 느낌이 들지 않는다. 우리의 파트너가 물러나는 것처럼 느껴진다. 또는 고난을 받는 것처럼 느껴진다.

하느님은 **뒤로 물러나는 것**, 즉 수많은 신비가들과 성서가 말하는 "그의 얼굴을 감출" 기회도 만드신다. 하느님은 하느님 자신만이 채우

---

[5] Pierre Teihard de Chardin, *Divine Milieu* (New York: Harper & Row, 1965), 139.

실 수 있는 진공상태를 만드신다. 그 다음에 하느님은 만일에 우리가 우리의 하느님 파트너가 결국에는 우리 안에 그 공간을 채우실 것을 신뢰하는지 보시려고 기다리시는데, 우리 안에서 그 공간은 더욱 넓어지고 수용적인 것이 되었다. 이것이 바로 어둠, 필요한 의심, 또는 신비가들이 "하느님이 사랑을 철회하심"이라고 불렀던 것의 중심 주제이다. 그들은 고난, 우울, 쓸모없음처럼 느껴지는 것, 즉 하느님이 물러나신 순간들이 흔히 하느님이 깊은 신뢰와 친밀감으로 초대하시는 순간들이라는 것을 알고 있었다. (사람들이 이것을 매우 형편없이 이해하는 것이 드러난 것은 마더 테레사가 오랜 세월 동안 어둠 속에 지냈으며 또한 세속 세계에서는 우울처럼 보이는 세월을 보냈다는 것을 발견하고 충격을 받은 때였다. 그런 것이 전혀 아니었는데 말이다.)

나는 여기서 나 자신의 삶에 관해 솔직해야만 한다. 지난 10년 동안 나는 영적인 "느낌"을 별로 갖지 못했다. 영적인 위안도, 영적인 황폐함도 별로 느끼지 못했다. 대부분 매일 내가 선택해야 했던 것은 단순히 믿고, 사랑하고 신뢰하는 것이었다. 좋은 사람들의 단순한 친절과 감사는 내 속에 잠시 "좋은 느낌"의 순간들을 만들어내지만, 이런 좋은 느낌조차 어떻게 붙들어야 할지 나는 알지 못했다. 그런 느낌은 테플론 불판 위에 놓인 치즈처럼 내 의식에서 쉽게 사라졌다.

그러나 하느님은 내가 그분으로 하여금 나에게 상을 주시게 한 것에 대해 나에게 상을 주신다.

이것이 우리가 은총이라고 부르는 하느님의 두 걸음 내딛음이시다:

내가 그것을 하고 있지만, 내가 그것을 하고 있는 것이 아니다.

그 일이 나에게 일어나지만, 나에 의해서도 일어난다.

춤을 리드하는 것은 항상 하느님이라는 걸 우리는 시간이 지나야만 알아차린다.

도대체 어떤 종류의 하느님이 오직 바깥에서 밀어붙이기만 할 뿐 결코 안에서 끌어당기지 않는단 말인가? 그러나 바로 이런 일방적인 하느님을 우리가 배우는 것이고, 그래서 세상 사람들 대부분이 이제는 하느님에 대해 넌더리를 내는 것이다.

우리가 그리스도를 말할 때, 우리는 계속 성장하는 만남을 말하는 것이지, 결코 완결되고 그대로 받아들여야만 하는 고정된 소포를 말하는 것이 아니다. 우리 영혼의 내적인 여정에서, 우리는 우리의 가장 깊은 자기와 상호작용하는 하느님을 만나는데, 그 하느님은 우리의 인격을 성장시키며, 우리의 잘못들을 허락하시며 용서하신다. 이처럼 주고받는 것, 그리고 그런 주고받음이 있을 것을 아는 것이 바로 하느님을 그토록 연인처럼 실재하는 분으로 만드는 것이다. 하느님은 우리의 내면에서부터 우리의 인격이 펼쳐지도록 하시는데 그 방법은 **항상 우리의 자유, 심지어 실패할 자유까지 많아지게 하시는 방법**을 통해서다. 사랑은 그 이외의 다른 방법으로는 생겨날 수 없다. 바로 이런 이유 때문에 바울로는 갈라디아인들에게 보낸 편지에서 "그리스도께서는 우리의 자유를 위해 우리를 해방시켜주셨습니다"(5:1) 하고 외쳤던 것이다.

분명히 기억할 것은 **하느님이 당신이 되심으로써 당신을 사랑하신다**는 점이다. 당신의 자기 고발과 변호라는 내면의 대화에서 당신 편을

드신다는 점이다. 하느님은 우리가 수치나 자기혐오의 유혹을 받을 때 우리 편이 되시지, 우리의 반대편이 아니시다. 만일 우리가 권위로 생각하는 사람들이 우리를 위해 그처럼 편들어준 적이 없었다면, 우리가 그것을 느끼기 어렵거나 그것을 신뢰하기가 어려울 수 있다.6) 그러나 우리는 이런 사랑을 적어도 한 번은 세포 차원에서 경험해야만 한다. (우리를 하느님으로부터 분리시키는 유일한 것은 우리가 하느님으로부터 분리되어 있다는 **우리의 생각뿐**이라는 것을 기억하라.)

하느님의 모든 행동, 또는 행동하지 않으시는 것처럼 보이는 모든 것을 설명하려는 모든 시도는 항상 우리와 관계를 맺고 사랑하시며, 전적으로 우리를 포용하시는 것이다. 그리스도 신비의 빛에서 보면, 이처럼 물질세계 전체를 주관하시는 만물을 통합시키는 사랑의 빛에서 보면, 우리는 **우리 자신의 최고의 유익함**과 동떨어진 채로는 하느님을 결코 경험할 수 없다는 걸 배우게 된다. 상상하기 어렵지 않은가? 이런 점을 의심하는 사람들은 자신의 최고의 유익함을 요청했던 적이 없거나 그것을 구할 만큼 충분한 사랑을 필요로 했던 적이 없던 사람들이다. 구하는 사람들은 항상 받게 된다는 것을 안다(마태오 7:7). "너희는 악하면서도 자기 자녀에게 좋은 것을 줄 줄 알거든 하물며 하늘에 계신 너희의 아버지께서야 구하는 사람에게 더 좋은 것을 주시지 않겠느냐?"(7:11). 인간의 사랑은 예비적인 달리기이다. 하느님의 사랑은 항상 그 목표다. 그러나 하느님의 사랑은 인간관계의 모든 디딤돌 위에만 건설될 수 있으며, 그 다음에는 그 모든 관계들을 포함한다!

---

6) 최근까지 부모들이 자녀들에게 위협과 처벌을 통해 훈육하는 것이 보편적이었다는 사실조차도 이런 점에 도움이 되지 않는다는 것이 분명하다.

사랑을 받아들이는 것은 우리로 하여금 정말로 사랑을 주시는 분이 계셨다는 걸 알게 만든다.

사랑을 요청하는 자유는 그 사랑을 받는 출발점이다.

그래서 예수는 "구하면 받을 것이다"(마태오 7:7-8)라고 말씀하신 것이다.

구하는 것은 우리들 편에서 그 흐르는 관을 여는 일이다.

우리가 구하는 것은 그 흐름에 맞장구치는 것에 불과하다.

첫 번째 흐름은 항상 하느님 편에서 시작된다.

6장

성스러운 온전함

참으로 나의 인생은 나 자신과 타인들, 그리고 하느님에게 귀를 기울이는 긴 여정이다.

— Etty Hillesum, *An Interrupted Life*

1943년에 아우슈비츠에서 살해당한 젊은 유대인 여성 에티 힐레줌은 보편적 그리스도 신비에 대해, 그리스도인이 아닌 사람으로서 증언한 매우 중요한 사례를 제공해준다. 나찌에 의해 수용소에 갇히기 전에는 에티가 매우 현대적인 여성으로서 인생에 대해 겁이 없었으며, 특히 자신의 섹슈얼리티와 육체적 쾌락에 대해서도 두려움이 없었고, 마침내 자신의 죽음에 대해서도 두려움이 없었다. 비록 그리스도인은 아니었지만, 그녀는 매우 깊은 영성을 갖고 있었다. 그녀는 극히 현실주의자로서 자기연민이 없었으며, 자신의 내면적인 염려를 전혀 비난하거나 혐오하거나 다른 곳에 투사(project)하지 않았다는 점에서 거의 불가능할 정도로 자유로웠다.

나는 그녀를 적극 추천할 마음은 별로 없지만, 칼 라너 교수가 말한 "익명의 그리스도인," 즉 내가 아는 대부분의 그리스도인들보다 더욱 화육(성육신)의 신비를 잘 드러낸 사람이었다고 생각하고 싶다. 그런 사람들은 그리스도인들이 상상하는 것보다 훨씬 많다. 비록 그들은 자신들을 그렇게 불러달라고 요청하지 않지만 말이다.

나찌가 종족학살을 시작하고 에티의 미래가 점점 더 불확실하게 되자, 그녀는 자신의 일기에서 계속 하느님을 부르는데, 하느님을 외부적인 구원자로 간주한 것이 아니라, **자신이 내면세계를 양육하며 먹일 수 있는 능력**(power)으로 간주했기 때문이다. 그녀는 자신의 무능함(이것이 바로 십자가에 달리신 예수의 정확한 의미이다)처럼 보이는 현실에서 이 능력을 공경하고 사랑했다. 하느님에게 말한 그녀의 말들이 지닌 힘에 귀를 기울여보라.

> 어쩌나, 당신 자신이 우리의 상황과 우리의 목숨에 대해 할 수 있는 게 별로 많지 않아 보입니다. 당신에게 책임이 있다고 생각하지는 않습니다. 당신은 우리를 도우실 수 없지만, 우리는 당신을 도와야 하며 마지막까지 우리들 내면에 있는 당신의 처소를 방어해야만 합니다.[1]

그녀가 아우슈비츠로 끌려가기 얼마 전, 베스터보르크 중간 수용소에 있으면서 가까운 친구에게 보낸 편지에서는, 그녀 자신이 믿음과 희망과 사랑의 기초가 되는 곳에 있음을 보여준다.

---

1) Etty Hillesum, *Etty: The Letters and Diaries of Etty Hillesum, 1941-43* (Grand Rapids: William Eerdmans Publishing, 2002), 488.

모든 것에도 불구하고 항상 너는 인생이란 결국 좋은 것이며 세상이 때때로 엉망이 되는 것은 하느님 잘못이 아니라 우리들 속에 그 원인이 있다는 똑같은 판결에 도달한다. 이것이 지금 내 생각이다. 비록 나는 조만간 가족 전체와 함께 폴란드로 끌려갈 것이지만 말이다.2)

또 다른 글에서는 그녀가 마치 종자가 다른 인류인 것처럼 이해하기 어렵게 글을 쓰고 있다.

철조망에 갇혀 지낸 그 두 달 동안은 내 인생에서 가장 풍요롭고 강렬한 시기였다. 그 두 달 동안에 나의 최고의 가치들을 매우 깊이 확인했기 때문이다. 나는 베스터보르크를 사랑하게 되었다.3)

특히 그 포로수용소 상황을 고려했을 때 에티가 이런 성찰을 했다는 것은 그녀가 완벽한 온전함의 표현, 또는 보나벤투라가 "반대되는 것들의 동시 발생(coincidence of opposites)"이라고 불렀던 것을 표현한 것으로 볼 수 있다. 도대체 어떻게 그처럼 서로 반대되는 것들, 즉 내적인 수용과 외적인 저항, 극심한 고통과 완벽한 자유, 나의 작은 자아와 무한한 하느님, 관능성과 격렬한 영성, 누군가를 비난해야 할 욕구와 아무도 비난하지 않을 자유를 함께 지탱할 수 있는가? 에티 힐레줌은 이제까지 내가 연구했던 사람들 가운데 어느 누구도 하지 못했던 이런 능력을 보여주었다. 그런 사람은 인간의 의식과 문명의 최첨단이거나

---

2) Ibid, 608.
3) Ibid, 520.

아니면 정신착란이거나 둘 중 하나일 것이다. 그런 사람은 분명히 어떤 형식적 종교를 훨씬 뛰어넘는 사람이다.

에티 힐레줌은 그리스도의 또 다른 기능을 보여준 사례인데, 그 기능이란 만물을 온전하고 자신들에게 진실한 존재가 되라고 부르는 보편적인 "음성"이다. 이를 위해 하느님께서 사용하시는 두 가지 중요한 도구는 위대한 사랑과 큰 고난으로 보이며, 흔히 큰 사랑은 으레 큰 고난으로 이끈다.

인생의 가장 큰 아이러니는 그리스도의 이런 음성이 항상 온전치 않고 비(非)진리인 것처럼 보이는 것을 통해서, 또한 그런 것들과 함께, 작용한다는 점이다. 하느님은 부정적으로 보이는 것을 통합시킬 것을 주장하신다. 하느님이 고난을 허락하시는 데는 의심의 여지가 없다. **하느님은 우리를 우리 자신의 온전함을 위한 길로 들어서도록 보내실 때 그 장애물들을 없애는 방법이 아니라 그 장애물들을 이용하는 방법을 통하시는 것처럼 보인다.** 이제까지 발표된 대부분의 소설, 오페라, 시들은 이 똑같은 메시지를 이런저런 방식으로 전하는 것처럼 보이지만, 우리가 그런 일을 우리 자신의 인생에서 경험하게 될 때는 여전히 충격을 받고 실망한다. 그러나 나는 인간이 자신의 삶의 경로를 수정하거나 바꾸는 방법이, 항상 과분한 사랑과 고난 이외에 달리 어떤 방법이 있다고는 생각하지 않는다. 그런 사랑과 고난이 없다면 도대체 왜 우리가 삶의 경로를 바꾸겠는가?

온전하게 만드는 본능

스위스의 저명한 정신분석학자이며 심리치료사였던 카를 융(1875-1961)이 자신의 그리스도교적 유산에 대해 매우 비판적이었던 이유는 자신이 알던 그리스도인들 속에서 변화, 그가 "온전하게 만드는 것(whole-making)"이라고 불렀던 것을 별로 찾을 수 없었기 때문이다. 대신에 그는 종교전통이 외적인 것들에 초점을 맞추고 도덕주의적이며 사람들이나 문화를 변화시키는 데 효과가 없다는 것을 깨달았다. 그의 부친과 다섯 사람의 삼촌들은 모두 스위스 개혁교회 목사들이었는데, 융은 그들이 행복하지 않을 뿐 아니라 건강하지 못한 사람들이라고 보았다. 나는 그가 이런 인식을 갖게 만든 정확한 증거가 무엇이었는지 확신하지 못하지만, 그것은 분명히 융에게 환멸을 느끼게 만들었다. 그는 자신의 인생이 그런 종교인들처럼 끝장나기를 원하지 않았다.

그러나 융은 무신론자가 아니었으며 안티 크리스천도 아니었다. 그는 우리들 각자 내면에 "신의 원형(God Archetype)," 또는 그가 "온전하게 만드는 본능(whole-making instinct)"이라고 부른 것을 갖고 있다고 주장했다. 신의 원형은 우리를 더욱 큰 포용성을 향해 나아가도록 추동하는 우리의 한 부분으로서, 그 방법은 실재를 깊이 받아들이고, 서로 반대되는 것들의 균형을 이루고, 자기를 향해 단순히 자비를 갖고, 우리들 자신의 그림자를 인지하고 용서하는 능력을 통해서 더욱 큰 포용성을 향해 나아가도록 추동한다. 융에게 온전함은 어떤 종류의 도덕적 완전함과 혼동해서는 안 되는 것이었다. 왜냐하면 그런 도덕주의는 에고와 너무 밀착되어 있어서, 우리 모두가 수용해야 하는 내적인 연약함을 부인하도록 만들기 때문이다. 나는 그에게 전적으로 동의한다.

융은 자기 아버지와 삼촌들을 비판하면서, 많은 사람들은 자신들이 예배하는 벌주는 신을 반영하는 존재들이 되었다는 것을 간파했다. 용서하시는 신은 우리로 하여금 악한 것들로 간주되는 것 속에서 선함을 인지하고, 또한 완벽하거나 이상적인 것으로 간주되는 것들 속에서 악을 인지하도록 허락하신다. **신을 폭군적이거나 벌을 주는 신으로 보는 견해는 비극적으로 우리로 하여금 이런 모순들로 보이는 것들을 인정하지 못하도록 막는다.** 하느님에 대한 그런 견해는 우리의 참 자기를 부인하게 만들며, 우리들 자신의 인생의 겉면에 의존해서 살 수밖에 없도록 만든다. 만일 하느님이 우리를 수치스럽게 만드는 존재라면 우리들 대부분은 자연스럽게 그 수치를 부인하거나 피하거나 다른 이들에게 전가하는 것을 배우게 된다. 만일 하느님이 우리를 고문하는 존재라면, 끝까지 처벌하며 도덕주의적인 사회가 정당화된다. 우리는 치유와 변화 대신에 문제 해결의 종교 속으로 빠져들게 된다.

융에게 온전함은 추방 작용보다는 조화와 균형, 지탱하는 작용이다. 그러나 그는 그런 의식은 값비싼 것임을 깨달았는데, 그 이유는 사람들이 다양한 형태의 부인, 도덕화, 중독, 투사(projection)를 통해 삶의 긴장들에 대처하는 것을 선호하기 때문이다. 1930년대에 이르러서 융은 그리스도교 대륙이어야 할 유럽에서 그림자를 너무 지나치게 억압하고 부정하며 투사하는 현상이 나타나기 때문에, 또 다른 세계대전이 거의 불가피하다고 말했다. 비극적이게도 그의 예측은 완전히 정확했던 것으로 판명되었다.

나는 융이 예수와 그리스도 사이를 구분하는 나의 방식을 배운 적이 없을 것이라고 생각한다. 그는 십중팔구 오늘날까지 대부분의 사람들처럼, 예수와 그리스도를 서로 바꿔 사용할 수 있는 단어로 사용했을 것이다. 그러나 내가 그를 정확하게 이해했다면, 그의 신의 원형은 그리스도 신비에 관해, 그리고 우리가 그 신비에 참여하는 것에 관해 우리에게 매우 중요한 것을 가르쳐줄 수 있다. 그는 **온전함을 향한 전체 여정은 우리가 보통 배척하는 부정적인 경험("십자가")을 항상 포함해야만 한다는 것**을 이해하고 있었다.

우리들 내면의 큰 음성

에티 힐레줌과 카를 융은 모두 자신들의 온전함을 향한 길을 따라가면서 자신들의 가장 깊은 자기 속에서 들려오는 신의 음성을 신뢰했으며 귀를 기울였다. 교육을 받은 많은 사람들은 이처럼 간접적이며 전복적이며 직관적인 앎에 의존하지 않으려 한다. 그래서 그들은 자신들의 영적인 목적을 성취하기 위해 훨씬 더 외적인 법과 제의적 행동들에 의존하게 마련이다. 그들은 객관적이며 확고하게 느끼는 것 이외에는 다른 아무것도 알지 못한다. 직관적인 진리, 온전하게 만드는 내적인 본능은 너무나 **우리들 자신의 생각과 감정처럼** 느껴지기 때문에 우리들 대부분은 이것을 "하느님"이라고 부르고 싶어 하지 않는다. 심지어 그 음성이 우리를 증오 대신에 자비, 후회 대신에 용서, 인색함 대신에 관대함, 쪼잔함 대신에 큰마음을 향해 나아가도록 촉구할 때조차 그렇다. 그러나 만일 화육(성육신)이 참된 진실이라면, 하느님은 **당연히** 우리 자신의 생각들을 통해서도 말씀하신다. 잔 다르크는 재판관이 그녀는 자신의 상상의 희생자라고 고발했을 때, "하느님께서 달리 어떤 방식으로 나에게 말씀하시겠나요?"라고 재치 있게 대답했다.

우리들 대부분은 이런 내면의 음성을 단순한 감정, 심리적 조작, 종교적인 조건 붙이기로 간주하도록 배웠다. 때로는 아마도 그런 것일 수 있지만, 그렇지 않은 경우들도 많다. 신에 대한 언설은 현대인들과 포스트모던 인간의 존엄성 아래에 있는 것처럼 보인다. 아이러니하게도 이것은 절반의 진실이다. 힐레줌과 융이 그토록 귀하게 여겼던 내면의 음성은 우리들 대부분이 찾지 않는 가장 깊은 자기, 보통 감춰진 자기로서 경험된다. 그것은 합리적 의식 "아래에 있는" 차원에서 말하는데, 오직 겸손한 사람들, 또는 훈련받은 사람들만 그곳에 가는 방법을 알고 있다.

융은 이렇게 말한 적이 있다. **"나의 순례 여정은 천 개의 사다리를 내려가서 마침내 내가 나 자신인 한 줌 흙덩이와 우정관계의 손을 잡게 되었다."**[4] 융은 비신자였지만, 진정한 신 체험은 많은 겸손과 많은 정직성을 요구한다는 것을 알았다. 교만한 이들이 신을 알 수 없는 이유는 신이 교만하지 않고 무한히 겸손하기 때문이다. 오직 비슷한 이들만이 비슷한 존재를 알 수 있다는 점을 기억하라. 겸손과 끈질긴 추구를 결합하는 것이 모든 이들의 최상의 영적 수행이다.

바로 이것이 그리스도 신비를 받아들이는 것이 완전히 실제적인 것이 되는 방법이다. 그리스도의 중재 없이는 우리가 하느님과 인간 사이

---

[4] *C. G. Jung Letters, vol. 1*, selected and edited by Gerhard Adler (London: Routledge, 1972), 19, n. 8.

의 거리와 구분을 과장할 유혹을 받게 마련이다. 그러나 화육 때문에 초자연적인 것이 자연적인 것 속에 영원히 새겨지게 되며, 하느님과 인간 사이의 그런 구분을 틀린 것으로 만든다. 이보다 더 좋을 수가 있는가? 바로 이런 이유 때문에 아우구스티누스, 아빌라의 테레사 같은 성인들과 카를 융은 자신의 영혼을 발견하는 것과 하느님을 발견하는 것을 완전히 같은 것으로 본 것 같다. 그런 과정을 신뢰하기 위해서는 우리의 인생과 삶의 경험의 상당 부분이 필요하다. 그러나 그런 순간이 오면, **우리들 자신과 하느님을 동시에 신뢰하는 것이 마치 침착하고 겸손한 능력처럼 느껴지게 마련이다.** 이것이 우리 모두가 원하는 것이 아닌가?

만일 우리가 이런 내면의 신적인 이미지, 이처럼 온전하게 만드는 본능, 또는 내가 다른 책에서 우리의 "진짜 자기(True Self)"[5]라고 부른 것을 신뢰하고 경청할 수 있다면, 우리는 우리의 최상의 자기, 우리의 가장 크며 가장 친절하며 가장 포용적인 자기와 함께 앞으로 전진할 것이다. (나는 여기에 "우리가 가장 자비롭게 보아도 불만족스러운 자기"를 덧붙여야 하는데, 그 이유는 영혼의 여정이 우리를 초대하는 곳은 우리가 결코 그 깊이를 완전히 잴 수 없는 무한한 깊음 속이기 때문이다.) 아우구스티누스가 말한 것처럼 "속세의 것은 우리가 그것을 갖기 전에 사랑하며, 우리가 그것을 얻은 다음에는 점점 무가치하게 된다. 왜냐하면 그것은 영혼을 만족시키지 않기 때문이다… 그러나 영원한 것은 우리가 그것을 갖게 될수록 더욱 열렬하게 사랑하게 된다… 영혼은 영원한 것을 일단 맛본 다음에는 더욱 귀하다는 것을 발견할 것이

---

[5] 리처드 로어, 『불멸의 다이아몬드』(김준우 역, 한국기독교연구소, 2015).

다."6) 나는 바로 이것이 에티 힐레줌으로 하여금 더욱 깊은 곳으로 또한 더욱 앞으로 나아가도록 추동하여, 그녀가 30분 이내에 욕실 바닥에서 찬미의 기도를 바치고 침실에서 매우 관능적이며 심지어 성적인 경험을 하도록 만들었다.

영적인 만족은 스스로를 먹고 자라며, 혼자서 성장하며, 온전함을 창조하며 마침내 그 자체가 보상이다. 물질적인 만족은 분명히 나쁜 것은 아니지만 중독성을 갖는 경향이 있다. 왜냐하면 그런 만족은 당신을 온전하게 만드는 대신에 당신이 얼마나 불완전하며 궁핍하며 헛헛한 상태인지를 계속 상기시켜주기 때문이다. 알코올 중독자들이 흔히 말하는 것처럼, 당신의 "중독은 당신이 더욱 더 불가능한 것을 필요로 하도록 만든다." 그러나 영적인 만족은 흔히 우리에게 물질적 형태, 구체적으로 몸을 입은, 황홀한 형태로 전달된다. 몸을 입은 것은 좋고 필요한 것이니까 "육신"이라고 너무 빨리 무시하면 안 된다. 차이점은 우리가 이런 형태들을 만나는 방법에 있다. 만일 우리가 그 형태들을 즐기고 관찰하며 그 형태에 참여할 수 있다면, 그 형태들은 우리에게 지속적인 기쁨을 준다. 그 형태들은 달을 가리키는 손가락들이다. 그러나 일단 우리가 달이나 어떤 물질적 사물을 소유하려고 하면, 즉 그것을 우리 자신의 에고가 통제할 수 있는 것으로 우리 안으로 끌어당기면, 그것은 때때로 오염된다. 사회과학자들은 물리적 선물을 열 때의 흥분은 몇 분 내에 사라진다고 말한다.

---

6) Augustine, On Christian Doctrine 1. 38.42, in *Readings in Classic Rhetoric* (New York: Routledge, 2008), 184.

우리는 영적인 선물들을 우리 자신만 소비할 것이 아니라, 하느님의 모든 말씀을 부드럽게 받아야만, 다른 이들에게도 그 말씀을 부드럽게 말할 수 있다. 나는 심지어 지나친 확신을 갖고 말하거나 타인들을 통제하거나 깊은 인상을 심어주기 위해 하는 말은 **결코** 우리들 속의 하느님의 음성이 아니라고 말하곤 했다. 만일 우리들 자신이나 타인들을 부끄럽게 만들거나 깎아내리는 심한 생각은 하느님의 음성일 가능성이 없다. 이 점에 대해서는 나를 믿어도 좋다. 그것은 단지 **우리들 자신의 음성**일 뿐이다. 도대체 왜 사람들이 흔히 정반대로 생각해서 누군가를 부끄럽게 만드는 음성은 항상 하느님의 음성이라고 생각하며, 은혜로운 음성은 항상 상상에 불과하다고 생각하는가? 그것은 자기를 패배하게 만드는 ("악마의"?) 길이다. 그러나 영적 지도자이며 고해성사를 듣는 사제로서, 나는 이런 터무니없는 논리가 일반적인 규범이라고 확인해줄 수 있다.

만일 무엇인가 당신에게 은총과 함께 와서 당신을 통과하여 다른 이들에게 은총으로 나아갈 수 있는 것이라면, 당신은 그것을 하느님의 음성으로 신뢰할 수 있다.

당신 스스로 큰 소리로 이것을 시험해보기 바란다. 그것은 수행을 통해서만 알 수 있다. 최근에 나를 방문했던 어떤 현자는 이렇게 말했다. "우리는 우리를 지지하는 말에 귀를 기울여야만 합니다. 우리는 우리를 격려하는 말에 귀를 기울여야만 합니다. 우리는 우리에게 무엇인가를 촉구하는 것에 귀를 기울여야만 합니다. 우리는 우리 안에 생생하게 살아있는 것에 귀를 기울여야만 합니다." 나는 개인적으로 그런 음성들을 신뢰하지 않도록 훈련을 받았기 때문에 내 생각에 나는 종종 나에게 말씀하시는 하느님의 음성을 듣지 않았으며, 에이브러햄 링컨이 "우리의 본성의 더 훌륭한 천사들"이라고 불렀던 것을 듣지 못했다. 그렇다. 나르시시즘에 빠진 사람은 그런 충고를 남용할 수 있지만, 진정으로 하느님을 사랑하는 사람은 그런 대화를 통해 번창하게 마련이다. 이것이 바로 하느님께서 자신과의 풍족한 사랑의 관계를 위해서 감수하시는 모험이며 또한 우리 역시 그런 모험을 감수해야만 한다. 우리들 속에서 말씀하시는 하느님의 음성을 신뢰하기 위해서는 많은 용기와 겸손을 필요로 한다. 마리아가 그런 신뢰를 완전히 드러낸 순간이 바로 대천사장 가브리엘에게 "지금 말씀대로 저에게 이루어지기를 바랍니다"(루가 1:38)라고 말한 순간이다. 마리아는 교육도 받지 않은 십대 소녀였다.

대부분의 그리스도인들은 죄의 진정한 모습을 알아차리기도 전부터 우리의 죄를 미워하거나 고백하도록 배웠다. 그러나 만일 우리가 우리들 자신을 향한 혐오를 키운다면, 조만간 타인들을 향해 혐오하게 된다. 이것이 바로 흔해빠진 그리스도교의 모습인데, 그로 인해 역사는 큰 대가를 치렀다. **종교가 우리를 깊이와 정직성 모두의 길로 이끌지 않는다면, 종교는 실제로 영혼과 사회에 매우 위험하다.** 사실상 "패스트푸드 종교"와 소위 번영의 복음은 하느님을 회피하는 최고의 방법이다. 비록 종교에 관해 거의 쉬지 않고 떠벌이지만 말이다.

우리는 그 긍정적인 흐름을 알아차리는 방법을 배워야 하며, 우리들 자신 속에서 부정적 저항과 그 긍정적 흐름을 분별하는 방법을 배워야만 한다. 내 생각에 그것은 시간이 걸린다. **어떤 음성이 고발로 시작해서 고발로 이끈다면, 그것은 "사탄"을 뜻하는 성서 단어의 문자적 의미인 "고발자"의 음성이다.** 부끄럽게 만들고 고발하고 비난하는 것은 간단히 말해 하느님께서 말씀하시는 방식이 아니다. 그것은 **우리가** 말하는 방식이다. 하느님은 가장 비폭력적이며, 이것이 바로 내가 성인들과 신비가들로부터 배운 것이다. 그 많은 성인들이 틀렸을 수는 없다.

7장

어떤 좋은 곳으로

나는 이 세상에 불을 지르러 왔다. 이 불이 이미 타올랐다면 얼마나 좋았겠느냐?

- 루가 12:49

이제까지는 주로 만물의 중심에 있는 보편적이며 더욱 깊은 실재에 관해 묘사하는 데 초점을 맞추었다. 우리는 이 초월적 실재를 그리스도 신비라고 이름 붙였는데, 그리스도 신비는 그 자체를 자연 안의 화육, 역사의 예수 안의 화육, 심지어 당신과 나의 화육(성육신) 속에 드러내신다. 이 그리스도는 함께 아파하시며 또한 남김없이 우리를 사랑하시는데, 그 사랑의 방식은 매우 인격적인 방식으로, 우리들 각각의 영혼에게 독특한 방식으로 우리가 온전하게 되도록 설득하신다.

이 장에서 우리는 한 걸음 뒤로 물러나서, **이것이 과연 우리를 어떤 곳으로 데려가는가** 하고 질문할 것이다. 만일 "우리 안에 계신 그리스도"가 출발점이라면, 우리 모두를 위한 종착지는 어디이며, 또 우주 전체의 종착지는 어디인가? 우리의 "뒤늦게 생성된 위대한 행성 지구"

는 정말로 아마겟돈을 향해서 가고 있는가? 오늘날처럼 사람들이 성미가 급하고 표류하며 환멸로 가득한 시대에, 이보다 더 우리와 연관된 문제는 별로 없을 것이다.

궁극적인 결과에 도달하기 위해서, 나는 변화에 대한 약속과 변화의 본질에서부터 시작할 것인데, 변화의 본질에 대해서 나중에 (부록 2에서) 질서(order)에서부터 무질서(disorder)로 바뀌고 마침내는 재질서(reorder)로 바뀌는 것으로 설명할 것이다.

변화의 내적인 과정

세상에 불을 지르러 왔다는 예수의 대담한 발언은 내가 좋아하는 은유들 가운데 하나다. 내가 '불'이라는 이미지를 좋아하는 이유는 그 파괴적인 측면처럼 보이는 것 때문이 아니라 변형—문자적으로 형태의 변화—을 뜻하는 자연적 상징으로서다. 농부들, 숲에서 일하는 사람들, 원주민들은 불이 파괴적일 수도 있지만 모든 것을 새롭게 만드는 힘이라는 점을 알고 있다. 서양 사람들은 불을 단지 파괴적인 것으로 생각하는 경향이 있다. (아마도 이런 이유 때문에 우리는 지옥이나 연옥이라는 은유들을 이해하지 못했을 것이다.)

예수는 분명히 변화를 믿었다. 사실상 예수가 공적 사역에서 처음 말한 단어는 그리스어 동사 명령형 '메타노에이테(*metanoeite*)'인데, 이 말을 문자적으로 번역하면 "너의 마음을 바꾸어라" 또는 "너의 마음 너머로 가라"는 뜻이다(마태오 3:2; 4:17; 마르코 1:15). 그러나 불행하게도 4세기에 그리스어 성서를 라틴어로 번역한 성 제롬(히에로니무스)은 이 단어를 '회개하라(repent)' 또는 '고행하라(do penance)'로 번역함으로써, 그 이후 수많은 도덕주의적 의미를 갖게 만들어 결국 그 이후 그리스도인들이 복음을 이해하는 데 큰 영향을 끼쳤다. 그러나 예수가 말한 '메타노에이테'는 **일차적으로 마음, 세계관, 생각하는 방식을 바꾸는 것**이며, 그에 따른 자연적 결과로서 구체적인 행동의 변화를 뜻한다. 따라서 사람들이 흔히 오해하는 것은 본말을 뒤바꾸는 것이다. 우리는 몇 가지 외적인 행동들을 바꾸지만 그 행동들의 밑에 깔린 세계관은 흔히 여전히 나르시시즘에 빠져 있고 자기중심적일 수 있다.

이런 오해 때문에 그리스도인의 메시지를 청교도적이며 외형적이며 대체로 활기가 없는 개념으로 만들었는데, 이런 개념은 오늘날까지 지속되고 있다. 따라서 신앙은 예수가 말한 **마음과 정신의 실제적 변화**, 즉 대체로 마음속에서 은밀하게 일어나는 변화로서 "숨은 일도 보시는 네 아버지께서 너에게 상을 주실 수 있다"(마태오 6:4, 6, 18)고 설명한 것보다는 외부적인 요구사항들이 되어버려 강요되고 처벌받고 보상을 받을 수 있는 것으로 둔갑했다. 예수는 그의 도덕적 가르침에서 항상 **내적인 동기와 의도**를 강조했다. 예수는 내면의 변화와 "순수한 마음"(마태오 5:8)의 종교를 가르쳤지, 사람들이 볼 수 있거나 사회적인 보상이나 처벌을 낳는 어떤 종교를 가르친 것이 아니다. 이처럼 종교를 길들인 것은 종교가 가장 쉽게 타락하며 조작하는 것이 될 수 있는 바로 그 지점을 길들인 것이다.

이런 내적인 변화 과정은 모든 것에, 심지어 우리의 몸에도 근본적인 것이다. 만일 우리 몸에 생길 상처가 결코 치유될 수 없는 상처라면 어쩔 것인가? 나 자신이 여러 차례 수술을 받으면서, 내가 위로받을 수 있었던 것은 내 몸이 매번 스스로를 돌보는 방식 때문이었다. 치유 기적은 안으로부터 왔다. 내가 해야 했던 일의 전부는 기다리고 신뢰하는 일뿐이었다. 그러나 종교에서는 많은 사람들이 상실과 갱신을 통한 성장과 치유라는 보편적인 패턴 대신에, 마술적이며 외형적이며 단번에 이루어지는 거래를 선호한다. 이처럼 보편적인 패턴이 바로 생명이 그 자체를 더욱 새로운 형태로 영속화시키는 방식이다. 아이러니하게도 다양한 종류의 죽음을 통해서 말이다. 이런 패턴은 우리들 대부분을 실망시키며 겁을 주지만, 생물학자들과 물리학자들에게는 그런 실망이나 겁이 훨씬 덜한데, 이는 그들이 성직자들보다 이 패턴을 훨씬 잘 이해하기 때문일 것이다. 성직자들은 죽음과 부활을 단지 예수에 관한 교리적 진술이라고 생각할 따름이다.

우리들 가운데 많은 사람들은 하느님이 항상 펼치시는 미래와 그 미래를 향한 과정을 공경하지 못해왔다고 나는 생각하는데, 그 과정에는 보통 낡은 것에 대해 죽는 형태가 포함되어 있다. 실제적인 면에서 우리는 우리가 원하는 바로 그것에 대해 마침내 저항하고 반대하는 것으로 끝장난다. 아이러니는 우리가 흔히 하느님께 기도한다면서 이런 일을 행한다는 점인데, 이것은 마치 하느님이 우리를 순수하게 만드시는 그 과정 자체로부터 우리를 보호하실 것이라고 생각하는 것과 같다.

하느님은 우리가 **죽음 속으로 들어갈 때 보호하시며** 또한 우리가 죽음을 **통과할 때** 보호하신다. 하느님이 예수에게 하셨듯이 말이다. 이런 점을 분명히 하지 않을 때, 그리스도교는 기존 질서—그것이 최소한 우리의 특권을 보호하는 한—를 보호하고 이상화하거나 더 나아가 멋진 과거라고 주장하며 보호하고 이상화하기에 이른다. 안락한 사람들은 자신들이 교회에서, 영원한 것들을 대체한 낡은 것들을 예배할 수 있는 골동품점이라고 생각하는 경향이 있다.

비정치적인 그리스도교 같은 것은 없다. 체제나 현상유지에 대한 비판을 거부하는 것은 완전히 그것을 지지하는 것으로서 사람들을 기만하는 정치적 행동이다. 빌라도처럼 오늘날 많은 그리스도인들도 군중 앞에서 자신의 손을 씻으면서 자신은 죄가 없다고 선언하며 "그것은 너희들의 문제다"(마태오 27:24)라고 말한다. 빌라도는 자신의 결백을 지켰고 예수는 그 대가를 지불했다. **어떤 좋은 곳으로 가고 있다는 말은 나쁜 것들과 함께 그 나쁜 것들을 통해서 가야만 한다는 뜻이며, 또한 우리가 그 나쁜 것들과는 별도로 또는 그것들 위에 자리잡게 만들 수는 없다는 뜻이다.** 우리가 설 수 있는 완벽한 순수성(perfect purity)이라는 주춧돌은 없으며, 그런 것을 추구하느라 애쓰는 것은 어쨌거나 에고 게임에 지나지 않는다. 그러나 빌라도 신드롬(syndrome)은 선의를 지닌 그리스도인들 가운데 매우 흔하며 흔히 자기들이 죄인이라고 생각하는 이들을 배척하는 형태로 나타난다.

예수 자신은 이처럼 과거를 사랑하며 사적인 완전(private perfection)을 사랑하는 것을 강력하게 거부하면서 현명하게도 예언자 이사야(29:13)를 인용한다: "그들은 나를 헛되이 예배하며 사람의 계명을 하느님의 것인 양 가르친다"(마태오 15:9). 많은 사람들은 하느님이 정말로 "과거에는" 계셨다고 생각하는 것 같다. 즉 옛날의 좋았던 시절에는 하느님이 정말로 하느님이었고, 모든 사람은 행복하고 순수했다고 생각하는 것 같다. 이런 망상이 종교에 매력을 느끼는 많은 사람들이 갖는 망상이며, 오늘날 많은 "대형교회"에 속한 사람들에게 매우 공통적인 망상이다. 모든 변화는 개인적이며 내적인 변화이며, 또한 사회체제에 대한 비판, 자신의 특권, 민족, 종교에 대한 비판은 금물로 간주된다. 예수가 처음 "너의 마음을 바꿔라" 하고 선언했을 때, 그는 즉시 제자들로 하여금 직업과 가족들을 떠나도록 도전했다(마르코 1:20; 마태오 4:22). 마음의 변화는 즉각적이며 엄중한 사회적 의미를 갖는 것으로서, 그 젊은 유대인 제자들로 하여금 두 가지 견고하고 보수적인 신성한 암소들, 즉 직업과 가족에 대해 문제를 제기하도록 이끌었다. 예수는 그들로 하여금 회당에 더 자주 참석하라든가 아니면 자신이 하느님이라는 것을 믿으라고 요구하지 않았다. 예수는 결코 핵가족, 경력, 직업에 대해 찬란한 말을 한 적이 없다는 사실을 당신은 눈 여겨 보았는가? 직접 확인해보기 바란다.

하느님은 어떻게 삼라만상을 좋고 새롭게 유지하시는가?

이 책의 제1부를 마무리하면서, 하느님은 어떻게 삼라만상을 좋고 새롭게 유지하시는가, 즉 항상 어딘가 더 나은 곳을 향해 나아가도록 만드시는가 하는 문제를 생각해보자. 어떤 그리스도인들은 이 단어에 대해 주저할 것이지만, 여기서 도움을 주는 단어는 "진화"다. 하느님께서는 줄곧 사물들을 안에서부터 밖을 향하도록 창조하심으로써 그 사물들이 영원히 더 나은 것을 갈망하고 발전시키며 더 좋게 성장하고 변화하도록 만드신다. 이것이 바로 하느님께서 이 세상에 던지신 불로서 모든 생명체들 안에 심겨진 생장력인데, 이 힘은 그 생명체들로 하여금 밖에서 태양, 먹이, 물을 취하여 성장하게 만들 뿐 아니라, 그 생명체들 안에서부터도—왜냐하면 그렇게 프로그램 되었기 때문에—성장하도록 만든다.

만일 우리가 영원한 그리스도 신비(Eternal Christ Mystery)를 우리가 "시간"이라고 부르는 것의 출발점을 상징하는 알파 포인트(Alpha Point)로 이해하면, 역사와 진화는 정말로 처음부터 계획, 지능, 궤적을 갖고 있다는 것을 이해할 수 있다. 역사의 중간에 나타난 부활하신 그리스도(Risen Christ)는 우리에게 하느님은 우리를 모든 십자가 처형들과 반대되게 어딘가 좋고 긍정적인 곳으로 인도하고 계신다는 것을 확신시켜 주신다. 하느님께서는 시간의 시작 이래로 우리를 인도해오셨지만, 지금은 하느님께서 그 펼침의 과정 속에 우리를 포함시키신다(로마서 8: 28-30). 이것이 바로 인간인 우리들에게 제공된 기회이며, 또한 이 그리스도라는 기차를 타고 가는 사람들은 "새로운 인간성"이 되도록 의도된 사람들이다(에페소 2:15b). 그리스도는 태초의 빅뱅에서의 하느님의 광채(Divine Radiance)인 동시에 우리를 긍정적인 미래로 끌어당기시는 하느님의 유혹(Divine Allure)이다. 이처럼 (우리가 쓰러지지 않도록 양 옆에) 인격적 사랑이 우리를 받쳐주고 있다. 즉 우리는 사랑**으로부터** 와서, 더욱 포용적인 사랑을 **향해** 나아간다. 이것이 그리스도 오메가(Christ Omega)이다(요한의 묵시록 1:6).

어쩌면 당신은 개인적으로 삼라만상이 어떤 형태나 방향, 최종적 목적을 가질 필요성을 느끼지 않을지 모른다. 어쨌거나 많은 과학자들은 그런 궁극적 질문들을 묻지 않는 것처럼 보인다. 진화론자들은 증거들과 자료들을 관찰하면서, 우주는 분명히 팽창되며 펼쳐지고 있다고 말한다. 비록 자신들은 그 최종적 목표를 모르지만 말이다. 그러나 그리스도인들은 그 최종적 목표가 어떤 모습과 의미를 갖고 있다고 믿는다. 만물은 "매우 좋았다!"는 것으로 시작된 방식에서 그 의미가 드러났기 때문이다. 생겨난 모든 것들은 하나로 수렴되는 것처럼 보인다. 우주적 시간의 양 끝에 서 있는 보편적이며 영원한 그리스도에 대한 성서적 상징이 의도했던 것은 우리가 알고 있는 세계의 분명하며 완전한 궤적이 "모든 피조물이 오늘날까지 다 함께 신음하며 진통을 겪고 있다는 것"(로마서 8:22)과 더불어 의식이 펼쳐지고 있음(an unfolding of consciousness)을 우리에게 분명히 확신시켜주기 위한 것이었다.

신약성서는 역사가 진화하며 긍정적인 방식으로 작동한다는 것에 대해 분명한 인식을 갖고 있다. 예를 들어, 예수의 많은 하느님 나라 비유들은 성장과 발전에 관한 언어들에 크게 의존하고 있다. 성장에 관한 예수의 일반적인 은유들은 씨앗, 곡식이 익는 것, 밀과 잡초들이 함께 자라는 것, 누룩이 부풀어 오르는 것 등이다. "하느님의 통치"에 대한 예수의 비유들은 거의 언제나 발견하는 것, 놀라게 되는 것, 예상이 뒤엎어지는 경험, 역할과 지위의 변화 등이다. 이 개념들 가운데 어느 것도 정적이지 않고, 항상 새롭고 좋은 것이 생겨나는 것에 관한 것이다.

도대체 나는 왜 이것이 그토록 중요하다고 생각하는가? 솔직히 말해서, 그런 성장이 없이는, 특히 우리가 좌절을 경험할 때, 우리가 우리들 자신과 남들에 대해 참을성이 없게 되기 때문이다. 인간과 역사는 모두 느리게 성장한다. 우리는 사람들을 환영하기 전에 그들이 완전히 변화되고 거룩해져서 우리의 문 앞에 나타나기를 기대한다. 그러나 성장의 언어들은 기다리는 것이 적절하다고 말하며, '메타노에이테'(*metanoeite*)를 신뢰하거나 의식의 변화는 시간이 걸린다는 것, 그리고 이렇게 참고 기다리는 것이 바로 사랑의 모습이라는 것을 말해준다. 그것이 없이는 교회가 단지 율법과 요구사항들을 강요하는 것이 된다. "목회자들(pastors)"은 하느님의 양떼를 돌보는 사람들로서 섬기는 대신에, 경호인, 말하는 경찰, 거룩한 골동품 중개상이라는 말을 듣게 된다. **진화론적인 세계관이 없이는 그리스도교가 성장이나 변화를 촉진하기는 커녕 성장이나 변화를 전혀 이해하지 못한다.**

은총의 이야기 줄거리

내가 지금 보고 있는 내 사무실의 액자에는 "인생이 멋지기 위해서 완전할 필요는 없다"는 말이 쓰여 있다. **성숙**을 향한 발걸음들은 항상 필연적으로 **미성숙**한 것처럼 보인다. 달리 어떤 방법이 있을 수 있겠는가? 훌륭한 부모들은 이 점을 오래전에 배웠으며, 존 헨리 뉴먼 추기경은 이것을 간파하여 "산다는 것은 변화하는 것이며, 완전하다는 것은 자주 변화되었다는 것이다"[1]라고 말했다.

"기쁜 소식"이라고 부를 수 있는 것은 의지할 수 있는 보편적 패턴을 계시하는 것일 필요가 있지, 단지 경우에 따라서만 참된 것일 수 있는 씨족의 패턴이나 부족의 패턴만을 계시하는 것이 아니다. 이런 이유 때문에 그리스도교가 인종적인 유대교로부터 갈라져 나온 것은 불가피했을 것이다. 비록 예수나 바울로가 결코 그런 결별을 의도하지는 않았지만 말이다. 또한 2세기 초에 그리스도인들이 자신들을 "카톨릭 신자

---

1) John Henry Newman, *An Essay on the Development of Christian Doctrine* (London: James Toovey, 1845), 39.

들(catholics)"이나 "보편주의자들(universals)"이라고 부른 것도 바로 그런 이유 때문이었다. 그들의 의식의 제일 전면에 있었던 믿음은, 하느님께서 모든 인류를 위해서 더욱 크며 더욱 넓고 더욱 훌륭한 어떤 곳으로 역사 전체를 이끌어가고 계신다는 믿음이었다. 그러나 예수와 바울로 이후에—니사의 그레고리우스, 아타나시우스, 고백자 막시무스, 아씨시의 프란체스코와 같은 몇몇 신학자들을 제외하고—가장 폭넓게 받아들여진 그리스도교의 형태는 우주나 삼라만상, 자연이나 심지어 역사와는 별로 상관이 없는 그리스도교였다. 우리의 믿음조항들은 일반적으로 미래에 관해 말하지 않았다. 예외적으로 미래에 관해 말한 것은 심판과 묵시종말에 관한 것이었다. 이것은 결코 역사를 앞으로 인도하는 방식이 아니며, 인류에게 희망, 목적, 방향, 또는 기쁨을 주는 방식이 아니다.

그것은 제한적이며 믿을 수 없는 입장으로서 그리스도교가 문화에 예속된 예수와 너무 밀착된 입장을 취할 때 나타나는 입장이며, 영원한 그리스도를 포함하지 않는 신앙의 표현이다. 삼라만상 전체에 대한 은총과 돌봄을 제시하는 보편적인 이야기 줄거리가 없이는, 예수가 협소하게 되며 부적절하게 보인다. 하느님의 돌보심은 모든 피조물을 향해야만 하는데, 그렇지 않다면 하느님이 전혀 돌보시지 않는 분이 되어, 물, 나무, 짐승들, 역사 자체는 우연적이거나 사소하거나 마음대로 처분할 수 있는 것으로 만들어버리게 된다. 그러나 은총은 나중에 도착한 것이 아니며, 한줌 인간들을 위해 때때로 덧붙여지는 것이 아니다. 하느님의 은총과 생명은 불과 수천 년 전에 나타난 것이 아니다. 즉 예수가 와서 몇몇 운이 좋았던 사람들이 그를 성서 안에서 발견했을 때 비로소 은총이 나타난 것이 아니다. 하느님의 은총은 몇몇 덕을 쌓은 사람들에게 베풀어진, 임의적인 문제 해결자일 수 없다. 만일 그렇다면 그것은 전혀 은총이 아니다. (은총의 철저한 의미를 세 개의 절에 요약한 것을 보기 위해서는 에페소 2:7-10을 보라.)

만일 우리가 하느님의 본래적인 은총을 이처럼 모든 생명의 일차적인 발생 원인으로 이해하는 인식을 회복한다면 어찌 될 것인가? 그런 인식의 회복은 안에서부터 밖을 향하여 이루어진다.

좋고 선한 것의 흔적들

몇 년 전에 어느 스칸디나비아 방송국의 대담 사회자가 영국의 생물학자이자 호전적인 무신론자인 리처드 도킨스에게 물었다. "진화에 대한 가장 일반적인 오해는 무엇인가요?" 도킨스는 이렇게 대답했다. "그것은 진화가 임의적인 우연의 이론이라는 것입니다. 진화는 분명히 임의적인 우연의 이론일 수 없습니다. 만일 그것이 임의적인 우연의 이론이라면, 그런 이론은 도대체 왜 모든 동물들과 식물들이 그처럼 아름답게 잘 디자인되었는지를 설명할 수 없습니다." 도킨스는 심지어 다윈 자신조차도 임의적인 우연을 믿지 않았다고 지적했다. "다윈이 했던 것은 임의적인 우연에 대한 유일한 대안을 발견하는 일이었는데, 그것이 자연선택이다(라고 그는 생각했다)."[2]

그렇다. 그가 말한 것이 바로 그것이다. 도킨스는 어떤 사람들이

---

2) Richard Dawkins, "Richard Dawkins on Skavlan," *Skavlan*, YouTube, December 2015, https://www.youtube.com/watch?v=e3oae)AOQew.

"지적 설계(intelligent design)"라고 부르는 것을 위한 문을 활짝 열어놓았지만, 그 말(wording) 자체에 관해 다투지는 말자. 그런 다툼의 결과, 교육을 받은 많은 사람들은 더 이상 종교인들과 대화하기를 원하지 않게 되었으며, 우리의 용어를 사용하지 않게 되었다. 그래서 오늘날 우리가 연관된 이런 막다른 골목의 문화전쟁에서는 각각의 입장이 상징적 언어들 배후에 진지를 구축하고 있다.

내가 아는 것은 창조론자와 진화론자가 서로 원수일 필요가 없다는 점이다. 진화론자들은 우주가 펼쳐지고 있다고 말하고 싶어 한다는 점에서 옳다. 반면에 창조론자들은 그 펼쳐짐에 대한 개인적 의미를 주장하고 싶어 한다는 점에서 옳다. 우리는 생명과 물질의 현상에 대해 적극적이며 어떤 종착점을 부여하는데, 우리는 그것을 "부활"이라 부른다. 동시에 우리는 그 과정에서 엄청난 고난과 죽음도 인정하는데, 우리는 그것을 "십자가형"이라고 부른다. 이것이 바로 획기적이며 광대한 비전이며, 많은 것을 설명하지만, 동시에 많은 엑스트라 행낭도 지니고 있기 때문에, 보통 합리적인 사람들과 과학적으로 생각하는 사람들이 이것을 거부하는 것이다.

그러나 예수가 죽은 자들로부터 살아났다고 믿는 것은 사실상 신앙의 도약이 아니다. **부활과 갱신은 사실상 모든 것의 보편적이며 관찰할 수 있는 패턴이다.** 우리는 비종교적인 용어들을 사용해서 "봄철," "재생," "치유," "용서," "생애 주기," "어둠"과 "빛"이라는 말을 사용할 수도 있다. 만일 화육(성육신)이 사실이라면 수많은 형태의 부활은 완전히 예상할 수 있어야 하는 것이다. 아니면 알버트 아인슈타인이 했다고 알려진 말을 바꿔서 말하자면, 하나의 사물이 기적이라는 말이 아니라,

전체가 기적이라는 말이다.

　이 요점은 잠시 깊이 생각할 가치가 있다.

　우리가 숨을 들이마실 때마다, 우리는 영을 물질 속으로 취하는 패턴을 반복하는 것이며, 따라서 처음 아담의 창조를 반복하는 것이다.

　우리가 숨을 내쉴 때마다, 우리는 영을 물질적 우주로 되돌려 보내는 **패턴을 반복하는 것이다.** 어떤 점에서 모든 날숨은 "작은 죽음"으로서 우리가 세상에 영감을 불어넣는 대가를 지불하는 것이다.

　우리의 단순한 숨쉬기는 인간으로서의 전체 소명의 모델이 된다. 우리는 그리스도처럼 물질과 영이 하나로 작동하는 화육이다. 이것은 우리가 믿거나 성취하는 어떤 것보다도 더욱 더 우리들 모두가 시공간 안에서 화육의 신비를 계속하는 방식인데, 우리는 그것을 알면서 기쁘게 계속하거나 아니면 모른 채 계속한다.

　만일 하느님의 화육이 어떤 진리를 갖고 있다면, 부활은 이미 아는 결론이지, 예수의 몸 안에서 한 번 일어난 변칙이 아니다. (우리들 서양 사람들은 부활을 이런 유일회적인 변칙으로 이해하며, 그것을 입증할 필요가 있다고 느낀다. 그러나 그런 부활을 입증할 수는 없다.) **부활하신 그리스도는 단 한 번의 기적이 아니라 보편적 패턴을 계시한 것인데, 그런 보편적 패턴은 단기간에 알아차리기 어렵다.**

　신자들의 과업은 **부활의 방법**이나 **부활의 때**를 밝히는 것이 아니라 부활이 무엇인지를 밝히는 일이다. 그 방법과 때는 과학과 하느님께 맡겨두라. 진정한 그리스도교와 진정한 과학은 모두 그 중심에 성장과 발전을 자리잡게 하는 변형적 세계관이다. 그 둘 모두는 각자 나름의 방식대로 어떤 신적인 계획과 협동하기 위해 애쓰며, 또한 하느님을 공식적으로 인지할 수 있는지 하는 문제는 그리 중요하지 않다. 카를 융이 그의 현관에 새겨놓은 것처럼 "신의 이름을 부르든 부르지 않든, 신은 여전히 현존한다(*Vocatus atque non vocatus, Deus aderit*)."3)

하느님은 태초부터 익명으로 일해 오셨다. 그분의 과업은 언제나 내적이며 은밀한 과업이었다.
영(Spirit)**은 지하에서 가장 잘 작용하는 것처럼 보인다. 지상에서는 인간들이 영에 관해 싸우기 시작한다.**

우리는 이것을 은총이라고 부를 수 있으며, 내주하시는 성령, 또는 단순히 연합을 향한 진화(우리가 "사랑"이라고 부르는 것)라고 부를 수도 있다. 하느님은 어느 누구와도 경쟁하지 않으시지만, **사랑하는 모든 이들과 깊은 시간 속에서 협동하신다**(로마서 8:28). 우리가 마음을 다해서 한 발을 앞으로 내딛으면, 하느님께서는 그 발걸음을 이용하시며 지탱시켜주시며 또한 축복하신다. 그 발걸음을 내딛기 위한 우리의 추진력은 종교의 이름을 붙여야 할 필요가 전혀 없다.

사랑은 우주를 지탱시키는 에너지로서, 우리로 하여금 부활의 미래를 향해 나아가도록 이끈다. 우리는 그 일이 행해지도록 하기 위해 심지어 그것을 사랑이나 하느님, 또는 부활이라고 부를 필요조차 없다.

---

3) C. G. Jung, *Letters: 1951-1961*, vol. 2, ed. G. Adler (Princeton, NJ: Princeton University Press, 1975), 611.

2부

거대한 쉼표

8장

행동과 말씀

… 동정녀 마리아에게 나시고
본디오(본시오) 빌라도에게 고난을 받으사 …

– **사도신경**

만일 당신이 좀 더 예전 중심적인 교회에서 예배를 드린다면, 당신은 아마도 사도신경의 처음을 암기하고 있을 것이다.

전능하신 천주 성부, 천지의 창조주를 저는 믿나이다. 그 외아들 우리 주 예수 그리스도님, 성령으로 인하여 동정 마리아께 잉태되어 나시고, 본시오(본디오) 빌라도 통치 아래서 고난을 받으시고, 십자가에 못 박혀 돌아가시고 묻히셨으며, 저승에 가시어 …

그러나 당신은 사도신경에서 "동정녀 마리아께 잉태되어 나시고"와 "본시오 빌라도 통치 아래서 고난을 받으시고" 사이에 큰 도약(공백)이 있다는 것을 주목한 적이 있는가? (탄생과 죽음 사이) **쉼표 하나**

가 그 두 문장을 연결하여 그 큰 공백 속으로 떨어지는데, 마치 예수의 탄생과 죽음 사이의 **모든** 말씀과 행적(즉 예수의 삶 자체)은 단지 사소한 것처럼 만들어버리는 느낌이다. "거대한 쉼표(Great Comma)"라고 부르는 이 공백은 분명히 몇 가지 심각한 질문들로 초대한다. 예수의 생애 기간 동안에 했던 모든 말씀과 행동들은 별로 중요하지 않은 것인가? 그것들은 "믿을" 것이 아니었는가? 오직 예수의 탄생과 죽음만이 중요한 것인가? 그 공백은 그리스도교가 흔히 예수의 실제 삶과 가르침을 본받는 것을 무시한 것을 어떤 방식으로든 설명해주는가?

사도신경에는 분명히 간과한 것들이 또 있다. 사도신경은 그리스도인의 믿음에 대한 최초의 공식적 선언으로 간주되는 것인데, 단 한 번도 사랑, 섬김, 희망, "가장 작은 형제자매들," 심지어 용서조차도 언급하지 않는다. 사실상 **행동할 수 있는** 것은 아무것도 없다. 사도신경은 비전과 철학의 진술일 뿐, 사명에 대한 진술(mission statement)은 없다. 사도신경은 우리에게 두 번이나 하느님은 전능하시다는 것을 상기시켜 주지만, 우리는 어디에서도 하느님은 또한 **모든 고난을 받으시는 분**이라거나 **모든** 점에서 **취약하신 분**이라는 언급을 찾아볼 수 없다. (비록 예수가 "고난을 받으시고, 십자가에 못 박혀 돌아가시고 묻히셨으며"라고 선언하지만 말이다). 사도신경은 이처럼 이론과 신학을 강조하는 반면에 실천(praxis)은 강조하지 않지만, 오늘날도 여전히 우리가 따르는 길을 설정해준다.

사도신경은 후대의 니케아신경과 마찬가지로 신학적인 요약과 역사를 정리한 중요한 문서이지만, 매주일 나의 교구 신자들이 서둘러 사도신경을 암송할 때, 나는 이런 신조들이 신자들의 매일의 실제 행동을 안내하는 데서 얼마나 쓸모가 있는지, 심지어 그런 실제적 문제에 대해 얼마나 관심을 갖고 있는지에 대해 의아해 한다. 내가 잘못 생각하는 것이기를 바라지만, 나는 그런 신조들의 유용성과 실용성에 대해 의심하고 있다.

사도신경과 니케아신경은 모두 하느님이 누구이시며 또한 하느님이 무슨 일을 하시는가에 대한 그리스도교의 역사적인 생각을 보여준다. 그 신경들은 고정적이며 불변하는 우주, 그리고 우리가 매일 신경쓰는 거의 모든 일들로부터는 멀리 떨어져 계신 하느님을 확인해준다. 더 나아가 그 신조들은 예수 자신의 인간적인 삶의 현실, 또는 우리들 자신의 인간적인 삶의 현실에 대해서는 별다른 관심을 보이지 않는다. 대신에 그 신조들은 흔히 종교체제들이 보통 원하는 것, 즉 강하며 안정되고 통제하는 하느님을 묘사한다. "다른 뺨을 돌려대라"는 예수도 없고, 그리스도를 닮은 단순한 생활방식도 찾아볼 수 없다.

당신은 내가 왜 이처럼 역사적으로 또한 신학적으로 사소한 문제를 갖고 당신을 괴롭히는지 의아해할 것이다. 그 이유는 다음과 같다.

우리의 종교전통이 제국적인 그리스도(imperial Christ), 즉 고정적이며 신화적인 선포의 세계 내에 살고 있는 제국적인 그리스도를 선택했을 때, 그 전통이 그리스도인의 믿음과 이해를 매우 작은 상자 속에 넣어버렸기 때문이다. 이런 신조들의 그리스도는 땅과 연결되지 않는다. 즉 나자렛 예수의 실제 역사적이며 피와 살을 지닌 삶과 연결되지 않는다. 대신에 그런 그리스도는 거의 대부분 가슴은 없고 정신만 있으며, 온통 영(spirit)일 뿐이지 살이나 영혼은 거의 없는 존재이다. 우리의 유일한 사명은 단지 우리의 비전과 철학적 선언을 계속 선포하는 것뿐인가? 때때로 그런 그리스도는 그런 식으로 보인다. 이것이 바로 권력과 제국이 그런 메시지를 넘겨받을 때 벌어지는 일이다.

당신은 교회의 처음 일곱 차례 공의회들이 동방과 서방 모두가 동의한 것이었지만, 모두 황제들이 소집했거나 공식적으로 사회를 보았다는 사실을 알고 있는가? 이것은 결코 사소한 문제가 아니다. 황제들과 정부들은 사랑의 윤리 또는 섬김의 윤리, 또는 비폭력 윤리(하느님이 금지하셨다!)에 대해 관심을 갖지 않는 경향이 있으며, 또한 분명히 용서가 그들 자신의 권력 유지에 어떤 방식으로든 도움이 되지 않는다면 용서에도 관심이 없다.

그리스도 없이 예수를 알려고 했던 모든 사람들에게는, 교회의 핵심적 가르침들 상당수가 진정한 인간 예수 없이, 몸이 없는(탈육신적) 그리스도를 제공했는데, 이것이 바로 오랜 세기 동안 교리와 미술에서 규범이었다. **미술은 사람들이 당시에 정말로 믿는 것을 드러낸다.** 이것이 바로 존 도미닉 크로산이 부활에 대한 동방교회와 서방교회의 이미지들에 대한 기념비적인 연구에서 밝힌 것이다. 즉 우리는 부활의 의미에 관해 전혀 다른 두 가지 신학을 갖고 있었다. 서방교회가 선포한 "예수가 죽은 자들로부터 부활하셨다"는 것은 예수가 한 개인으로서 부활하셨다는 것이었다. 그러나 동방교회는 부활을 적어도 세 가지 방식으로 이해했는데, **지옥의 정복**(the trampling of hell), **지옥에서부터 집합적인 인도**(the corporate leading out of hell), 그리고 **그리스도와 함께 인류의 집합적인 들어 올림**(the corporate uplifting of humanity with Christ)이다.[1] 이것은 매우 다른 메시지이다. 그러나 1054년 이후, 우리는 서

---

1) Crossan, *Resurrecting Easter*, 특히 153ff.

로에 대해 거의 알지 못했다. 왜냐하면 서로가 상대방을 이단으로 간주했기 때문이다. 아마도 이것은 우리의 이분법적 (비관상적) 사고방식과 관행이 초래한 최악의 역사적 결과일 것이다. 서방교회에 남아 있게 된 것이라곤 사도신경 속의 "저승에 가시어(He descended into hell)"라는 말뿐이지만, 그것이 실제로 무엇을 뜻했는지 아무도 몰랐다.

이 책의 후반부에서는, 그리스도에 대한 이해가 우리의 신앙을 어떻게 혁명적으로 크고 작은 방식으로 바꿀 수 있는지를 고려하고 싶다. 단순한 정보는 우리의 삶을 "아름답게" 만들지 않는다면 별로 도움이 되지 않는다고 나는 생각한다. 프란치스칸 신학에서는 **진리는 항상 사랑을 위한 것이며, 진리 자체를 절대적 목표로 삼는 것은 흔히 우상숭배가 되곤 한다**. 다시 말해서, 우리의 몸, 가슴, 물리적 세계, 우리들 주변의 세상과 씨름하지 않는 훌륭한 사상이란, 예수가 실제로 했던 것처럼 사람들과 제도들을 실제로 치유하기보다는 신학적인 문제 풀이와 이론이 되는 경향이 있다. "치유"라는 말은 1970년대가 되어서야 비로소 주류 그리스도교 용어가 되었는데,[2] 심지어 당시에도 많은 신자들이 치유에 대해 저항했던 것을 나는 직접 경험했다. 카톨릭 전통에서는 치유를 인생의 마지막 시간인 "종부성사"까지 연기해 왔었는데, 이것은 분명히 예수가 사람들이 인생의 과정에서 고난을 당할 때 거저 치유와 돌봄을 베풀었지, 그들이 다음 세상으로 가기 위한 "종부" 수단이 아니

---

2) Francis McNutt, *Healing* (Notre Dame, IN: Ave Maria Press, 1974). 나는 1970년대에 프란시스와 함께 일하면서 내 눈으로 직접 많은 차원의 치유를 목격했다. 복음서들에 나온 것처럼, 치유는 많은 "신자들"로부터 두려움, 반발, 부정을 초래했다.

었다는 것을 깨닫지 못했기 때문이다.

우리는 공식적 신조들에서 쉽게 짐작하지 못할 것이지만, 행동이 말보다 더욱 중요하다. 예수는 분명히 바른 말, 또는 바른 생각보다는 불교도들이 "정도(right action)"라고 부르는 것(그리스도교에서는 "정행[orthopraxy])에 더욱 깊은 관심을 갖고 있었다. 우리는 이것을 마태오 21:28-31에 나오는 두 아들의 비유에서 분명히 볼 수 있다. 한 아들은 포도원에서 일하지 않겠다고 했지만 일을 했고, 다른 아들은 일하러 가겠다고 했지만 사실상 가지 않았다. 예수는 그 청중들에게, 바른 말을 하고는 행동하지 않은 아들보다는 비록 틀리게 말했지만 실제로 행동한 아들을 더 좋아한다고 말했다. 우리가 어떻게 이 메시지를 놓칠 수 있었던 말인가?

인류에게 지금 필요한 예수는 역사적이며, 우리들처럼 육체적이며 구체적인 실생활과 연관성이 있는 예수다. **예수의 죽음보다는 예수의 삶이 우리를 더욱 잘 구원할 수 있다.** 우리가 실제로 본받을 수 있는 예수, 또한 충분히 인간적인 존재가 된다는 것이 무엇을 뜻하는지에 대해 기준을 세워주는 예수가 필요하다. 그리고 모든 삼라만상을 하나의 조화로운 통일성 안에서 유지하기에 충분히 큰 그리스도가 필요하다.

이 책의 나머지 부분에서는 이런 예수와 이런 그리스도를 제시해보려 한다.

9장

사물들의 깊음

그리스도의 종교는 언젠가 지상에서 앞으로 나아가는 또 다른 걸음을 내딛을 것이다. 그것은 지금처럼 사람의 절반, 즉 영혼만 품어 안는 것이 아니라 사람 전체를 품어 안을 것이다.

— Nikos Kazantzaskis, *Report to Graco*

신자들이 미사에서 영성체를 받는 모습을 지켜보면서, 나는 어떤 신자들이 빵과 포도주를 받은 다음, 영성체를 보관하는 성스러운 상자나 제단을 향해 돌아서서 존경의 표시로 절을 하거나 무릎을 꿇는 모습을 볼 때가 있는데, 그들은 마치 그분의 현존이 여전히 그 너머에 있는 것처럼 행동하는 것이다. 그런 순간들에는 그 신자들이 방금 일어난 일을 놓쳐버린 것이 아닌가 하는 의문이 든다. 그들은 성만찬이 정체성을 **그들 자신에게** 완전히 양도하는 것이라는 점을 깨닫지 못하는 것인가? 그들 자신은 이제 언약궤처럼 살아 있으며 움직이는 장막이다. 이것은 그들이 상상하기에는 너무나 큰 것인가? 이것은 주제넘고 불가능한 것처럼 보이는가? 아마도 그런 것처럼 보인다.

　이와 마찬가지로, 내가 알고 있는 많은 복음주의자들, 즉 "예수를 자신들의 마음에 영접했다"는 많은 복음주의자들도 여전히 매주 금요일 밤마다 다시 "구원받을" 필요가 있다고 여전히 느낀다. 그들은 만일 자신들의 원천이 되시는 분에게 진정으로 항복하고 다시 그분과 연결되었다면 실제적인 변형이 일어났다는 것을 믿지 않는 것인가? 우리들 대부분은 우리의 여정을 출발하면서 하느님이 "저 위에" 계신다고 상상하며, 우리의 과업은 "그분"을 발견하기 위해서 이 세상을 초월하는 것이라고 생각한다. 그래서 우리는 "저 위에" 도달하려고 많은 시간을 바치느라, 예수 안에서 행한 하느님의 큰 도약은 "여기 아래로" 내려오시기 위한 것이었다는 점을 놓치게 된다. 우리의 예배와 종교생활의 상당 부분은 아래로 내려온 에스컬레이터를 타고 거꾸로 위로 올라가려고 애쓰는 영적인 수고와 같다.

　나는 "저 위에" 도달하려는 사고방식은 대부분의 사람들이 영적인 탐구를 시작해야 하는 방식일 것으로 생각한다. 그러나 일단 우리의 내면의 여정이 시작되면, 즉 우리가 그리스도 안에서 하느님은 인간과 하느님 사이의 간격을 영원히 극복하고 계신다는 것을 알게 되면, 우리 그리스도인들의 영적 여정은 점차 올라가고 드러내는 것보다는 점차 내려가고 내려놓고 이제까지 알았던 것들을 비우는 일이 된다. 예수를 알아가고 사랑하게 되는 것은, 주로 올라가는 영성이나 우리가 상처를 받지 않은 채 남게 될 수 있다고 생각하는 대신에, 완전히 인간이 되고 상처를 받는 일이 된다. (우리의 에고는 이런 근본적인 방향전환을 좋아하지 않기 때문에 우리는 계속해서 이런 화육(성육신)으로부터 배우려 하는 대신 화육으로부터 벗어나 올라가려고 애쓰면서 일종의 성취 원리로 되돌아가려 한다. 이것이 대부분의 초기 단계 종교의 모습이다.)

예수가 이 세상에 준 것은 우리의 일상적이며 제한된 삶의 정황으로부터 솟아나는 완전한 사랑이 구현된 살아 있는 본보기였다. 나에게는 이것이 예수가 "여자의 몸에서 태어나고 율법의 지배를 받게 하시었다"(갈라디아 4:4)는 바울로의 선언의 중요한 의미이다. 예수 안에서 하느님은 우리의 작은 세상의 한 부분이 되셨고, 인간의 한계들과 일상성 속으로 들어오셨으며, 그의 처음 30년 동안에는 익명으로 머물러 주로 눈에 띄지 않으셨다. 그의 생애를 통해서 예수 자신은 올라가느라고 시간을 보내지는 않았으며, 내려오느라고, 즉 **"오히려 당신의 것을 다 내어놓고 종의 신분을 취하셔서 우리와 똑같은 인간이 되는 데"**(필립비 2:7) 많은 시간을 보냈다. 즉 "우리와 마찬가지로 모든 일에 유혹을 받으셨고"(히브리 4:15), "연약함이라는 한계 속에서 사셨다"(히브리 5:2). 이 장에서는 이런 여정이 우리에게 무엇을 뜻하는지를 성찰하고 싶다.

하느님의 지도

예수는 인간의 전체 여정을 걸었으며 그것을 즐겼으며 또한 그 여정의 고난을 겪었다. 그리고 그는 우리도 똑같이 할 수 있으며 또한 똑같이 해야 한다고 말했다. 예수의 생애는 그 모든 단계들 속에서 펼쳐지는 신비에 대한 본보기가 되었다. 즉 신적인 잉태로부터 시작해서 사랑과 문제들로 가득한 보통의 어른의 삶에 이르기까지, 변모와 깨달음의 순간들을 거쳐 영광스러운 승천에 이르기까지, 그 모든 단계들 속에서 펼쳐지는 신비에 대한 본보기가 되었다. 히브리인들에게 보낸 편지 4:15이 말하는 것처럼, "우리는 우리의 연약함에 공감할 수 없는 대사제를 가진 것이 아니라, 모든 면에서 우리처럼 모든 유혹을 받았지만 결코 되돌아가지 않은 대사제를 갖고 있습니다"(저자 私譯). 우리는 우리 자신의 삶의 깊이와 폭에 대해 두려워할 필요가 없으며, 이 세상이 우리에게 무엇을 주거나 요구하는 것에 대해 두려워할 필요가 없다. 우리는 우리 자신의 경험과 친밀해지고 또한 그 경험으로부터 배우며 사물들의 깊이 속으로 내려가도록 허락을 받았다. 심지어 우리가 어떤 이상화된 순수성이나 우월성의 이름으로 우리의 잘못들을 너무 빠르게 초월하려고 하기 전에, 우리의 잘못들조차도 그 깊이 속으로 내려가도록 허락을 받았다. **하느님은 그 깊음 속에 숨어계시며, 우리가 사물의 표면에 머물러 있는 한 하느님은 볼 수 없다. 심지어 우리의 깊은 죄들 속에도 숨어 계신다.**

의심하는 토마(도마)와 부활한 예수 사이의 원형적인 만남 이야기(요한 20:19-28)는 부활의 사실성을 믿는 것에 관한 이야기가 아니라, 누군가가 **상처를 받고 동시에 부활할 수 있다는 것**을 믿는 것에 관한 이야기이다. 이것은 전혀 다른 메시지이지만, 여전히 절실하게 필요한 메시지이다. 예수는 토마에게 "네 손가락을 내 옆구리에 넣어보아라"(20:27) 하고 말한다. 토마처럼 우리들도 상처를 받고 동시에 우리 모두가 부활한다. 사실상 이것은 요한복음 전체에서 가장 중요한 목회적 메시지일 것이다.

앞에서 나는 위대한 사랑과 큰 고난—치유와 상처받음 모두—은 보편적이며 항상 변화를 이루는 길이라고 말했는데, 그 이유는 위대한 사랑과 큰 고난이 우리의 에고가 보호하려는 것들과 가식으로 꾸미는 것들에서 우리를 벗어나게 해줄 만큼 충분히 강력한 유일한 것들이기 때문이다. 위대한 사랑과 큰 고난은 우리를 다시 하느님께 돌아서게 만드는데, 보통은 큰 고난이 위대한 사랑을 뒤따르게 된다. 나는 이것이 예수 자신이 인류를 하느님에게 돌아서게 만든 방식이라고 믿는다. 그것은 단지 부활이라는 보상을 받는 길만이 아니라 항상 죽음과 상처입음을 포함하는 길이다.

성 보나벤투라(1221-1274)는 이렇게 가르쳤다. "한 사람의 인간으로서 그리스도는 모든 피조물과 공유한 무엇을 갖고 계셨다. 그분은 돌멩이들과 존재를 공유하시며, 식물들과 생명을 공유하시며, 동물들과 감각을 공유하시며, 또한 천사들과는 지성을 공유하신다."1) 보나벤투라는 이 말을 하면서, 아씨시의 성 프란체스코(1181-1226)의 깊은 체험에 신학적인 무게를 실어주려고 했는데, 성 프란체스코는 우리가 아는 한, 동물들과 자연의 모든 요소들을 가족의 이름들("지구 자매, 어머니," "형제 바람,","물 자매,","불 형제")로 부른 최초의 그리스도인이었다.

프란체스코 성인은 이처럼 삼라만상 안에서 완전히 고향을 느꼈다. 그는 가시적인 세계 안에 있는 만물을 실재의 무한히 역동적이며 작동하는 상징들로 보았으며, 또한 우리가 이 땅에서 사는 동안 작은 분량이나마 이미 맛볼 수 있는 천국을 위한 훈련장이자 극장으로 만물을 보

---

1) Bonaventure, *Sermon I, Dom II in Quod* (IX 215-219), trans. Zachary Hayes, "Christ Word of God and Exemplar of Humanity," *The Lord* 46.1 (1996): 13.

았다. 당신이 지금 선택하는 것을 나중에 갖게 된다는 것이 성인들의 깨달음이었던 것처럼 보인다. 나중에 천국에 갈 것이라는 한가한 희망이 아니라 지금 여기에서 살아있는 경험으로서의 천국인 것이다.

우리는 이 세상이나 그 상처들을 뛰어넘은 채 하느님을 사랑하려 할 수는 없다. 우리는 이 세상을 **통해서** 하느님을 사랑해야 하며, 이 세상 **안에서**, 이 세상과 **더불어**, 심지어 이 세상 **때문에** 하느님을 사랑해야 한다. 이것이 바로 그리스도교가 시작하고 선포하며 격려해야 마땅한 메시지이며 또한 예수가 모델이 되어 보여준 메시였다. 우리가 이 세상을 사랑하고 신뢰하도록 지음 받은 것은 "이 동산을 경작하고 돌보도록 하기 위함"이었다(창세기 2:15). 그러나 슬프게도 우리가 더 좋아하는 것은 그 앞에 나오는 "땅을 정복하여라"(1:28)는 말씀이었고, 그래서 한 세대가 지나자 우리는 형제를 죽이는 살인자들이 되었다(4:8). 나는 이것이 우리의 원죄의 또 다른 모습이 아닌가 생각한다. 하느님은 만물 속에 "자신을 비우신다"(필립비 2:7). 그러나 우리 인간들은 역사의 대부분 시간 동안에 우리 자신의 목적과 이익을 위해 피조세계를 정복하고 통제하는 체제들을 만들어내는 데 시간을 보냈다는 점에서 우리는 하느님의 방식을 거꾸로 뒤집어왔던 것이다.

내가 지금 우리의 눈에 보이는 가시적 세계만 믿을 수 있다거나 단순한 유물론을 제안하고 있다고는 생각하지 말기 바란다. 내가 지금 말하는 것은 **물리적이며 물질적이며 영감을 불어넣는 우주와 그 모든 고난 받는 상태를 관찰하고 만지며 사랑하는** 것이 바로 모든 건강한 영성과 모든 참다운 발전의 필수적인 출발점이라는 점에 관한 것이다. 죽음**과** 부활을 말하는 것이지, 죽음이냐 **아니면** 부활이냐를 말하는 것이 아니다. 이것이 정말로 만물의 깊이이다. **어떤 것의 표면에 머물려 하는 것은 반드시 그 메시지를 놓치는 일이며, 심지어 우리의 죄의 표면적인 의미에 머무는 것조차 그 메시지를 놓치는 일이다.**

예수는 토마와 모든 의심하는 사람들을 종교의 **만질 수 있는** 형태 속으로 초대했는데, 이런 종류의 종교는 인간의 고통과 고난을 만짐으로써 자비와 이해 속으로 들어가는 종교이다. 우리들 대부분에게, 타인의 상처를 단지 만지는 것은 아마도 외적인 친절의 행동처럼 느껴질 것이다. 이처럼 상처를 만지도록 한 것이 그 상처받은 이들을 변화시키는 것만큼이나 우리 자신을 변화시키기 위한 것이라는 점을 깨닫지 못한다. (예수가 변화되었다는 시사점은 없으며, 오직 토마만 변화되었다). 인간의 공감은 마음의 공간을 열고 우리를 우리 자신의 몸 안에서 살도록 만드는 최상의 가장 쉬운 방법이다. 하느님은 결코 사람들 대부분이 철학자나 신학자가 되도록 의도하지 않으셨지만, 모두가 하느님의 공감(Sympathy)과 감정이입(Empathy)을 대표하기를 원하신다. 그렇게 되기까지 시간이 좀 걸리는 것은 상관이 없다.

우리의 중심적 메시지를 다시 반복하자면, **하느님은 그들이 되심으로써 그들을 사랑하신다. 우리가 하느님을 사랑하는 것도 이와 똑같은 패턴을 계속하는 방법이다.**

항상 그리고 오직 화육을 통해서

그리스도교의 독특한 트럼프카드는 항상 그리고 영원히 화육이다. 바로 이런 이유 때문에 어느 시대나 서로 다른 이름들로 정죄된 유일한 이단은 화육을 부인하려고 했거나 무모한 영성주의나 경건한 낭만주의로 화육을 무너뜨리려 했던 사람들이다. 이런 경향을 총칭해서 부르는 이름이 "영지주의(Gnosticism)"인데, 나는 때때로 교회가 그것을 그토록 정죄했던 이유가 우리 자신이 얼마나 무모하며 영지주의적인지를 무의식적으로 알았기 때문이 아닌가 생각할 때가 있다. "저 너머에 있는 그것을 정죄하는 반면에 여기에 있는 그것은 인정하라"는 말은 권력기관이 흔히 사용하는 일반적인 정책이다. 그러나 시인이며 지혜로운 웬델 베리(Wendell Berry)가 자주 말하듯이, "우리에게 필요한 것은 여기다."2) 인류는 공산주의와 나치즘처럼 거대하며 포괄적인 사회학적 계획들에 대해 싫증나게 되었으며, 또한 우리의 경험을 통해 그 타당성을 증명할 수 없는 비현실적인 영성에 대해서도 싫증나게 되었다. 너무나 자주 그런 것들은 권력과 통제를 위한 음모를 감추고 있으며, 우리들 눈앞에서 옳은 것들로부터 우리의 정신을 몽롱하게 만들며 산란하게 만든다. 이것이 바로 우리가 예수의 복음을 "여기 안에" 있는 것과 반대되는 "저기 밖에" 있는 것으로 강조할 때 벌어지는 일이다. 예를 들어, 예수의 동정녀 탄생을 문자적인 믿음으로 강조하는 것은 매우 훌륭한 신학적 상징주의이지만, 그것이 내면적인 청빈의 영성, 잉태할 준비성, 인간의 취약성을 뜻하는 것으로 번역되지 않는다면, 그것은 이사야서에 표현된 것처럼 "단순히 사람들에게서 배운 교훈"(29:13)에 불과하다. 그것은 아무도 "구원하지" 않는다. 마찬가지로 예수가 죽은 자들로부터 부활했다는 것을 지적으로 믿는 것은 훌륭한 출발점이지만, 십자가에 처형

---

2) Wendell Berry, "The Wild Geese," in *Collected Poems* (Berkeley: North Point Press, 1984), 155-156.

된 예수와 부활한 예수는 모든 인간, 그리고 심지어 우주의 여정에 관한 비유라는 것을 깨닫고 충격을 받기까지는, 그런 믿음은 어느 누구나 세상을 별로 변화시키지 못한 채 그냥 내버려두는 믿음, 해롭지는 않더라도 아무런 도움도 주지 못하는 믿음에 불과하다.

우리는 사물의 깊이 속으로 들어가고 그 깊이 속에서 하느님의 영을 발견하기 위해 필요한 기술들을 획득하고 있으며 또한 그런 기술들에 다가가고 있다. 그런 기술들을 심리학, 훈련받은 영적 지도, 애니어그램, 마이어스-브릭스의 유형론(Myers-Briggs typology), 애도와 비탄의 과정, 또는 통합 이론(Integral Theory)이나 야생 훈련을 통해 얻게 될 때,3) 그런 도구들은 우리로 하여금 과거 어느 때보다도 더욱 인간의 내면성과 깊이에 대해 검토하고 신뢰하도록 도와준다. 내 인생에서 가장 근본적인 영적 체험들 가운데 하나는 1984년에 심리치료사 아이라 프로고프(Ira Progoff)가 인도한 글쓰기 피정에서였다. 오하이오주 데이턴에서 열린 그 피정에서, 프로고프는 우리로 하여금 매우 인간적이며 일상적인 질문들에 관해 며칠 동안 사적으로 글을 쓰게 했다. 나는 나 자신의 몸과 처음 대화했던 것, 내가 가보지 않았던 길들과 대화했던 것, 구체적인 사건들과 사람들과 대화했던 것, 나 자신의 과거의 결정들과 대화했던 것 등을 기억한다.

내가 배웠던 것은 만일 그 조용한 공간, 그 질문 자체들, 빈 공책이 내 앞에 놓여있지 않았다면, 나는 결코 내 속에 무엇이 있는지를 알지 못했을 것이다. 프로고프 박사는 나를 비롯해서 많은 사람들이 서서히

---

3) Illuman.org. Outward Bound, Bill Plotkin Animas training, New Warrior Training, 등등.

눈물을 흘리고 금식기도를 하도록 도와주었으며, 마침내는 내가 전혀 있는 줄도 몰랐던 내 자신 속의 깊이를 발견함으로써 강렬한 행복과 감사를 깨닫도록 도와주었다. 나는 지금도 내가 40년 전에 썼던 것들을 다시 읽어봄으로써 새로운 용기와 치유를 얻는다. 그리고 그 모든 것은 내 안으로부터 나왔다!

오늘날 우리는 인류 역사에서 오직 극소수의 사람들만이 다가갈 수 있었던 내면의 깊이 속으로 들어갈 수 있는 자유와 도구들을 갖고 있다. 우리가 그것들을 사용하지 않는다면 얼마나 부끄러운 일인가! 우리가 **밖으로** 나가는 최상의 방법은 먼저 **안으로** 들어가는 방법이다. 우리가 **위를** 신뢰할 수 있는 유일한 방법은 우리가 **아래로** 내려가는 방법이다. 이것이 바로 고대부터 남자들의 성인식 밑에 깔린 생각이었다. 그러나 오늘날에는 그런 내면의 여정들, 기본적인 성인식 체험들은 흔히 "참된 종교"에서 말초적인 것으로 간주된다.

"안으로" 그리고 "아래로" 가는 길

내가 이처럼 경험적인 것을 너무나 많이 강조한다고 생각한다면, 예수와 바울로 모두 자신들의 유대인 종교의 현상유지에 맞서서 자신들의 하느님 체험을 신뢰했다는 점을 기억하기 바란다. 이처럼 깊은 신뢰 때문에 바울로는, 이방인들 가운데 개종자들도 유대인들의 할례 의식을 받을 필요가 있는지 하는 문제를 놓고, 첫 번째 교황이 될 베드로에 반대하여, "그에게 면박을 주었다"(갈라디아 2:11-13). 바울로와 그의 동역자 바르나바(바나바)는 곧이어 예루살렘에서 초기 그리스도교의 전체 지도자들 앞에서 똑같은 주장을 반복했으며(사도행전 15:1-12), 더 나아가 전체 이방인 세계(즉 우리들 대부분)를 포함시켜야 한다고 주장했다. 또한 그들이 이런 주장을 펼친 근거는 바울이 다마스커스로 가던 길에서 또한 그 이후에 **경험했다**는 권위가 전부였다. 바울로가 한 번 이상 할례를 거부한 것(갈라디아 5:12 참조)은 내가 세례의 중요성을 부인하는 것과 같을 것이다. 예수가 안식일에 일한 제자들을 변호한 것(마태오 12: 1ff)은 내가 화요일 미사가 주일 미사만큼 중요하다고 말하는 것과 같을 것이다(물론 그렇다. 단지 주일날은 공동체 예배로 결정된 역사적 합의가 있었다.) 예수에게 "당신은 무슨 권한으로 이런 일들을 합니까? 누가 이런 권한을 주었습니까?" 하고 물었던 사제들과 원로들의 물음은 당연했다. 나 역시도 예수와 바울로에게 똑같은 질문을 했을 것이라는 점을 인정해야 한다.

신약성서의 신앙은 결국 두 사람이 쓴 것인데, 그들은 하느님의 방식들에 대한 자신들의 내적인 경험을 철저히 의존한 사람들로서, 당시 대다수 사람들의 지배적인 인식은 전혀 다르게 주장했음에도 불구하고 자신들의 내적인 경험을 의존했던 사람들이다. 도대체 그들은 어떻게 그런 지배적인 인식에서 벗어날 수 있었는가? 그 대답은 그들의 생애 동안에는 대체로 벗어나지 못했다는 것이다. 단지 후대에 성인들과 학자들이, 예수와 바울로는 자신들의 전통의 가장 깊은 원천에서 진리를 찾아내어 보다 큰 세계를 위해 그 전통을 완전히 재구성했다고 이해했다. 예수와 바울로는 모든 예언자들처럼 "급진적인 전통주의자"였다. 우리가 무엇인가를 장기적으로 개혁할 수 있는 것은 그것들을 안에서부터, 즉 그 자체의 선택된 권위적인 원천을 통해서 그 자물쇠를 풀어내는

방법을 통해서다. 바깥에 있는 사람들은 무엇이든 개혁할 능력이나 권한이 별로 없다.

모든 전통과 전통주의자들은 자신들의 권위를 세울 성스러운 물건, 장소, 사건, 사람들을 찾는데, 이것이 정상적이며 좋은 방법이다. 일단 우리가 그런 기초를 찾으면, 우리는 순례를 하거나, 경전을 쓰며, 무덤들을 방문하고 관습들을 창조하여, 그것들이 신성불가침의 전통들이 될 때까지 그 일을 계속한다. 우리는 거룩한 바위에 입을 맞추고, 그림을 그리고 성스러운 건축물을 창조하고, 진심으로 울고, 흔히 절대자에 대한 우리의 상징에 귀의한다. 그러나 이런 토템들, 제의들, 무덤들(우리의 경우엔 빈 무덤), 그리고 거룩한 장소들은 단지 우리들로 하여금 그 길을 시작하게 만드는 초기의 이정표들에 불과하다. 그러나 화육의 완전한 신비는 단지 그런 사물들을 가리키는 것이 아니라 그 사물들의 **깊이**, 그 사물들의 온전함, 그 사물들의 영혼, 그리고 누군가 "사물들의 천사들(angels of things)"이라고 불렀던 것을 가리킨다.

성서신학자 월터 윙크는 『사탄의 가면을 벗겨라』(*Unmaking the Powers*)[4])에서, 피조세계의 이런 본래적인 성스러움에 관한 직관이 바로 성서가 "천사들"을 말할 때 가리키는 것이라는 점을 매우 설득력 있게 제시했다. 윙크는 천사가 **어떤 사물의 내적인 영**(spirit) **또는 영혼**(soul)이라고 믿었다. 우리가 "천사"나 어떤 사물의 영혼을 존중할 때, 우리는 그 내적인 영을 존중하는 것이다. 그리고 만일 우리가 사물들의 영

---

4) Walter Wink, 『사탄의 가면을 벗겨라: 인간의 삶을 결정하는 보이지 않는 힘들』 (박 만 역, 한국기독교연구소, 2005).

혼에 주목하는 방법을 배우게 되면, 즉 자연의 요소들, 동물들, 땅, 물, 하늘의 "천사들"을 보는 방법을 배우게 되면, 우리는 자연스럽게 존재의 거대한 사슬을 통해서 그 최종적 고리, 즉 많은 사람들이 하느님이라고 부르는 고리에 도달할 수 있다. 아름다운 파스텔 옷을 입은 예쁘고 날개가 달린 천사들에 관한 우리의 오래된 믿음을 해체하느라 시간을 낭비해서는 안 된다. 만일 그런다면, 우리는 그 천사들이 가리키는 것을 놓치고 만다. **우리는 해체하는 것만이 아니라 재건할 필요가 있다.** 그러면 우리는 어디에서든 천사를 볼 수 있다.

내가 지금 말하는 것은 우리가 **여기에**(here) 있으면서 또한 동시에 **여기의 깊이**(depth of here) 속에도 있어야만 한다는 점이다. 예수는 여기이며, 그리스도는 여기의 깊이다. 이것이 내 생각에 화육의 본질이며, 또한 관상기도의 선물이다. 우리가 배워야 하는 것은 사물들을 있는 그대로, 그 깊이 안에서, 그 영혼 안에서, 그리고 그 온전함 안에서 사랑하고 향유하는 것이다. 관상기도는 "두 번째 응시(the second gaze)"로서, 그것을 통해서 우리는 어떤 것을 그 특수성 안에서 보며 동시에 훨씬 큰 틀 안에서 본다. 우리는 그것이 주는 기쁨을 통해 그것을 아는데, 이것은 어떤 것이 돈, 권력, 성공의 관점에서 우리에게 주는 것보다 훨씬 더 큰 것이다.

예술 작품 두 점이 나에게 이런 화육적인 통찰력과 관상기도의 통찰력을 주었다. 첫 번째 그림은 내가 뉘렘베르크 미술관에서 본 한스 쿨룸바흐(Hans Kulmbach)의 그림이다. 그 그림은 그리스도의 승천을 그린 큰 화폭의 맨 위에 예수의 두 발을 그린 것이다. 화폭의 대부분을 차지한 것은 사도들인데, 그들은 눈을 들어 그리스도의 두 발이 화폭의 맨 위에서부터 벗어나 아마도 영적인 영역 속으로 들어가는 모습을 올려다보고 있는 모습이다. 그 이미지는 나에게 큰 감명을 주었다. 나 역시 그 그림 너머 미술관의 천정을 향해 바라보았는데, 내 눈은 다른 곳에서 메시지를 찾고 있었다. 그 순간은 정말 종교적 순간이었다. 나를 그 그림 너머로 데려가면서 동시에 내가 서 있던 방 속으로 다시 데려간 순간이었다. 그것은 그리스도를 단지 그의 승천만이 아니라 우리의 승천까지 포함한 집합적 의미에서 이해한 또 하나의 순간이었다. 골로사이 2:11-15과 에페소서 2:4-6과 같은 본문들을 보면, 구원을 분명히 과거시제로 표현할 뿐 아니라 집합적 의미로도 표현하고 있다. 왜 우리는 이런 점을 주목하지 못했는가?

두 번째 작품은 이탈리아 아씨시의 바실리카에 있는 성 프란체스코의 청동상이다. 그 조각가의 이름은 알려지지 않았지만, 프란체스코가 경외와 경탄의 눈빛으로 흙먼지를 내려다보는 모습으로서, 이것은 매우 기이하며 거의 충격적인 모습이다. 성령은 거의 언제나 위에서 내려오는 모습으로 그려지지만, 여기서는 아래서 올라오는 모습으로, 심지어 흙먼지 속에 감추어진 모습으로 형상화되어 있다. 나는 아씨시에 갈 때마다 반드시 이 청동상을 보았지만, 대부분의 사람들이 이것을 놓치는 이유는 그 청동상이 그리스도의 메시지 자체처럼, 작고 벗어난 곳에 있기 때문일 것이다. "진실로 당신은 숨어계신 하느님입니다"라고 이사야는 말한다(45:15). 하느님은 구름으로부터 내려오시는 대신에 흙먼지와 진흙 속에 숨어계신다. 이것이 중요한 위치 전위(transposition of place)다. 일단 우리가 "말씀이 육신이 된" 기적이 우주의 본질이 되었다는 사실을 알게 되면, 우리는 행복하고 거룩할 수밖에 없다. 우리가 무엇보다 먼저 필요로 하는 것은 여기이다!

이 예술 작품 두 점 모두는 두 세계를 서로 다른 관점들로부터 하나로 결합시킨다. 그러나 그 두 이미지들 모두에서, **위치들을 선도적으로 바꾸신 분은 하느님이시다.** 아마도 예술가들은 많은 신학자들보다 더 쉽게 이 신비에 다가간 것이 아닐까? 우뇌는 흔히 좌뇌보다 더 빨리 그리고 더 쉽게 그곳에 도달하는데, 우리는 좌뇌가 우리의 교회들을 장악하도록 한 것이다.

나는 우리가 하느님의 형상(*Imago Dei*)의 초보적 형태를 우선 돌멩이들, 식물들과 꽃들, 기이한 동물들, 빵과 포도주 안에서 볼 수 없다면, 그리고 특히 우리들 자신의 객관적인 신적인 형상을 공경할 수 없다면, 우리의 동료인간들에게서 하느님의 형상을 볼 수 있을 것이라고는 생각하지 않는다. 이것이 몸 전체를 새로 조율하는 것이며, 영적인 여정이다. 이것은 정말로 **모두이거나 아무것도 아닌 존재**로 끝나며, **여기서와 그 다음엔 모든 곳에서** (하느님의 형상을) 경험하는 것으로 끝난다.

주목, 경이, 존경

이처럼 관점을 바꾸는 것, 즉 밑에서부터 위로, 그리고 안에서부터 밖으로 관점을 바꾸는 것은 종교적 언어로 표현될 수도 있고 완전히 세속적 언어로 표현될 수도 있다. 말은 실체 자체(독일인들이 말하는 *Ding an sich*)가 아니다. 우리가 실체를 볼 때 우리 모두는 주목하는 것(re-spect = to see a second time)을 안다. 그 실체가 우리의 눈길을 부드럽게 만들기 때문에 우리 모두는 존경을 안다. **우리를 주목하게 만들거나 존경하게 만드는 모든 대상은 그 순간에 우리에게 "그리스도" 또는 기름부음을 받은 것이다.** 비록 우리에게 그런 주목과 존경을 깨우쳐주는 통로가 어느 헌신적인 과학자, 해변을 청소하는 노인, 그 이웃을 위해서 또 다른 수고를 계속하는 여인, 우리의 얼굴을 열심히 핥는 반려견, 또는 도시의 광장을 가로지르는 비둘기 한 마리의 모습이라 할지라도 말이다.

관상기도의 두 번째 눈길로 세상 만물을 바라보는 사람들, 사물들을 존중하는 마음으로 바라보는 사람들은 비록 그들이 공식적인 종교인들이 아니라 할지라도 모두 "그리스도 안에" 있다. 그들에게는 토머스 머튼이 말한 것처럼 "천국의 문이 어디에나 있다." 왜냐하면 그들은 자신들 앞에 놓인 것을 언제나 존중할 자유가 있기 때문이다.[5]

---

[5] Thomas Merton, *Conjectures of a Guilty Bystander* (Garden City, NY: Doubleday, 1966), 142.

10장

여성적 화육(성육신)

주께서 여종의 비천한 신세를 돌보셨습니다. 이제부터는 온 백성이 나를 복되다 하리니, 전능하신 분께서 나에게 큰일을 해주신 덕분입니다. 주님은 거룩하신 분

— 루가 1:48-49

나는 이 짧은 장에서 어떤 모험을 감행할 것이지만, 그럴 가치가 있다고 믿는 이유는 많은 사람들에게 이 장은 가장 중요한 돌파구가 될 수 있을 것이기 때문이다. 나는 남성이기 때문에, 여성성에 대한 나 자신의 관점은 분명히 제한되어 있다. 그러나 이것은 매우 중요하지만 흔히 간과되는 주제이기 때문에, 나는 우리 모두를 남성의 지혜와는 흔히 **질적으로** 다른 여성의 지혜를 되찾고 공경하도록 초대해야만 한다. 나는 내 어머니(나는 어머니가 가장 좋아한 자녀였다)와 위아래 누이들과의 경험, 그리고 오랜 시간 동안 만났던 많은 여자 친구들과 동료들, 그리고 내가 만난 하느님의 본성에 대한 경험에 의존할 것이다. 나의 이런 관점이 당신 자신이 여성적 하느님과 만난 경험을 신뢰하도록 초대

할 수도 있을 것이다. 많은 사람들에게는 이것이 전혀 새로운 경험일 수 있다. 왜냐하면 사람들은 항상 하느님이 남성적이라고 잘못 생각하기 때문이다.

비록 예수는 분명히 남성 젠더였지만, 그리스도는 젠더를 초월한다. 따라서 위대한 전통은 신의 완전한 화육을 상징하기 위해 (의식적이든 무의식적이든) 여성적 방법들을 발견하고, 또한 성서 자체가 흔히 보여주는 것처럼 하느님의 좀 더 여성적인 성격을 드러낸다.1)

나는 유럽에 갈 때마다 얼마나 많은 교회들이 예수의 어머니 마리아의 이름을 갖고 있는지 놀라곤 한다. 내가 방문한 프랑스 도시들마다 "… 노트르담" 교회가 있었는데, 심지어 작은 도시에도 두세 개의 교회가 그런 이름을 갖고 있었다. 어떤 교회들은 크고 화려하지만, 대부분은 매우 오래된 교회로서 보통 비신자들에게도 존경심과 경건심을 불러일으킨다. 그래서 나는 때때로 이런 그리스도인들이 도대체 누구이기에 예수보다 마리아를 더 공경하는 사람들인지 의아하게 생각할 때가 있다. 신약성서는 마리아에 대해 별로 말하지 않는다. 개신교 종교개혁이 우리들 카톨릭과 동방교회가 열중하고 있는 것에 대해 그토록 강하게 반발했던 것은 놀라운 일이 아니다.

---

1) 16세기 이후 서양인들이 좀 더 합리적이며 문자적이 되었을 때, 우리들 대부분은 상징적으로 생각하는 방법, 알레고리칼하게 또는 유형론적으로 생각하는 방법을 중단하게 되었다. 그렇게 함으로써 우리는 하느님과 우리들 자신에 대해 영적이며 직관적이며 비합리적으로 이해하는 데서 매우 중요한 무엇인가를 잃어버렸다. 우리는 사유의 영역을 상당히 협소하게 만들었고 내면적인 종교적 체험의 가능성을 사실상 축소해버렸다. 성서는 문학이 어떻게 "작용하는지"를 배우지 않는 핑계가 되었다. 카톨릭 신자들은 상징에 치중했던 반면에, 개신교인들은 그에 대한 반작용으로 상징적인 면에서 매우 굶주리게 되었다.

그리스도교의 처음 1400년 동안 동방교회와 서방교회 모두에서 도대체 왜 이처럼 평범한 여성처럼 보이는 마리아에 대해 그토록 홀딱 빠지게 되었는가? 유럽의 마을에 있는 교회들은 마리아에게 "하느님의 어머니(*Theotokos*)," "천국의 여왕(*Notre Dame*)," "동정녀(*La Virgen*)," "우리의 애상의 어머니(*Unsere Liebe Frau*)," "우리를 영원히 도우시는 성모님(*Our Lady of Perpetual Help*)," "성모님(*Our Lady*)" 등의 이름을 붙였다. 우리는 여기서 분명히 한 여성을 말하는 것이 아니라 기초가 되는 상징, 즉 카를 융의 표현으로 "원형(an archetype)"을 말하는 것으로서, 논리적으로 전달될 수 없는 수많은 의미 전체를 아우르는 이미지를 말하는 것이다. 그것이 우리의 집단적 의식에 어떤 방식으로든 기초한 것이 아니라면, 그처럼 오랜 시대에 걸쳐 폭넓게 등장하지 않을 것이다. 이런 것을 가볍게 치부하는 것은 어리석은 일이 된다.

신화적인 상상력에서, 나는 마리아가 첫 번째 화육, 또는 어머니 지구(Morther Earth)를 직관적으로 상징하는 것이라고 생각한다. (내가 마리아를 첫 번째 화육이라고 말하는 것은 마리아가 그 화육의 자연적 원형과 상징이 되었고 특히 예술에서 마돈나가 서양 미술에서 아직까지 가장 많이 그려지고 있기 때문은 아니다.) 나는 마리아가 그리스도 신비를 위한 가장 중요한 여성적 원형이라고 믿는다. 이 원형은 이미 소피아(*Sophia*)나 거룩한 지혜(잠언 8:1ff; 지혜서 7:7ff)로 나타났으며, 또한 요한의 묵시록(12:1-17)에서도 "태양을 입고 달을 밟고 서 있는 여자"라는 우주적 상징으로 나타났다. 소피아나 묵시록의 여자는 정확히 나자렛의 마리아가 아니지만, 그 둘 모두는 각각 여러 방식으로 여성적 하느님에 대한 우리의 이해를 넓혀준다.

카를 융은 인간이 예술 작품으로 만들어내는 것은 **영혼이 그 자체를 보기 위해서 또한 그 자체의 변형을 위해서 필요한 내적인 이미지들**이라고 믿었다. 세상의 미술관들, 교회들, 집 안에 걸려 있는 얼마나 많은 그림들이 멋진 옷을 차려입은 여성과 보통 벌거벗은 남자아기를 통해서 우리로 하여금 감탄하게 만드는지를 생각해보라. 이런 이미지가 이처럼 도처에 나타나는 것은 우리의 영혼의 차원에서 무엇을 말해주고 있는가? 나는 그것이 다음과 같은 것들이라고 생각한다:

첫 번째 화육(창조/삼라만상)은 소피아의 화육, 아름답고 여성적이며 다양한 색깔의 은혜로운 마리아로 상징된다.

마리아는 으레 우리에게 예수를 제공하는데, 그 예수는 하느님이 취약성과 벌거벗음 속으로 화육하신 존재이다.

마리아는 첫 번째 보편적인 화육의 상징이 되었다.

그 다음에 마리아는 두 번째 화육을 우리에게 넘겨주면서 배경에 머물러 있다. 초점은 항상 그 아기에게 맞추어져 있다.

어머니 지구는 영적인 아들을 선물하는데, 이것이 화육의 처음 두 단계이다.

여성적 수용성은 마리아의 받아들임(yes)이라는 열매를 넘겨준다.

그리고 우리들 자신도 그분의 뜻을 받아들이도록 초청한다.

이것에는 많은 사람들이 영혼을 매우 만족시키는 온전함이 있다.

나는 당신이 이런 나의 생각을 단순히 최신 유행을 따르는 페미니즘으로 무시해버리거나 아니면 단순히 교회의 가부장제가 저지른 죄들 때문에, 또는 교회가 하느님에 대한 여성적 이해를 인정하고 공경하지 않은 것 때문에 교회를 떠난 사람들의 관심을 표명하는 것이라고 무시해버리지 않기를 바란다. 우리는 항상 여성적 화육을 갖고 있었으며, 사실상 그것은 첫 번째 화육이었고, 더욱 좋게 보자면 그것이 우리 모두를 포함하는 방향으로 나아갔던 것이다. **마리아는 그 선물을 받고 또한 넘겨주는 우리들 모두이다.** 우리가 마리아를 좋아한 것은 마리아가 하느님이 아니라 우리들 가운데 한 사람이었기 때문이다.

나는 처음 천 년 동안의 그리스도인들이 이것을 직관적인 차원과 알레고리적인 차원에서 이해했다고 생각한다. 그러나 상당히 필요했던 개신교 종교개혁 시대에 이르러서는, 우리가 볼 수 있었던 것 전부는 "그러나 그녀는 하느님이 아니다"라는 것뿐이었다. 이것은 전적으로 옳다. 그러나 우리는 더 이상 전체를 볼 수 없게 되었으며, 심지어 "마리아는 우리들이다"라는 것조차 볼 수 없게 되었다. 바로 이런 이유 때문에 우리는 그 이유는 완전히 이해하지 못한 채 마리아를 사랑했던 것이다. (인류의 상당수는 무조건적인 사랑이 남성들보다는 여성성과 모성에서부터 나온다는 것을 훨씬 쉽게 상상할 수 있다.) 나는 남성으로서 이것을 말할 수밖에 없다!

마리아에 대한 많은 형상 가운데서 우리는 우리들 자신의 여성적 영혼을 본다. 우리는 마리아 안에서 우리들 자신을 볼 필요가 있으며, 마리아와 함께 "주께서 나의 비천한 신세를 돌보셨습니다. 이제부터는 온 백성이 나를 복되다 할 것입니다"(루가 1:48)라고 말할 필요가 있다.

나는 여기서 위험을 인식하고 있으며, 또한 많은 카톨릭 신자들이 많은 실제적인 목적 때문에 마리아를 신격화하는데, 아마도 감상주의 때문일 것이라는 점을 인정한다. 동시에 나는 보다 깊고 보다 정교한 메시지를 고려하고 싶다. 나는 종종 많은 카톨릭 신자들이 마리아에 대한 조잡한 신학을 갖고 있는 동시에 탁월한 심리학을 갖고 있다고 말하곤 했다. 즉 **사람들은 우리의 어머니들이 우리에게 선물을 주고 우리를 양육하며 항상 우리를 용서하는 것을 좋아하며 그런 어머니를 필요로 하여 신뢰하는데, 그 모든 것은 우리가 하느님으로부터 원하는 것들이다.** 내가 오랫동안 남성 집단들과 함께 일한 경험이 이것을 확신시켜주었다. 사실상 어느 문화가 마초적이며 가부장적일수록, 그 문화는 더욱 마리아에 귀의한다. 한번은 텍사스주 카우보이 지역에 있는 어느 카톨릭교회 안에서 열한 가지 마리아 형상을 세어보았던 적이 있었다. 나는 그것이 하나의 문화로서 무의식적으로 스스로 균형을 잡으려는 노력으로 이해하지만, 별로 성공하지는 못한다. 똑같은 방식으로 마리아는 카톨릭교회의 여성 신도들에게, 온통 남성들이 앞장서는 현장에서 반대 균형을 잡으려는 여성적 이미지를 제공한다.

인류는 항상 모든 문화와 시대마다 그리스도를 받아들였으며, 또한 여성들은 가장 자연스럽게 신의 선물을 받는 사람들로 형상화된다. 예컨대, 빌렌도르프(Willendorf, 오스트리아 북부 지역, 1909년에 여기서 출토된 "빌렌도르프의 비너스"는 구석기시대 여인상으로 유방, 복부, 둔부를 크게 과장해서 출산과 풍요를 기원하는 모습이다—역자주), 에페소(고대 "아르테미스 신전"과 예수가 죽은 후 사도 요한이 성모 마리의 여생을 돌보며 지낸 곳으로 알려진 "성모 마리아의 집"이 있다—역자주), 콘스탄티노플(오늘날의 이스탄불, 성 소피아 성당이 있다—역자주), 라벤나(이탈리아 북동부 해안 도시로서 여러 성당에서 많은 마돈나 상을 볼 수 있다—역자주), 카르멜 산(이스라엘 북부 해안 하이파 근처에 있는 산으로서, 성모교회에는 왕관을 쓴 성모와 아기 예수상이 있다—역자주), 검은 마돈나(카톨릭교회와 동방정교회에서 볼 수 있는 검은 마돈나 상은 유럽에만 400~500개 있다—역자주), 발렌시아(스페인 동부 해안도시로서 화려한 성모상이 유명하다—역자주), 월싱엄(런던 북부 노퍽 지역의 작은 마을로서 마리아 성소로 유명하며 영국의 대표적인 순례지 가운데 하나다—역자주), 과달루페(멕시코시티의 과달루페 성모성당은 세계에서 가장 대표적인 순례지이다—역자주) 등을 생각해 보면, 세계 어느 나라든 마침내는 그 자신의 여성적 이미지를 갖게 되었는데, 그 이미지는 (그녀의 두뇌 속이 아니라) 그녀의 몸속에 그리스도를 받아들인 이미지였다. 또한 항상 보편적인 대명사 "**우리의 성모님**"이라고 하지, 결코 "나의 성모님"이라고 하지 않는다는 점도 주목하라. 이것은 우리가 집합적 인격(전체를 대표하는)을 말하는 것이며, 구원에 대한 집합적 이해를 말하는 분명한 표지이다. "우리의 주님"이나 "우리의 아버지"도 마찬가지다. 나는 결코 공식적 예배기도에서 "나의 예수님"이나 "나의 주님"이라는 말을 들어본 적이 없다. 적어도 역사적 교회들에서는 하느님과 마리아를 항상 공유된 경험으로 부르지만, 나중에는 복음 전체의 메시지가 개인화되었다.

남성 신들은 하늘에서부터 오는 **경향**이 있으며 보통 태양, 하늘, 권력, 빛과 연관되어 있다는 것은 흥미롭다. 그러나 대부분의 신화와 전설들에서, 여성 신들은 땅이나 바다에서 나오며 흔히 풍작, 섬세함, 암흑, 양육과 연관된다. 으레 "태양 형제"와 "달 자매"이지만, 독일어에서는 예외적이다! (독일어에서 태양을 뜻하는 Sonne는 여성명사이며, 달을 뜻하는 Mond는 남성명사이다—역자주). 만일 삼라만상이 정말로 첫 번째 화육이며 "첫 번째 성서"(로마서 1:20)라면, 또한 어머니가 아이보다 앞선다면, 물리적이며 지상적이며 구체적인 상징들은 정신, 예술, 전통에서 "어머니 지구"(결코 "아버지 지구"가 아니다)로 인식되는 것이 전혀 놀라울 것이 없다. 이런 직관으로부터 그리스도교의 처음 1400년 동안, 동방교회와 서방교회는 성모 마리아를 항상 아름답고 찬란한 색깔의 옷을 입고 흔히 왕관을 쓴 모습으로 만들어, 더 이상 나자렛의 단순하고 가난한 처녀가 아닌 모습으로 변형시켰다.

또 하나 중요하게 성서 밖에서 등장한 믿음은 마리아가 죽은 후 그녀의 몸이 승천했다는 넓게 퍼진 믿음이다. (이것은 바티칸 당국이 1950년에 그 교리를 선포하기 전에 실제로 조사를 했던 내가 아는 유일한 경우이다. 그 결과 대부분의 카톨릭 신자들은 이것을 공식적으로 배우지 않았지만 이미 믿고 있었다. 이것을 "신자들의 보편적 인식 [*sensus fidelium*]"이라고 부른다.) 마리아의 승천 이야기는 성서 어디에서도 찾아볼 수 없다―만일 묵시록 12장을 그런 원형적 방식으로 읽지 않는다면 말이다. 그러나 그 승천 이야기는 4세기 때부터 그리스도인들 사이에 회자되었다. 바티칸 당국이 이 교리를 공식화했을 때, 카를 융은 이것이 "20세기의 가장 중요한 신학적 발전"이라고 간주했는데, 그 이유는 이 교리가 **한 여성의 몸**이 영원한 영역들 안에 영구적으로 존재한다는 것을 선포했기 때문이다. 이로써 남성 신들의 형상들만이 있던 만신전이 영원히 여성화되었으며, 더 나아가 영혼이나 영들만이 아니라 인간의 몸들이 신격화 과정에 참여할 수 있다고 선포된 것이다. 이것은 정말로 중요한 것이다. 마리아 상징은 물질과 영, 여성적 어머니와 남성적 아기, 땅과 하늘처럼 둘로 완전히 나뉘었던 세계를 하나로 결합시켰기 때문이다. 그런 결합을 우리가 좋아하건 싫어하건 간에, 무의식이 그것을 결합시켰다고 나는 생각한다. 많은 사람들이 의식적으로 그것에 맞서 싸웠지만, 내 생각에는 그들 자신이 중요한 것을 잃었을 뿐이다. 이제 세상 사람들은 대부분 그리스도교가 절망적으로 가부장적이라고 비판한다.

하느님에게 "예스(yes)"라고 말하기

요점은 많은 사람들이 예수보다는 마리아와 자기 동일시를 할 수 있는 이유가 마리아는 하느님이 **아니라**, 우리가 하느님에게 "예스(yes)"라고 말하는 원형이기 때문이다! 마리아에게는 단 하나의 영웅적인 행동도 그녀의 몫으로 돌려지지 않지만 단지 하느님에 대한 신뢰 자체는 그녀의 몫이다. **순수한 존재로서 아무런 일도 하지 않는 존재 말이다.** 마리아가 처음에 천사 가브리엘에게 "예스"라고 말한 것에서부터(루가 1:38), 예수의 출생 자체에 대한 "예스"(2:7)를 거쳐, 십자가 밑에서 마지막 "예스"를 하기까지(요한 19:25), 또한 불처럼 성령이 강림하던 오순절에 완전히 참여하기까지(사도행전 1:14에는 마리아가 성령이 처음 강림할 때 있었던 유일한 여성이었다), 마리아는 복음서 이야기들의 중요한 순간들마다 때맞추어 나타난다. 마리아는 모든 여성이며 모든 남성이다. 이런 이유 때문에 나는 마리아를 보편적 화육을 위한 여성적 상징이라고 부르는 것이다.

마리아는 그리스도가 세상 속으로 태어나기 위해 인류가 영원히 필요로 하는 "위대한 예스(Great Yes)"이다. 심지어 가수 폴 매카트니조차도 이런 생각을 그의 노래 "Let It Be"에서 영원한 것으로 만들었다. 비록 그는 자기의 어머니 마리아에 관해 말하고 있지만 말이다.

어머니 마리아가 내게 다가와서
지혜로운 말씀을 하셨는데 "뜻대로 되게 하라!"

(하느님의 뜻에 대한) 바로 이런 "위대한 예스" 때문에 처음 천 년 동안에 사람들이 마리아를 그토록 사랑했던 것이다. 마리아 속에서 우리는 하느님이 우리에게 결코 강요될 수 없으며, 또한 하느님은 결코 초대받지 않은 상태에서는 오시지 않는다는 것을 깨닫는다.

만일 그리스도와 예수가 하느님이 하시는 일의 원형들이라면, 마리아는 **하느님이 하시는 일을 어떻게 받아들이는지**에 대한 원형이며 또한 그것을 **어떻게 다른 사람들에게 전하는가**에 대한 원형이다. 미술에서 마리아는 항상 예수를 관찰자에게 제공하거나 우리로 하여금 예수에게 오도록 초청하는 모습이다. 1950년대에 카톨릭 신자들은 "마리아를 통해서 예수에게"라고 말하곤 했다. 이것 역시 매우 조잡한 신학이지만 많은 사람들에게 매우 효과적인 심리학이며 교육학이다.

마리아 안에서 인류는 하느님에 대한 **우리의** "영원한 예스(eternal yes)"를 말했다.

"예스(yes)"라고 말한 것은 되무를 수 없다.

집합적인 예스(yes)는 우리의 수많은 "노(no)"를 무효로 만든다.

바로 이런 이유 때문에 마리아는 흔히 "새로운 하와(New Eve)", 즉 첫 번째 하와가 '노' 하면서 순종하지 않았던 것을 원래상태로 되돌려 놓았으며, 그래서 하와를 유혹했던 뱀(창세기 3:15)을 짓밟고 있는 모습으로 그려졌다.

오늘날 우리는 우리 사회의 많은 차원에서 성숙한 여성성에 대한 엄청난 갈망을 목격하고 있다. 우리의 정치, 경제, 정신, 문화, 지도력, 그리고 신학에서 이런 성숙한 여성성에 대해 갈망하게 된 이유는 그런 모든 분야들이 지나치게 전쟁처럼 변했고, 경쟁적이며, 기계적이며, 명상과는 동떨어진 모습이 되었기 때문이다. 우리는 끔찍할 정도로 균형을 잃어버렸다.

너무나 자주 여성적인 것은 은밀하게 배후에서 간접적으로 일해야만 했다. 그러나 여성성은 여전히 근본적인 영향을 끼칠 수 있다. 우리가 은총, 인내, 겸손에 대한 마리아의 예민함을 볼 수 있는 것은 가나의 혼인잔치에서 마리아가 조용히 예수에게 "포도주가 떨어졌다"(요한 2:3b)고 말한 다음에는 나중 일은 예수가 알아서 할 것이라고 완전히 확신한 듯한 모습에서다(요한 2:5). 그리고 실제로 그랬다.

그리스도 신비 자체처럼, **깊은 여성성**은 흔히 배후에서 또한 그림자 속에서 작용하며, 그 위치에서부터 훨씬 더 도취시키는 메시지를 창조한다. 비록 교회와 문화는 흔히 신적인 여성적 역할, 직제, 공식적 권한을 부정해왔지만, 여성성은 우주적 차원과 개인적 차원에서 놀라운 힘을 계속 발휘해왔다. 오늘날 미국 카톨릭교회 안에서 우리들 대부분은 신앙의 문화가 사제들보다는 수녀들로부터 훨씬 더 많이 전달되어 왔다는 것을 느낀다. 여성적 힘은 깊은 차원에서 관계적이며 상징적이며 따라서 변혁적이라서, 그 방식들을 남성들은 통제하거나 심지어 이해할 수조차 없다. 바로 이런 이유 때문에 우리가 여성적 힘을 그토록 두려워하는 것이 아닌가 하고 나는 생각한다.

11장

이것이 내 몸이다

인생은 당신이 죽는 것에 동의할 때까지 거부해야 하는 숙명이다.
— W. H. Auden, "For the Time Being"

나는 50년 동안 사제로 살면서, 성찬(주님의 만찬)전례를 수천 번 집례했을 것이다. 비록 그 전례를 통해 나는 서로 다른 상황과 문화들 속에서 사람들을 섬기며 또한 그 맥락에서 말씀을 강론하고 활력을 불어넣을 수 있는 놀라운 기회를 가졌지만, 그것이 내 인생의 중심이었다고 말할 수는 없다. 성찬전례에서 내가 가장 자주 경험하는 것은 그리스도인들이 보통 말하는 "교제"(통공, communion), 즉 하느님과 하느님의 백성들과의 진실한 교제, 그리고 자주 나 자신과의 교제의 경험이었다. 나는 성찬에 대한 정통신학을 받아들였으며, 또한 그 기도들을 기쁜 마음으로 바쳤다. 비록 그 기도들이 잘못된 것을 함축할 때는 흔히 그 기도문을 바꾸기도 했지만 말이다. 그것은 내가 당연히 나의 일과 신앙의 일부로서 받아들인 훌륭한 전례였다.

그러나 몇 년 전에, 새롭고 피할 수 없는 메시지가 내 정신과 마음과 몸 속에 들어왔다. 내가 깨달은 것은 예수가 "이것은 너희를 위해 주는 내 영(spirit)이다," 또는 "이것은 내 생각이다"라고 말하지 않았다는 점이다. 대신에 예수는 매우 대담하게 "이것은 내 몸(body)이다"라고 말했는데, 이 말은 영적인 교사, 신인(a God-man)이 말하기에는 너무나 육체적이며 위험한 방식의 말이다. 실제로 예수의 이 선언을 처음 들었던 사람들에게 큰 충격을 준 선언이었다. 요한은 "많은 제자들이 예수를 버리고 물러갔으며 더 이상 따라다니지 않았다"(6:66)라고 보도한다. 화육은 항상 어떤 방식으로든 우리가 다루기에는 "너무나 큰" 걸림돌이다.

우리들 대부분에게 우리의 몸을 다른 사람에게 "주는 것"은 친밀하며 매우 개인적이며 때로는 성적인 의미를 갖고 있다. 예수는 이런 점을 알고 있었는가? 도대체 왜 예수는 이런 식으로 말해서 그의 영적인 메시지를 이처럼 "육적인" 차원으로 끌어내렸는가? 예수는 "내 살은 참된 양식이며 내 피는 참된 음료"(요한 6:55)라고 주장한다. 솔직히 말해서, 이런 말은 오늘날에도 순진하게 들리며 심지어 사람을 먹는 식인 풍습처럼 들린다. 요한이 여기서 '살(flesh)'을 뜻하는 말로 사용한 단어는 '사르크스(sarx)'인데, 이 단어는 바울로가 그의 편지들에서 영에 반대되는 말로 사용한 단어다. 요한은 '몸(body)'을 뜻하는 좀 더 부드러운 단어인 '소마(soma)'를 사용하지 않고 있다. 이것은 놀라운 것이다.

예수는 자신의 몸을 제공하면서, **자신의 영적인 신성**(spiritualized divinity)**보다는 자신의 완전히 육체적인 인간성**(fully bodily humanity)**을 우리에게 주고 있다.** "나를 먹어라!" 하고 그는 충격적으로 말하는데, 먹는 것은 생각하거나 말하는 것보다 훨씬 근본적인 육체적 행동이며 더욱 기본적이며 원시적인 행동이기 때문이다. 바울로는 나중에 인간의 육체성을 부정적으로 표현하지만, 예수는 적극적으로 표현하고 있다.

나는 교육을 통해서, 예수의 이런 말씀이 무엇을 뜻하는지에 관한 신학적 차이점들을 알고 있다. 즉 예수는 우리에게 그 자신의 완전한 예수-그리스도라는 자기(Jesus-Christ self), 곧 신성과 인간성의 놀라운 공생(symbiosis of divinity and humanity)을 주고 있다는 뜻이다. 그러나 여기서 그 수단, 매개물, 그리고 그 최종적 메시지는 육체적이며 먹을 수 있는 것이며 씹을 수 있는 것, 그렇다, 소화시킬 수 있는 인간의 살이다. 고대 종교의 상당수는 신이, 제단에 바쳐진 인간이나 동물들을 먹거나 희생 제물로 삼았지만, 예수는 종교와 역사를 완전히 뒤집어서 우리로 하여금 하느님이 **자신을 우리에게 음식으로** 주고 계신 것을 상상하도록 초대한다!

더 나아가 우리들 가운데 어떤 사람들은 어떻게 다른 사람을 받아들여야 하는지를 알 수도 있다. 그러나 하느님을 받아들인다? 이것은 우리들 대부분이 신앙적 여정의 초기에는 감행할 수 없는 도박이다. 예외적으로 매우 지적인 방식으로는 혹시 가능할지도 모르겠다. 우리가 가치 있는 사람이라는 것을 마음으로 믿는 것은 쉽지 않다. 그렇기 때문에 아마도 우리는 성찬에 다른 사람들과 우리를 배제시킬 지적인 이유들과 도덕적인 이유들을 만들어낼 것이다. 로마교회의 전례에서는 우리가 제단 앞에 나오기 전에 공개적으로 "주님, 제 안에 주님을 모시기에 합당치 않사오나"(영어 본문을 직역하면, "당신께서 나의 지붕 아래로 오시는 것에 대해 나는 그럴 가치가 없습니다")라고 말한다. 그 다음에 성찬을 받기 위해 앞으로 나오는 사람들은 자신들이 실제로 합당한(가치가 있는) 척하도록 기대된다. 또한 모두가 아는 메시지는 "합당치 않은(가치가 없는) 자들"(다양하게 정의된다)은 제단 앞으로 나오면 안 된다는 것이다! 따라서 성찬전례의 중심에는 혼란되며 모순되는 메시지가 있다.

그러나 카톨릭 전례에 도움을 주는 것은 "실재(Real Presence)"에 대한 우리의 정통적 믿음이다. 이것은 예수가 성체(빵) 속에 어떤 식으로든 육체적으로 임재한다는 뜻이다. 이것은 성체를 받는 사람들이, 보통 영으로 상정되는 하느님에 대해 "살과 피를 통한 앎(carnal knowledge)"을 경험하도록 무대를 설정해준다. 이것은 단순히 정신으로 아는 것은 충분하지 않다는 것처럼 보인다. 왜냐하면 단순히 정신으로 아는 것은 마음이나 영혼이 연관되지 않기 때문이다. 실수가 벌어지는 때는 이런 정신적 동의를 할 수 없는 사람들은 성찬을 받을 "합당치 않은"(가치가 없는) 이들로 간주될 때다. 그러나 성찬 참여나 "합당함"(가치 있음)의 유일한 전제조건은 사실상 **당신 자신의 현존 능력**(your capacity for presence)에 있다. 이것은 단지 두뇌 안에서만 이루어지는 것이 아니다. 현존은 몸, 마음, 정신, 그리고 "영혼"을 포함하는 독특한 능력이다. 사랑은 결코 단지 정신 안에서만 일어나지 않는다.

현존만이 현존을 알 수 있다. 우리의 참 현존은 실재를 알 수 있다.

예수가 "이것은 내 몸이다"하고 말했을 때, 그는 단지 자기 앞에 놓인 빵만을 말한 것이 아니라, 우주 전체, 물리적이며 물질적이면서도 동시에 영으로 가득한 만물을 말한 것이라고 나는 믿는다. (그래서 이 책 제목이 **보편적 그리스도**이다.) 예수의 주장, 그리고 우리가 그 말을 반복함으로써, 만물이 빵 한 조각 속에 잦아든다. 또 그 빵과 포도주, 그리고 만물은 사람들이 믿는 것보다 훨씬 더 자기가 누구이며 또한 무엇인지를 믿는 것처럼 보인다. 만물은 자신들이 그리스도의 몸이라는 것을 알고 있다. 비록 우리들은 그런 생각에 저항하지만 말이다. 우리가 제단에서 이런 성스러운 말을 할 때, 우리는 그 말을 영성체와 회중 모두에게 말함으로써, 우리는 그 영성체를 "온 세상에"(마르코 16:15) 전파할 수 있다. 성 아우구스티누스가 말한 것처럼, 우리는 그리스도의 몸을 하느님의 백성들에게 먹임으로써, 그들이 바로 자신들이 먹는 것(그리스도의 몸)임을 알게 해야만 한다. 또한 그들은 자신들이 마시는 것(그리스도의 피)이다!

솔직하게 말해서, 나의 반려견 비너스는 지난 15년 동안 다른 어느 신학적 매뉴얼이 가르친 것보다 더 "실재"에 관해 나에게 가르쳐주었다. 비너스는 내가 어떻게 사람들과 함께 해야 하는지를 가르쳐주었으며, 그 사람들은 또 어떻게 나와 함께 해야 하는지를 가르쳐주었는데, 그 방식은 항상 나와 함께 있고 싶어 했으며 나와 함께 있는 것 자체를 철저하게 즐기는 방식이었다. 비너스는 항상 너무나 간절히 나와 함께 있고자 했다. 심지어 내가 한밤중에 환자를 심방하러 가기 위해 단잠을 깨울 때조차도 그랬다. 비너스는 내가 어떻게 하느님과 함께 해야 하는지를 보여준 모델이었다. "마님의 손만 쳐다보는 몸종의 눈처럼"(시편 123:2) 하느님만을 바라보는 자세 말이다. 비너스의 눈은 항상 나에게 고정되어 있었다. 내가 항상 비너스에게 열심이고 충성하며 추종할 수 있었다면 얼마나 좋았을까. 그러나 비너스는 나에게 그런 방법을 가르쳐주었다.

현존하는 것은 항상 상호적이다. 그렇지 않다면 그것은 전혀 현존하는 것이 아니다.

보편적인 화육의 현존

예수는 자신의 몸을 먹는 것으로는 마치 부족한 것처럼, 우리로 하여금 잔을 들고 모든 고난당하는 사람들 위로 "이것은 내 피다"라고 말하는 포도주의 상징을 덧붙임으로써, 우리를 더욱 무서운 방향으로 가게 만든다. 이어서 예수는 "너희들 모두는 나를 마셔라!" 하고 명령한다. 잠시 멈추어 교회들 안에서 행해왔던 익숙한 성찬전례에서 한 걸음 벗어나 보자. 피와 접촉하는 것은 당시 유대인에게 제의적으로 불결한 것이었다는 사실을 기억하라. 드라큘라 백작의 느낌을 갖기 시작하는 것이 나뿐인가? 아니면 우리 모두 그런 느낌을 가져야 마땅한 것인가? 피를 마시는 것은 충격적이며 걸림돌이 되어야 하는 것인가?

내가 남성들의 성년식을 연구하면서 배웠던 것 하나는 그처럼 놀랍고 생생한 제의들은 큰 정신적 영향을 끼치는 유일한 제의들로서, 상징적으로 물에 빠져 죽는 것, 우리들 자신의 무덤을 직접 파는 것, 벌거벗은 채로 잿더미 속에서 구르는 것, 또는 지금은 행하지 않지만 주교가 견진성사를 받는 이들의 뺨을 때리는 것과 같은 제의들은 우리에게 충격을 주어 깨닫게 만드는 것이다. 너무나 익숙하게 길들여진 것은 적어도 남성들에게는 별다른 정신적 영향을 끼치지 않지만, 여성들에게도 큰 영향을 끼치지 않을 것으로 짐작한다. 아무런 해를 끼치지 않는 반복적인 예식들과 인생을 바꾸어놓는 제의들 사이에는 엄청난 차이가 있다. 학자들에 따르면, 예식들은 보통 현상유지를 긍정하며 축하하며 사물들의 그림자 측면을 부인하는 것(독립기념일의 가두행진을 생각해보라)인 반면에, 진정한 제의는 전혀 다른 대안적인 우주를 제공하며 또한 그 그림자들에게 이름을 붙인다(참다운 성찬을 생각해보라). 내가 이제까지 참석했던 대부분의 미사들은 현상유지를 긍정하는 것들로서, 교회, 국가, 또는 문화의 그림자를 드러내지 않거나 흔히는 그 그림자를 부인한다.

많은 신비가들과 해방신학자들이 인식하게 된 것은, 예수가 우리로 하여금 포도주를 **그의 피로** 마시도록 초청한 것은 바로 "무죄한 아벨의 피로부터 성소와 제단 사이에서 살해된 바라키야의 아들 즈가리야의 피에 이르기까지 땅에서 흘린 모든 무죄한 피"(마태오 23:35)와 **몸으로 연대해서 살아가도록**(to live in bodily solidarity) 초청하는 것이라는 점이다. 아벨과 즈가리야는 히브리 성서에 기록된 첫 번째 피살자와 마지막 피살자이다. 성찬전례에서 그리스도의 피를 마시는 행동을 통해, 우리는 의식적으로 세상이 시작된 이후의 모든 불의한 고난과 연합하는 것이다. 고난이 있는 곳마다 하느님의 감동과 공감이 있다. "이것은 **모두 나의 피다**"라고 예수는 말한다. 이 말은 그 희생자들을 축성하며 모든 피흘림의 최종적 의미를 주는 것이다.

나는 회중들을 바라보면서 이런 똑같은 말을 하며 자주 이런 생각을 하지만, 회중들은 그 메시지에는 거의 관심을 갖지 않는 것처럼 보인다. **성찬을 하나의 기적으로 보는 것은 사실상 그 메시지가 전혀 아니다.** 나는 도대체 왜 우리가 그처럼 자주 성찬전례를 축하하는지 그 이유를 알게 되었다. 그 메시지는 우리의 정신에 그토록 충격적이며, 우리의 교만과 개인주의에 대해 그토록 도전하는 것이기 때문에, 우리는 평생 동안 성찬전례에 참여해야 하며, 그 메시지가 만물의 패턴으로서 우리의 심중에 깊이 뿌리내리기에는 너무나 취약해서 많은 반복을 필요로 하는 것이다.

빵과 포도주는 **우주의 요소들 자체**를 대표하는데, 우주 역시 화육의 현존을 향유하며 전달해준다. 도대체 왜 우리는 이 메시지에 대해 그토록 저항하는가? 성찬전례를 강조하는 교회들은 물질을 "그리스도화(Christification)"한 물리적, 보편적, 집합적 성격을 가장 먼저 알아차렸어야만 했다. 우리는 인류에게 이처럼 놀라운 비슷한 요법의 약을 계속 제공해야만 하는데, 그 약은 우리에게 **문제와 그 치유책 모두**를 준다. 카톨릭교회는 땅의 이런 물리적 요소들 안에 예수의 실재가 있음을 정확히 확증해주지만, 대부분의 신자들은 자신들이 확증한 것이 함축하고 있는 의미를 깨닫지 못하고 있다. 빵과 포도주는 대체로 **배타적인 현존으로** (즉 그리스도는 빵과 포도주 속에만 현존하는 것으로) 이해되고 있다. 그러나 사실상 빵과 포도주가 완전히 기능하는 것은 진정으로 포용적인 현존, 항상 충격적인 현존을 전달하는 것이다.

참된 신자는 자신이 보기를 두려워하며 받아들이기를 두려워하는 것을 먹는데, 그것은 **우주가 그리스도의 몸으로서, 우주의 본질과 우주의 고통 모두의 관점에서 그리스도의 몸이라는 것**이다.

프란치스코 교황이 주장하는 것처럼, 성찬의 빵과 포도주는 완전한 사람들을 위한 상이 아니며 선행을 위한 보상도 아니다. 오히려 그것들은 인간의 여정을 위한 음식이며 병자들을 위한 약이다. 우리가 제단 앞에 나오는 것은 우리가 합당해서가 아니라 우리 모두가 상처를 입었으며 어떤 방식으로든 "합당치 못한" 때문이다. 예수는 이렇게 말했다. "성한 사람에게는 의사가 필요하지 않으나 병자에게는 필요하다. 나는 의인을 부르러 온 것이 아니라 죄인을 부르러 왔다"(마르코 2:17). 우리가 도대체 어떻게 이처럼 중요한 요점을 놓치는 데 그토록 성공했는지 의아할 따름이다. 우리를 객관적으로 가치 있게 만드는 분은 하느님이시다!

"너희들을 위하여 주는"

예수가 마지막 만찬에서 반복해서 말했던 또 하나의 중요한 말은 "너희들을 위하여 주는"이라는 말이다. 마태오, 마르코, 루가—그리고 바울로(1 고린토 11:24ff)—의 기록에서, 예수는 자신의 몸을 "너희들을 위하여 주는" 것이며, 자신의 피는 "너희들을 위하여 흘린" 것이라고 말한다. 사랑하는 사람과 사랑을 나누는 기쁨을 향유했던 적이 있는 사람이라면, 그 전율이 단지 육체적인 감각에서 오는 것만이 아니라, 상대방이 특별히 당신과 함께 하고 싶은 욕망, 당신을 위해 벌거벗고 싶은 욕망, 당신 안에서 기뻐하고 싶고 당신을 기쁘게 하고 싶은 욕망에서 오는 것임을 알 것이다. 당신은 항상 "그러나 왜 하필이면 나인가?" 하고 말하고 싶을 것이다. 그리고 당신은 상대방이 "내가 당신을 사랑하기 때문이지요!"라고 말하기를 원할 것이다. 이것이 마르틴 부버가 말하는 궁극적이며 구체적인 나-당신의 경험이다.

또한 내가 우리 센터의 젊은 여성 직원으로부터 들은 말은, 여성들의 월경 주기는 여성들에게 특히 이런 경험에 대한 체험적이며 세포를 통한 이해를 주었다는 말이다. 왜냐하면 여성들이 매달 피를 흘리는 것은 생명을 위한 것이며, 또한 아기를 낳을 때도 **피와 물**을 쏟아내는데, 이것은 예수가 십자가 위해서 피와 물을 쏟아낸 것과 마찬가지다(요한 19:34). 물론이다. "물과 피"는 항상 나에게 이상한 상징으로 느껴졌다. 그러나 출산의 대가를 아는 여성들에게는 그렇지 않을 것이다. 예수가 이처럼 불결한 피에 관한 모든 전통을 완전히 뒤집어서 피를 **거룩하게** 만들고, 심지어 신성과의 접촉점으로 만들기까지 한 것은 얼마나 담대하고 충격적인 것인가! 이것에 대한 주석을 쓰려면, 책 한 권 전체가 필요하며, 정신이 아찔해질 만큼 엄청난 충격을 받아 마땅한 것인데, 모든 참된 성례전(성사)들은 이런 엄청난 충격을 가져다주게 마련이다.

똑같은 방식으로 서로 간에 간절히 바라는 것은 성찬전례가 의도하는 영향이다.

우리는 예수가 자신을 가리켜 "신랑"이라고 부르기를 좋아했으며(요한 3:29; 마태오 9:15), 또한 그의 첫 번째 사역이 혼인잔치가 끝날 무렵에 물로 150갤런의 포도주를 만든 것이었다(요한 2:1)는 점을 알고 있다. (이것에 대해 침례교인들은 무엇이라고 말하는가?) 우리는 또한 매우 에로틱한 아가서가 어떤 방식으로든 성서 안에 자리 잡게 되었으며 또한 그 연합의 이미지는 처음부터 신비가들에게 매우 귀한 것이었다는 점을 알고 있다. 그러나 후대의 그리스도교는 인간의 몸에 대해 부끄럽게 생각해왔는데, 인간의 몸은 하느님께서 그토록 행복하게 예수를 통해 입으셨던 것이며, 그 후에는 성찬에서 공짜로 우리에게 나누어 주신 것이다.

성찬은 마음이 만나는 것으로서, 그분의 현존을 우리에게 제공된 현존을 통해 아는 것이다. 성찬에서 우리는 단순한 말이나 합리적 사고를 넘어서 우리가 더 이상 그 신비에 관해 말하지 않는 장소로 건너간다. 우리는 그 신비를 씹어 먹기 시작한다. 예수는 결코 "이것에 관해 생각해보라"든가 "이것을 바라보라" 또는 심지어 "이것을 예배하라"고 말하지 않았다. 대신에 예수는 "이것을 먹어라!" 하고 말했다.

우리는 우리의 앎을 이처럼 몸의 차원, 세포의 차원, 참여적이며 따라서 그 신비와 일치하는 차원에서 알아야 한다. 우리는 그 신비를 계속해서 먹고 마심으로써 언젠가는 자신을 방어하지 않은 채 "나의 하느님, 나는 정말로 내가 먹는 것이 되었습니다! 나 역시 그리스도의 몸입니다"라고 말할 수 있어야 한다. 그러면 우리는 우리가 존재하게 된 첫 순간 이래로 진실이었던 것을 신뢰할 수 있게 된다. 내가 앞에서 말한 것처럼, 성찬전례는 단순히 아름다운 예식이 아니라 정신이 아찔해질 정도의 큰 충격을 주는 것이어야 한다. 우리는 우리의 벌거벗은 존재 속에서 우리를 통해 흐르는 존엄성과 능력을 갖고 있다. 다른 모든 사람들도 마찬가지지만, 대부분은 그것을 모르고 있다. 이런 점을 몸으로 인식하는 것은 우리의 신앙생활 전체를 나아가게 만들고 힘을 북돋기에 충분하다. 그러나 단순히 성찬전례의 그 말을 반복하거나 그 말에 동의하는 것으로는 **우리를 향한 하느님의 간절한 열망—그리고 그 열망 자체—을 흡수하기** 위해 필요한 충격을 결코 주지 못한다. 솔직히 우리가 지금 말하는 것은 진지한 발렌타인 카드를 받고 "나는 당신을 사랑합니다"라고 말하는 것과, 서로가 정말로 깊이 사랑하는 사람들이 육체적으로 벌거벗고 부드럽게 사랑하는 것 사이의 차이점에 관한 것이다. 도대체 우리는 왜 그것을 그토록 두려워하는가?

바로 이런 이유 때문에 빵과 포도주 안에는 실재(Real Presence)가 있다는 정통적 믿음을 간직해야만 한다. **만일에 우리가 자연의 요소들 안에 있는 실재를 인정하지 않는다면, 우리는 우리들 자신 속에 있는 실재를 인정하지 않는 것으로 끝나고 만다.** 플래너리 오코너가 말했던 것처럼, "만일 그것이 단지 하나의 상징이라면, 빌어먹을 것이다!"[1]

따라서 성찬은 그리스도인의 여정을 위한 우리의 계속적인 기준이 된다. 즉 성찬은 우리가 우리의 얼굴, 우리의 이름, 우리의 절대적 정체성을 발견하기 위해 계속 반복해서 되돌아가야만 하는 장소인데, 우리는 그리스도 안에 있는 존재들이며 또한 우리는 영원히 그런 존재들이다. **우리는 단순히 하느님 경험을 갖고 있는 인간들이 아니다. 성찬이 우리에게 말해주는 것은, 어떤 신비한 방식을 통해서, 우리는 인간적 경험을 갖고 있는 하느님이라는 점이다.**

이런 점은 계속해서 로마서 8:18-15(피조물로서), 고린토인들에게 보낸 첫 번째 편지 10:16ff와 11:23ff(빵과 포도주로서), 12:12ff(하느님의 백성으로서)에서 나타난다. 이런 성서 본문들 각각 안에서, 더욱 확장되는 의미에서, 바울로가 표현하는 그의 완전한 믿음은 실제적인 전이(real transfer), 즉 인간적이며 영적 정체성이 그리스도로부터 피조물에게로, 빵과 포도주의 요소들에게로, 그리고 그런 요소들을 통해서 인간들에게로, 실제적인 전이가 일어난다는 믿음이다. (저자는 카톨릭의 화체설, 즉 빵과 포도주가 실제로 예수의 살과 피가 된다는 化體說

---

1) Flannery O'Connor, *The Habit of Being* (New York: Farrar, Straus and Giroux, 1979), 125.

의 성서적 근거를 설명한 것이다—역자주). 모든 것을 포함하는 위대한 원(삼위일체)은 마침내 만물을 자신에게 되돌아오게 만드는 원심력인데, 이것은 많은 물리학자들이 우주가 팽창을 멈추게 될 순간에 일어날 것으로 예측한 것과 정확히 일치한다. 물리학자들은 이것을 "우주 대수축(Big Crunch)"이라고 부르며, 어떤 물리학자들은 심지어 그것이 순식간에 일어날 것이라고 말한다. (이것이 "그리스도의 재림"이나 "최후의 심판"을 묘사하는 것일 수 있는가? 나는 그렇다고 생각한다.)

성찬은 부활처럼 독특한 사건이나 기이한 변칙이 아니다.
성찬은 그리스도의 화육이 그 최종적 형태와 목표를 가진 것이다. 그 최종적 형태와 목표는 땅 자체의 요소들이다.
성찬은 화육이 연속되는 과정 속에 있다.
하느님 안에 있는 우리들은 우리들 모두의 정체성이다.
그 밖의 다른 모든 것은 변하며 사라진다.

(이것이 내가 2017년 부활절에 큰 기쁨 속에 쓴 글이다.)

12장

예수는 왜 죽었는가?

우리가 영광을 위해 예정된 것은 본질적으로 죄에 대한 어떤 개념보다 앞선다.

― John Duns Scotus, OFM

내가 35년 동안 전 세계 여러 나라에서 남성들과 함께 일한 결과는 거의 모든 문화 속에서 폭력적이며 곁에 머물지 않고 또한 학대하는 아버지들과 기타 남성들 때문에 인간의 정신이 얼마나 깊게 상처를 받았는가에 대한 깨달음이었다. 이런 상처들이 우리의 영적인 감수성에 끼친 영향은 매우 깊다. 물론 도대체 왜 어떤 사람들은 하느님을 신뢰하거나 믿으려 하지 않는지에 대한 이유들은 수없이 많지만, 그리스도인들이 행해왔던 매우 파괴적인 행동 가운데 하나는 확실히 "하느님 아버지"를 폭군으로, 새디스트(a sadist)로, 분노가 넘치는 아버지로, 또는 단지 믿을 수 없는 분으로 제시했다는 점이다.

이런 점을 분명히 보여주는 것 가운데 하나는 도대체 왜 예수가 죽었는가에 대한 일반적인 설명, 그리고 그의 죽음을 통한 하느님의 거래(사탄과의 거래—역자주)가 우리의 구원과 어떻게 연관되는지에 대한 일반적인 설명이다. 그런 설명은 하느님 "아버지"를 멀리 있으며 냉혹한 분으로 만들었다.

그리스도교 역사 대부분의 기간 동안, 그리스도인들이 "예수는 우리의 죄를 위해 죽었다"고 말할 때 그것이 도대체 무엇을 뜻하는지에 대한 합의된 설명이 없었다. 그러나 근래에 들어 **한 이론이** 일반적인 설명이 되었다. 그것은 흔히 "처벌 대속론(penal substitutionary atonement theory)"이라 부르는데, 특히 종교개혁 이후에 그 이론이 발전되어 그렇게 불렸다. 대속론은 그리스도가 자신의 희생을 선택하여 우리 죄인들을 대신해서 처벌을 받아 "정의에 대한 요구"를 충족시킴으로써 하느님이 우리의 죄를 용서하실 수 있게 되었다는 이론이다. 이런 속죄론은 궁극적으로 흔히 받아들여지고 있는 또 다른 개념인 아담과 하와의 "원죄" 개념에 의존하고 있는데, 우리는 이런 원죄 때문에 모든 인간들이 더럽혀졌다고 배웠다. 그러나 우리가 앞에서 다루었던 원죄 개념과 마찬가지로, 대부분의 그리스도인들은 이런 설명이 얼마나 최근의 국지적인 설명이며 또한 보복적 정의 개념(retributive notion of justice)에 의존한 설명이라는 것을 결코 배운 적이 없다. 또한 비록 어떤 집단들은 이것이 오랜 세월 간직된 교리라고 간주할지라도, 이것이 단지 한 이론에 불과하다는 것을 배운 적도 없다. 초대교회는 결코 이것을 들어본 적이 없었으며, 고작해야 성서의 많은 은유들을 통해서 "몸값(ransom)"에 대한 개념을 갖고 있었을 것이다.

예수가 도대체 왜 죽어야만 했는지에 대한 이런 설명이 정말로 무엇을 뜻하지를 우리가 이해하기까지는, 우리가 그리스도와 예수에 대한 우리의 개념 모두에서 해방되고 또한 (십자가 처형이) 인간의 죄 문제를 바로잡기 위해 하느님의 정의가 훼손된 것 때문에 하느님이 "요구하신" 피 흘리는 거래가 아니라, 삼위일체의 무한한 사랑이 계시된 것으로 이해하기 위해서 우리는 애를 쓸 수밖에 없을 것이다.

이 장에서 내가 바라는 것은, 우리가 일반적으로 받아들이고 있는 속죄론, 특히 예수의 삶, 수난과 죽음을 통해 성취된 속죄론이 예수의 역할과 그리스도의 영원한 목적에 대한 심각한 오해로 이끈다는 점을 지적하는 것인데, 이런 오해는 보복적 정의에 대한 우리의 협소한 관념을 통해 확보되며 또한 "좋고 필요한 폭력"이라는 개념을 통해 정당화된다. 내가 이 주제를 다루면서 흥분과 염려 모두를 느끼는 이유는 바로 이런 대속론이 많은 사람들의 신앙의 핵심이라는 것을 알기 때문이다. 그러나 **도대체 왜 예수는 죽었으며 또한 그의 죽음의 의미와 메시지는 무엇인가** 하는 질문은 최근에 그리스도인들의 이야기를 지배하는 질문이 되었다. 심지어 예수의 삶과 가르침에 대한 질문보다 더욱 지배적인 질문이 되었다. 어떤 사람들이 지적한 것처럼, 만일 이런 대속론이 참된 것이라면, 우리에게 필요한 것이라곤 예수의 생애의 마지막 사흘 또는 마지막 세 시간뿐이다. 이런 해석은 예수와 그리스도에 대한 깊이 있고 참된 변혁적 이해를 가로막는 해석이다. 구원은 인간의 영혼과 모든 역사를 위해 계속되는 **변혁적 교훈** 대신에 예수와 그의 하늘 아버지 사이의 한 차례 거래가 되었다.

대속론은 고작해야 우리들에게 복음의 참된 영향에 맞서는 것을 주입했으며 우리로 하여금 정직하게 예수를 본받는 대신에 주로 예수에게 "감사"하도록 만들었다. 최악의 경우에는 대속론이 우리로 하여금 하느님을 냉혹하고 잔인한 분으로 보도록 만들었다. 왜냐하면 하느님은 자신의 피조물을 사랑하기 전에 폭력적인 행동(십자가 처형)을 요구하는 분이 되었기 때문이다. 구약성서와 신약성서 모두에는 속죄, 희생, 보속, 속전(몸값), 값을 지불하는 것, 문을 여는 것과 같은 은유들이 많이 있다. 그러나 이런 은유들은 유대인 청중들에게만 그 의미가 전달될 수 있었을 성전제사의 은유들이다. 인류학적으로 말하자면, 이런 단어들과 생각들은 마술적인 사고방식, 또는 내가 "거래적인" 사고방식이라고 부르는 것을 반영하는 것들이다. 이 말의 뜻은 당신이 옳은 것을 믿거나 올바른 기도를 드리거나 올바른 예배를 드리면, 당신은 하느님의 재판정에서 잘 넘어갈 것이라는 뜻이다. 이런 사고방식이 점차 그 힘을 잃게 되는 이유는 사람들과 문화들이 성장하고 자신들의 정신과 마음에서 실제적인 변화를 추구하기 때문이다. 따라서 변혁적인 사고방식이 거래적인 사고방식을 대체하는 경향이 나타나고 있다.

내가 앞에서 말한 것처럼, 하느님에 대한 그리스도교의 비전은 대부분의 고대 종교들로부터 철저하게 벗어난 것이었다. 신이 그 제단에 바쳐진 사람, 동물, 곡식을 "먹는" 대신에 그리스도교는 하느님의 몸 자체를 우리들이 먹도록 주어졌다는 대담한 선언을 했다. **이것은 모든 것을 반대로 돌려놓았으며 또한 대가로 주는 사고방식의 논리를 해체했다.** 우리가 (죄를 지음으로써) 하느님의 정의를 위반한 것에 대해 보복이 필요하다(잘못에 대한 처벌이 요구된다)는 생각을 하는 한, 우리는 그리스도교의 독특한 메시지를 내어주고, 대신에 역사 속에서 대부분의 문화들 속에 팽배했던 냉혹한 정의 개념과 맞바꾸는 것이다. 그러면 우리는 역사에 대한 대안적인 구원을 제공하는 것이 아니라 실제로 바울로가 말한 대로 세상을 부당하게 지배하는 "권세와 세력의 악신들"(에페소 3:9-10; 6:12)을 정당화하는 것이다. 우리는 "**폭력이 구원한다는 신화**(myth of redemptive violence)" 속에 머무는 것인데, 이것은 역사의 지배적인 줄거리이다. 즉 폭력이 구원한다는 신화 말이다.

지금은 그리스도교가 회복적 정의(restorative justice)라는 성서의 깊은 주제를 재발견해야 할 때다. 회복적 정의는 처벌이 아니라 화해와 회복에 초점을 맞춘다. (그 대표적인 사례는 에제키엘 16장이다.) 우리는 예수의 삶의 이야기를 "**고난이 구원한다는 신화**(myth of redemptive suffering)"라고 부를 수 있는데, 그의 고난은 "(우리의 죄에 대한) 값을 지불하는" 것에 있지 않고 타인들을 위해 자신을 내어놓는 데 있다. 또는 속죄(atonement) 대신에 "하나됨(at-one-ment)"에 있다.

물론 회복적 정의는 예수의 계속적인 치유 목회에서 잘 드러난다. 예수는 유대인 예언자들의 가르침의 실제적이며 깊은 차원을 잘 보여준다. 예수는 결코 어느 누구도 처벌하지 않았다! 그렇다. 예수는 사람들에게 도전했지만, 항상 사람들에게 그들 자신의 신적인 기원과 원천에 대한 통찰력을 주고 치유하며 회복시켜주기 위한 것이었다. 누구든 일단 예수의 사명이 사람들을 처벌하는 것이 아니라 치유하는 것이었음(이런 점은 모든 복음서들 속에 분명히 나타나 있다)을 깨닫게 되면, 보복적 정의(retributive justice)라는 지배적인 (속죄) 이론들은 그 호소력과 권위를 잃기 시작한다.

속죄론의 역사

초기 그리스도인들은 자신들의 종교를 창시한 예수가 도대체 왜 비극적인 죽음을 맞아야만 했는지에 대한 논리적이며 의미 있는 설명을 찾으려 했다는 것은 일리가 있다. 그러나 오랜 세월 동안, 예수가 (인간의 죄 때문에) 분노한 하느님을 달래기 위해 죽었다는 것은 그들의 대답이 아니었다. 처음 1100년 동안의 합의는 예수가 십자가 위에서 희생적인 죽음을 죽은 것, 즉 (사탄의 노예가 된 죄인들의) 몸값을 지불한 것은 하느님에게 지불된 것이 아니라 사탄에게 지불된 것이었다. 이런 설명이 지금은 어리석어 보이지만, 많은 그리스도인들이 거의 천년 넘게 믿었던 것이다. 이런 설명은 사탄을 제법 힘이 있는 반면에 하느님은 약한 분으로 만들었지만, 적어도 예수의 죽음에 대해 그 책임을 비난할 존재를 제공해주었다. 이런 점에서 그 비난의 대상은 하느님이 아니었다.

그러나 11세기에 캔터베리의 안셀무스(Anselm of Canterbury)는 『왜 하느님은 인간이 되셨는가?』(*Cur Deus Homo?*)라는 책을 썼는데, 불행하게도 이 책은 당시까지 가장 성공적인 신학 서적이 되었다. 안셀무스는 자신이 죄의 문제를 중세 봉건주의의 명예와 수치 규약 안에서 해결할 수 있을 것이라고 생각하고 결국 이렇게 말했다. "그렇다, 하느님의 명예를 회복하기 위해서는 값을 치러야 할 필요가 있으며, 성부 하느님께 똑같이 신적인 존재에 의해 치러야 할 필요가 있다." (신적인 예수 그리스도의 죽음을 통해 하느님의 명예가 회복되어 하느님이 만족하셨다는 이 속죄론은 흔히 "만족설"이라 부른다-역자주). 분명히 안셀무스는 자기 이론의 끔찍한 함의에 대해서는 결코 생각하지 못했는데, 특히 이미 하느님을 두려워하는 사람들에게 그 이론이 어떤 의미를 지녔는지는 생각을 하지 못했다. 권위주의적이며 가부장적인 문화들 속에서, 대부분의 사람들은 이런 식으로 생각하도록 충분히 프로그램 되어 있었다. 즉 권한을 가진 인물이 분노하고 벌을 주고 심지어 폭력적일 때, 그를 달래는 일이 절실했던 것이다. 오늘날도 여전히 특히 부모가 화를 잘 내거나 학대할 경우에 많은 사람들은 이렇게 대응한다. 사람들이 이런 하느님에게 대응하는 것은 그것이 자신들의 이야기 줄거리에 들어맞기 때문이다.

그러나 불행하게도 이런 (속죄론) 이해는 단순한 이유 때문에 깊이 있는 영적 여정을 수포로 돌리게 만드는데, 그것은 **도대체 왜 우리가 그런 하느님을 사랑하거나 신뢰하거나 함께 하고 싶어 하겠는가** 하는 이유 때문이다.[1]

그 후 몇 세기 동안 안셀무스의 명예와 수치에 근거한 사고방식은 그리스도인들 사이에 받아들여졌는데, 일부 학자들은 이에 대해 저항했으며 특히 내가 속해 있는 프란치스칸 학파가 저항했다. 개신교인들은 카톨릭의 이런 안셀무스의 입장을 받아들였으며, 더욱 열정적으로

---

1) 역자주: 더욱 큰 문제는 안셀무스의 만족설이 제1차 십자군 전쟁을 준비하던 중에 만들여졌다는 점이다. Antony W. Bartlett이 지적한 것처럼, 인간의 죄로 인해 손상된 하느님의 명예를 회복하기 위해서 예수 그리스도가 대신 자신의 목숨을 바쳤다는 논리는 성지 예루살렘을 무슬림들에게 빼앗긴 기독교인 군주들과 하느님의 명예를 되찾기 위해 군인들은 마땅히 전쟁터에 나가 목숨을 바쳐야 한다는 논리였다는 점이다. *Cross Purposes: The Violent Grammar of Christian Atonement* (Harrisburg, Pa.: Trinity Press International, 2001), 103-4; Kwok Pui-lan, *Postcolonial Imagination & Feminist Theology* (Louisville, KY: Westminster John Knox Press, 2005), 13 참조.

받아들였다. 나중에 복음주의자들은 안셀무스의 속죄론(만족설)을 그리스도교 믿음의 기본이 되는 "네 개의 기둥" 가운데 하나로 간직했는데, 그 이전 시대에는 이것을 기이한 것으로 생각했을 것이다. 그들은 이런 믿음이 어떻게 변화했는가에 대한 역사를 결코 배우지 못했다. 만일 당신이 최근까지 계속되는 "법과 질서"를 강조하는 문화 속에서 성장했다면, 이런 속죄론을 타당한 것으로 간주할 것이다.

그러나 존 던스 스코투스(John Duns Scotus, 1266-1308)가 이끌었던 프란치스칸들은 화육과 십자가 위에서의 그 최종적 결말을 죄에 대한 단순한 반작용으로 보기를 거부했다. 대신에 그들은 십자가 하느님 편에서 **자유롭게 선택하신 전적인 사랑의 계시**라고 주장했다. 그렇게 함으로써 그들은 당시까지의 거의 모든 세계 종교의 엔진, 즉 멀리 계시며 요구하시는 하느님에게 다가가기 위해서는 **우리가** 피를 흘려야만 한다고 생각했던 세계 종교의 엔진을 역회전시켰다. 프란치스칸 학파가 믿었던 것은, 하느님께서 우리에게 다가오기 위해서 십자가 위에서 "피를 흘리셨다"는 믿음이다.[2] 이것은 의식의 대전환이다. 십자가는 거래가 아니라 하느님의 쏟아부으시는 사랑을 극적으로 보여주신 것으로서, 사람들의 마음에 완전한 충격을 주어 사람들로 하여금 창조주를 신뢰하고 사랑하도록 하기 위한 것으로 이해되었다.

프란치스칸 학파에서는, 하느님 자신의 피조물들이 실패한 것을 용서하고 사랑하기 위해서 하느님에게 값을 지불해야 할 필요는 없다고 본다. "필요한 희생(necessary sacrifice)"을 통해서 사랑을 살 수는 없다.

---

[2] Mary Beth Ingham, *Scotus for Dunces* (St. Bonaventure, NY: Franciscan Institute, 2003), 75ff.

만일 사랑을 살 수 있다면, 그 사랑은 변혁적인 영향을 끼칠 수 없기 때문이다. 당신의 배우자나 자녀들을 그런 식으로 사랑해보면, 당신에게 어떤 결과를 초래할 것인지를 깨닫게 될 것이다. 스코투스와 그의 추종자들은 하느님의 절대적인 자유와 사랑을 보호하는 데 헌신적이었다. 만일 용서를 값을 지불하고 살 필요가 있다면, 그것은 전혀 진정한 용서가 아니다. 진정한 용서는 (대가 없이) 거저 용서하는 것이다.

나는 그리스도인들이 대속론의 위험성을 알아차리고 있는지 확신하지 못하겠다. 비록 생각하는 그리스도인들은 흔히 하느님에 대한 그런 어리석은 개념에 대해 불쾌감을 느끼지만, 대속론의 배후에 깔린 생각들은 결코 분명하게 지적된 적이 없다. 우리 시대에는 더욱 이런 대속론이 많은 사람들의 믿음의 관에 박는 못이 되어버렸다. 어떤 그리스도인들은 대속론에 대한 불안감을 그냥 눌러버리는데, 왜냐하면 그런 불안감은 믿음을 완전히 잃어버리는 것이라고 생각하기 때문이다. 그러나 이런 대속론을 의심하는 사람들, 종교가 비합리적이며 신화적이며 자신들의 마음과 영혼을 깊이 만족시켜주지 못하는 종교가 되어버려 조용히 종교를 떠나는 많은 선량한 사람들을 위해서 나는 그런 불안감을 씻어낼 방법을 제시하고자 한다.

우리는 예수의 죽음을 훨씬 더 훌륭하게 설명할 수 있다. 적어도 예수를 작은 사람으로 만들지 않은 채 말이다. 사실상 나의 설명은 예수의 죽음을 보편적이며 인간적으로 호소력을 갖는 차원에서 이해하도록 해줄 것이다. 즉 무조건적인 사랑을 믿지 못하는 우리의 무능력을 세차게 때리는 설명이 될 것이다. 십자가는 그 옛날 티그리스 강과 유프라테스 강 사이에 있던 동산에서 한 남자와 한 여자가 저지른 죄로 인한 피의 희생일 수 없다. 그런 십자가 이해는 솔직히 수십 억 개의 갤럭시 안에 수많은 태양계를 갖고 있는 우주 안에서 하나의 태양계의 가장자리에 있는 한 행성에게 주어진 보편적인 계시, 또는 참된 "카톨릭적" 계시에 대한 개념을 축소시킨다. 희생을 요구하는 종교, 희생을 필요로 하는 종교, 그리고 일차적으로 예수의 죽음을 요구하고 나중에는 최하층의 죽음을 요구하는 종교는 우리 모두가 그 한 부분인 삼라만상에게 충분히 영광스럽지 않은 종교이며, 충분히 희망적이지 않은 종교이며, 적합하지도 않은 종교이다. 안셀무스의 속죄론을 고집하는 이들에게, 나는 몇 년 전에 필립스(J. B. Phillips)가 말한 것처럼, "당신의 하느님은 너무나 작다"고 말해주고 싶다.

역사 속에서 너무나 많은 죄악들이 "희생"이라는 외침, 대중들을 조종하는 그 외침 아래 자행되었는데, 보통은 항상 "고귀한" 대의를 위해 필요한 폭력적인 희생이었다. (현충일의 시가행진을 보면, 자유주의자들과 보수주의자들 모두를 쉽게 단결시키는 것이 바로 그 희생이라는 점을 알 수 있다.) 그러나 예수는, 하느님이 우리를 사랑하기 위해 **희생을 요구하신다는 생각 자체**를 완전히 해체시키신다고 나는 믿는다. 처음에는 예수 자신 안에서, 그 다음에는 우리들 모두 안에서 해체시키신다. 예수는 복음서들 속에서 "너희는 가서 '내가 바라는 것은 동물을 잡아 나에게 바치는 제사가 아니라 이웃에게 베푸는 자선이다.' 하신 말씀이 무슨 뜻인가를 배워라"(마태오 9:13; 12:7) 하고 말씀하셨다. 예수의 이 말씀은 예언자 호세아를 인용한 말씀인데, 그 예언자는 "내가 반기는 것은 제물이 아니라 사랑이다. 제물을 바치기 전에 이 하느님의 마음을 먼저 알아다오"(6:6)라고 말했다. 희생이라는 개념들은 우리를 보복적 정의라는 틀 속에 머물게 만들며, 자격이 없음에도 불구하고 받는 사랑과 은총이라는 본질적인 복음의 바깥에 머물도록 만든다. 프랑스 철학자이며 문학비평가인 르네 지라르(René Girard, 1923-2015)는 예수가 희생제물의 종교에 대한 모든 개념들을 종식시켰다고 주장하는데, 그런 희생제물의 종교는 우리의 보상적인(quid pro quo) 세계관들을 유지시킬 따름이다.3) 나는 그를 강력하게 추천한다.

서로 상반되는 목적들의 충돌

이런 맥락에서 나는 예수의 죽음에 대한 일차적이며 가장 도움을 주는 의미라고 생각하는 것을 제시하고자 한다. 그리스도교 역사에서 가장 두드러진 그의 죽음이 어떻게 우리에게 문제를 일으키며 또한 그 문제를 뚫고나갈 길을 드러내는지를 제시하려 한다. 나의 전제는 다음과 같다.

폭력적인 것은 하느님이 아니라, 우리들이다.
인간의 고난을 요구하는 것은 하느님이 아니라, 우리들이다.
하느님은 예수 안에서건 우리들 안에서건 고난을 필요로 하거나 원하지 않으신다.

르네 지라르는 히브리인들이 자주 사용하는 "단 한 번에(유일회적

---

3) René Girard, *The Girard Reader,* ed. James G. Williams (New York: Crossroad, 1996).

으로, once and for all)"라는 표현이 하느님을 기쁘시게 하는 어떤 희생제물의 요구를 끝냈다는 매우 결정적인 방식으로 사용되었다는 점을 지적한다. 하느님의 사랑의 문제는 하느님 편에서 영원히 해결되었다. 우리의 불안전 때문에, 우리는 계속해서 "필요한 희생제물"을 재창조한다.

요한복음에서 예수는 "나는 이 세상을 단죄하러 온 것이 아니라 구원하러 왔다"(12:47)고 말한다. 마태오복음에서는 "고생하며 무거운 짐을 지고 허덕이는 사람은 다 나에게로 오너라. 내가 편히 쉬게 하리라. 나는 마음이 온유하고 겸손하니 내 멍에는 쉽고 내 짐은 가볍다"(11:28-30)고 말한다. 당신이 교회 안에서 성장했다면, 이런 구절을 많이 들었을 것이다. 그러나 일단 당신이 사법적이며 처벌하는 세계관에서부터 은총이 넘치고 변화시키는 세계관으로 바꿀 수 있다면, 신약성서 안에 자주 나오는 그 구절의 중심성을 새롭게 이해할 것이다.

우리들 대부분은 여전히 일반적인 법리체계에 따라 성서를 읽도록 프로그램되어 있는데, 일반적인 법리체계는 **회복적 정의**(restorative justice)에 근거한 경우가 거의 없다. (심지어 회복적 정의라는 용어 자체도 최근에서야 비로소 많이 사용되게 되었다.) 회복적 정의는 유대인 예언자들의 놀라운 발견으로서, 야훼 하느님은 회복적 정의를 통해 이스라엘을 더욱 사랑하심으로써 그들을 벌하신다!(에제키엘 16:53ff.). 법리체계는 인간 사회에서 중요한 자리를 차지하고 있지만, 그것은 하느님의 마음에 이전될 수 있는 것이 아니다. 그것은 무한한 사랑이나 무한한 어떤 것의 영역 속으로 우리를 안내할 수 없다. 일단 우리가 자비의 바다 속으로 떨어지면, (우리의 죄의) 무게를 달아보고 계산하는 세계관은 완전히 불충분한 것이 된다. 내가 존경하는 리지외의 테레사(Thérèse of Lisieux)의 말을 약간 고쳐서 말할 수 있다면, **하느님이 전혀 모르시는 계산법은 덧셈과 뺄셈이다**. 테레사는 그리스도교 역사 전체에서 거의 아무도 파악하지 못했던 것, 즉 은총으로 구원받는다는 것의 완전하며 최종적인 의미를 파악했다.

하느님의 마음이 인간의 모든 고난을 변화시키는 방법은 인간의 역경과 완전히 동일시하며 또한 처음부터 끝까지 완전히 연대하는 방법을 통해서다. 이것이 십자가 처형의 진짜 의미이다. 십자가는 단 하나의 사건이 아니다. 십자가는 **현실이 십자가형 패턴을 갖고 있다**(reality has a cruciform pattern)는 하느님의 선언이다. 예수가 살해된 것은 제국의 요구 사항들과 당시의 기성종교 사이에 사로잡힌 반만 진실인 것들, 서로 상반되는 목적들의 충돌, 서로 상충하는 이해관계의 충돌 속에서다. 십자가는 예수가 "혼합된" 세상, 즉 인간적이며 동시에 신적인 세상, 깨어진 세상이며 동시에 완전히 온전한 세상이라는 "혼합된" 세상 속에서 살아가기 위해 지불한 대가이다. 예수가 십자가에 매달린 곳은 서로 반대되는 것들 사이에, 즉 착한 강도와 나쁜 강도 사이에, 천국과 땅 사이에, 인간성과 신성 모두의 안에서, 여성의 영혼을 지닌 남성의 몸 안에서, 완전히 온전하지만 철저히 상처가 난 것 사이였다.

그럼으로써 예수는 현실이 무의미하지 않으며 부조리하지 않다는 것을 보여주었다. 비록 현실이 항상 완전히 논리적이거나 일관되지는 않다 하더라도 말이다. 우리가 아는 것처럼, 현실은 항상 모순들로 가득한데, 성 보나벤투라를 비롯한 몇몇 사람들(릴의 알랑[Alan of Lille]과 쿠사의 니콜라스[Nicholas of Cusa])은 이것을 "반대되는 것들의 공존"이라고 불렀다.

예수 그리스도는 그의 십자가 처형과 부활을 통해 "하늘과 땅에 있는 모든 것을 그 자신 속에서 반복하셨다"(에페소 1:10). 이 한 구절이 프란치스칸 그리스도론의 요약이다. 예수는 보편적 고난의 신비를 지고 가는 것에 동의하였다. 그는 그 고난의 신비가 자신을 변화시키도록 ("부활") 허락했으며, 또한 우리들도 변화되어, 우리가 우리의 고통을 다른 곳에 투사(project)하는 끝없는 순환으로부터, 또는 그 고통의 올가미에 사로잡힌 상태로부터 자유롭게 되기를 희망할 수 있다.

이것이 완전히 부활한 삶이며, 우리가 행복하고 자유롭고 사랑하는 사람이 되는 길, 한 마디로 말해서 "구원받는" 유일한 길이다. 결과적으로 예수가 말하는 것은 "내가 그것을 신뢰할 수 있다면, 너희들도 신뢰할 수 있다"는 것이다. 우리는 정말로 우리가 알고 있는 것보다 훨씬 더 십자가를 통해 구원받는다. 세상의 모순들을 붙들고 자신들 안에서 그 모순들을 해결하는 사람들이 세상의 구원자들이다. 그들이야말로 변혁, 화해, 새로움의 진정한 대리인들이다.

그리스도인들이란 "천국에 갈 사람들"이라기보다는 이 땅에서 하느님의 함께 아파하는 마음을 눈에 보이도록 만드는 사람들이다. 그들은 지금 이 세상의 생명을 위해서 하느님의 운명을 함께 나누는 누룩들이라서, 그 밀가루 반죽 전체가 그냥 굳어지지 않도록 만드는 사람들이다. 그리스도인은 모든 현실의 십자가 형태를 받아들이도록 요구받는 것이 아니라 받아들이도록 **초대된다.** 그것은 의무나 요구사항이라기보다는 **자유로운 소명**이다. 어떤 사람들은 사태의 어두운 측면에 숨거나 거부당한 집단을 외면하는 것이 아니라, 이 세상의 고통에 더욱 가깝게 다가가 그 고통이 자신들의 관점을 철저히 변화시키도록 부름 받았다고 느낀다. 그들은 이 세상의 불안전함과 심지어 불의조차 끌어안음으로써 자신들의 안에서부터 밖을 향해 그 상황이 자신들을 변화시키도록 허락하는데, 이것이 사태를 변화시키는 유일한 방법이다.

우리의 성인들이 서로 다른 방식으로 말했던 것처럼, 예수는 집단이나 국가들, 전투나 팀에 충성하지 않는다. **예수는 오직 고난에만 충성한다.** 그는 상처받은 미군과 함께 할 뿐 아니라, 고난받는 이라크 병사와도 함께 하며, 전장에서 피를 흘리며 죽어가는 영국군을 돌볼 뿐 아니라 환멸을 느낀 나치 병사도 돌본다. 이사야 예언자가 충격적으로 말한 것처럼, "민족들을 다 모아도 하느님 앞에서는 있으나마나, 허무하여 그 자취도 찾을 수 없다"(40:17). **예수 민족**(Jesus Nation)은 모든 국경선들과 경계선들을 건너가며, 고난을 당하고 나서 다른 편으로 나온 사람들, 파멸당하지 않고 더욱 강해지고 더욱 현명해진 사람들의 지혜와 자유에만 사로잡힌 사람들이다. 아이러니하게도 그리스도인이 아닌 많은 사람들, 예를 들어 안네 프랑크, 시몬 베유, 에티 힐레줌 같은 유대인들은 많은 그리스도인들보다 더욱 자유롭게 이런 소명을 충분히 받아들였던 것처럼 보인다.

속죄양 만들기와 "세상의 죄"

예수의 죽음을 이해하는 데 기초를 놓은 히브리 성서본문은 레위기 16장에서 찾아볼 수 있는데, 이 본문에 대해 프랑스 철학자이며 역사가인 르네 지라르는 이제까지 만들어졌던 가장 효과적인 종교 제의라고 지적한다. "속죄일"에는 대제사장 아론이 백성의 모든 죄를 한 마리 불행한 염소 위에 씌우고, 백성들은 그 염소를 때려서 광야로 도망치게 만들어야 했다. ("속죄염소[scapegoat]"라는 말은 초기 영어번역 성서에 사용된 단어 "도망치는 염소[escaping goat]"라는 말에서 나왔다.) 이것은 생생한 상징적 행동으로서 단기간에 백성들을 단결시키고 해방시키는 데 도움을 주었다. 이것은 카톨릭 신자들이 나중에 "일반 사죄" 또는 "공적 고백"이라고 부르게 된 것의 선례였다. 이런 속죄양 제의는 우리의 죄를 자신의 죄로 자백하는 대신에, 다른 곳에—이 경우에는 죄 없는 짐승에게—떠넘기도록 만드는 것이다.

이런 속죄염소 이미지는 우리가 자신의 죄를 다른 누군가에게 전가해서 부당하게 대하려는 보편적인 (그러나 무의식적인) 욕구를 잘 반영한다. 이런 패턴은 우리 사회와 우리의 내면생활에서 많이 볼 수 있기 때문에 우리는 그것을 "세상의 **가장 일반적인 죄**(the sin of the world)"라고 부를 수 있을 정도이다. (요한복음 1:29에서 "죄"를 단수로 사용한 것을 주목하라.) 그러나 성서 이야기는 오직 "하느님의 어린 양(a lamb of a God)"만이 그 죄를 비폭력적 행동으로 **드러내며 또한 해결할** 수 있다는 것을 인정하는 것처럼 보인다. (하느님의 사자[a lion of a God]는 우리가 권력을 통해서만 권력을 극복할 수 있다는 망상을 영속시킬 것이며, 문제를 더욱 배가시킬 따름이다.)

레위기의 속죄염소는 두 마리 가운데 제비를 뽑아 한 마리를 선택하는 것에 근거해 있다는 점을 주목하라(레위기 16:7-10). 사실상 "죄를 위한 제물로 바치는 야훼의 염소"와 때려서 광야로 쫓아낼 "아자젤 ([Azazel]은 광야의 악마)"의 염소 사이에는 차이가 없다. 단지 백성들이

제비를 뽑아서 선택할 따름이다. 그 두 염소는 모두 하느님이 지으셨지만, 어느 염소를 광야로 내쫓을 것인가를 결정하는 것은 인간들이다. 이처럼 이분법적인 사고방식은 참된 것이 아니지만, 우리의 에고는 그런 사고방식이 편리하고 유용하다고 생각한다. 비난을 전가할 필요성은 말할 필요조차 없다.

오늘날까지도 속죄양 만들기는 많은 개인적, 정치적, 공적 담론을 특징짓고 있다. 좌파는 우파를 단지 "출산 지향적"이면서 동시에 전쟁과 총기를 찬성하기 때문에 스스로를 "생명 지향적(pro-life)"이라고 부르는 것은 위선이라고 비난한다. 반면에 우파는 좌파가 "낙태 찬성"이며 (여성들의 결정권에 대한) "선택 지향적(pro-choice)"이라고 주장하기 때문에 전혀 "생명 지향적"이지 않다고 비난한다. 이처럼 좌파와 우파 모두 상대방의 염소에 집중함으로써 완전한 일관성을 피할 수 있다. 이런 논리가 우리들 모두를 정직하지 않도록 만드는 데 얼마나 효과적인지는 놀랍기만 하다. 실제로 완전히 생명 지향적 입장을 취하는 것은 사람들을 별로 즐겁게 만들지 않을 것이다. 왜냐하면 그런 입장은 우리가 질문하지 않았던 생각들을 버릴 것을 포함해서 요구하는 것들이 많기 때문이다. 항상 참으로 생명 지향적인 "옷"을 입는 사람은 별로 없다. 완전히 순수한 장소는 없는 것처럼 보이며, 또한 우리가 어떤 문제를 깊이 있게 해결하려면 우리는 정직하게 이런 불완전성을 받아들여야만 한다. 우리 자신이 완전히 옳다는 자기중심적인 망상이야말로 흔히 타인들을 십자가에 못 박도록 만든다.

르네 지라르는 이런 속죄양 기제(scapegoat mechanism)가 대부분의 사회 집단들과 문화를 형성하는 기본 원리라는 점을 보여주었다. 우리는 우리가 속죄양을 만들거나 우리의 잘못을 타인에게 투사하고 있다는 것을 좀처럼 의식하지 못한다. 예수가 말한 것처럼, 사람들은 사실상 "자기가 하는 일을 모르고 있다"(루가 23:34). 실제로 이런 속죄양 기제의 효력은 그 기제 자체를 의식하지 **않는** 데 달려 있다. 그 기제는 거의 전적으로 자동적이며, 타고 났으며, 무의식적이다. "저 여자가 나로 하여금 그 일을 하게 만들었다." "그에게 죄가 있다." "그는 그런 불행을 당해도 싸다." "문제는 저 사람들이다." "그들은 악마다." 사람들은 자신의 죄성과 부정적인 특성을 인정해야만 하지만, 대신에 우리는 주로 다른 무엇을 비난하거나 증오한다.

구체적인 제의들을 통해서 속죄양 만들기를 의식적으로 볼 수 있고 이름 붙이고, 실수들을 인정하고 "회개"를 하기 전에는, 이런 속죄양 만들기 패턴은 보통 무의식 속에 남아 있으며 전혀 도전을 받지 않는다. 20세기에 현대 심리학이 어떻게 인간들이 거의 언제나 자신들의 무의식적인 그림자(shadow)를 타인들과 다른 집단들에 투사하는지를 밝히기까지는 사람들이 그것을 전혀 알지 못했다. 그러나 예수는 이런 패턴을 2천 년 전에 밝혔다. 즉 예수는 "너희를 죽이는 사람들이 그런 짓을 하고도 그것이 오히려 하느님을 섬기는 일이라고 생각할 것이다"(요한 16:2)라고 말했다. 우리는 다른 사람들 속에서 우리 자신의 결함들을 증오하며, 또한 슬프게도 그런 투사(projection)를 흔히 가장 잘 은폐하는 것이 종교라는 것을 깨닫게 된다. 하느님과 종교는 우리의 대부분의 폭력을 정당화하며 우리가 인정하고 싶지 않은 우리들 자신의 그림자로부터 숨는 데 이용되어 왔을 것이다.

그러나 성서는 우리가 그처럼 깨닫지 못하는 증오와 죽임을 "죄"라고 정확하게 부르며, 또한 예수는 우리가 그런 죄의 거짓을 드러냄으로써 모두가 그것을 볼 수 있게 함으로써, 정확히 그 죄를 저지를 능력을 "없애기" 위해 오셨다(요한 1:29). 훌륭한 영적 지도자나 고해성사 담당 사제와 이야기하는 것처럼, 십자가에 달리신 분을 바라보는 것은 우리로 하여금 그 모든 비극 속에 들어있는 거짓을 볼 수 있도록 도와준다. 예수는 "교회와 국가"(로마제국과 예루살렘) 모두의 최고 당국자들에 의해 단죄를 받은 완전히 죄 없는 분이셨다는 사실을 기억하라. 이처럼 교회와 국가 모두의 단죄는 최고 권력이 얼마나 잘못될 수 있는지에 대한 건강한 의심을 갖게 만든다. 아마도 권력은 여전히 우리가 이런 건강한 의심조차도 갖지 않기를 원할 것이며, 바로 이런 이유 때문에 우리가 개인의 육체적 죄에 그토록 초점을 맞추고 있을 것이다. 그래서 세상을 정말로 파괴하는 죄들이지만 이처럼 부인되는 죄들이란 우리가 흔히 공적인 인물들 속에서 칭찬하며 완전히 받아들이는 죄들, 곧 자만심, 야심, 탐욕, 탐식, 거짓 증언, 합법화된 살인, 허영 등등일 것이다. 이것을 부인하기는 힘들다.

요한이 표현한 것처럼, "그분이 오시면 죄와 정의와 심판에 관한 세상의 그릇된 생각을 꾸짖어 바로잡아 주실 것이다"(16:8). 이것이 바로 예수가 십자가 위에서 드러낸 것이며 패배시킨 것이다. 예수는 우리들에 관한 하느님의 마음을 바꾸기 위해 오신 것이 아니다. 하느님의 마음을 바꿀 필요가 없었다. **예수는 하느님에 관한 우리의 생각을 바꾸기 위해 오셨으며, 또한 우리들 자신에 관한 우리의 생각, 그리고 선과 악이 정말로 어디에 있는지에 관한 우리의 생각을 바꾸기 위해 오셨다.**

우리는 하느님이 사랑하시는 것을 사랑한다

그렇다면 예수를 따른다는 것은 무엇을 뜻하는가? 내가 믿는 것은 우리가 십자가에 달린 예수상을 바라봄으로써 모든 고난에 대한 우리의 마음을 너그럽게 하도록 초대받고 있으며, 우리들 자신이 어떻게 폭력과 증오에 의해 "물어 뜯겼는지"를 이해하며, 또한 하느님의 마음은 항상 우리를 향해 너그러우셨다는 것을 깨닫도록 초대받고 있다는 점이다. 우리의 시선을 이런 하느님의 진리에로 향하게 하고, 또한 우리가 속죄양을 만들고 자기를 정당화하는 많은 방식들에서 벗어남으로써, 우리는 우리들 자신과 고난당하는 다른 모든 이들을 향해 함께 아파하는 마음을 갖게 된다. 그런 일은 대체로 정신과 무의식의 차원에서 일어나지만, 우리의 모든 상처들과 폭력을 향한 우리의 의지는 정확히 무의식의 차원에 있다. 즉 우리가 거의 합리적으로 통제하지 못하는 원시적인 "파충류의 뇌(lizard brain)" 속에 자리잡고 있다.

변혁적인 종교는 우리를 이런 원시적인 뇌간(brain-stem) 차원에서 건드리는 종교이다. 그렇지 않은 종교는 전혀 변혁적인 종교가 아니다. 역사는 계속해서 자기 이해관계를 초월해서 세상의 선을 위해서 행동하는 사람들, 분명히 자신들보다 더욱 큰 힘에 의해 추동되는 사람들로 인해 은혜를 입고 있다. 마하트마 간디, 오스카 쉰들러, 마틴 루터 킹과 같은 사람들 말이다. 로자 파크스, 마더 테레사, 도로시 데이, 오스카 로메로, 시저 샤베즈, 그밖에 "알려지지 않은 수많은 군병들"도 마찬가지다. 이들 영감을 주는 인물들은 그리스도의 마음이 여전히 세상에 거하고 있다는 강한 확신을 우리에게 준다. 우리들 대부분은 운이 좋게도 이들과 똑같이 그리스도의 마음을 보여주면서도 덜 알려진 많은 사람들과 함께 길을 건널 수 있었다. 나는 우리가 어떻게 그런 사람이 될 수 있는지를 말할 수는 없다. 내가 생각할 수 있는 것 전부는 그들이 모두 그리스도의 순간들, 즉 그들 자신의 그림자들을 부인하기를 멈추고, 그 그림자들을 다른 곳에 투사하기를 멈추고, 이 세상과 깊이 연대하는 데서 자신들의 정체성을 발견한 순간들이 있었다는 점이다.

그러나 이런 그리스도의 순간들은 부러운 것이 아니다.

예수를 따르는 것은 이 세상의 생명을 위한 하느님의 운명을 공유하는 소명이다.

어떤 이유에서인지 하느님이 허락하시는 것을 우리도 허락하고 또한 사용하는 일이다.

그리고 하느님께서 영원히 고난받으시는 것을 우리도 매우 가볍게나마 고난을 받는 일이다.

이것은 하느님에 관해 옳은 것을 믿는 것과는 상관이 없다. 오직 하느님은 사랑 자체이시라는 사실을 믿는 것과만 상관이 있다.

하느님께서 사랑하시는 것—좋은 것과 나쁜 것 모두—을 사랑하고 그 화해를 위해 자신들 안에서 그 대가를 지불하기로 선택한 사람들이 바로 예수 그리스도를 따르는 사람들이다. 그들은 하느님이 이 세상을 변혁시키기 위해 사용하시는 누룩, 소금, 남은 자, 겨자씨이다. 따라서 십자가는 하느님을 위해 **사용될 수 있는 것**이 되기 위한 매우 극적인 이미지이다. 십자가는 당신이 천국에 가는 반면에 다른 이들은 그렇지 못하다는 뜻이 아니다. 오히려 십자가는 당신이 훨씬 먼저 천국에 들어갔기 때문에 사태를 초월적이며 온전하며 치유하는 방식으로 볼 수 있다는 뜻이다.

이런 마음과 정신을 장기간에 걸쳐 유지하는 것이 참된 영성이다. 그러기 위해서는 매일 수많은 결단과 항복을 필요로 한다는 것에 대해 나는 전혀 의심하지 않는다. 여기서 같은 마음을 지닌 사람들을 찾는 것이 도움이 된다. 그런 은총과 자유는 결코 외롭게 성취하는 것이 아니다. 당신 혼자서 만들어낸 천국은 결코 오래 가는 천국이 아니다. 성인들은 다음 세상을 기다리는 대신에 이 세상에서 사는 동안에 깨어 있는 사람들이다. 아씨시의 성 프란체스코, 윌리엄 윌버포스, 리지외의 테레사, 해리엣 터브만은 다른 어느 누구보다 우월하다고 느끼지 않았다. 그들은 단지 자신들이 하느님의 큰 비밀 안에 들어가 있다는 것을 알았으며, 그 비밀을 드러내는 데서 자신에게 맡겨진 일을 감당하기를 원했을 따름이다.

그들은 모두 무능력으로부터 먼저 배우고 다듬어지기 전에는 심지어 자신들의 능력조차 신뢰하지 않았다.

이것은 쉽게 깨달아지는 진리가 아니다. 일단 그들의 사고의 틀 전체가 부서지고 이런 식으로 다시 형성되면, 그들은 자신들이 어떻게 지배적인 세계관 속에 되돌아갈 수 있는지를 찾아야만 했다. 그들 대부분은 적어도 완전하게 그 세계관 속으로 되돌아가지는 못했다. 이것이 그들에게 십자가가 되었다. "십자가의 길"은 결코 유행에 뒤떨어지는 것이 되지 않는다. 왜냐하면 십자가의 길은 결코 유행이 될 수 없기 때문이다. 그것은 어디에서든 결코 지배적인 의식이 되지 않는다. 그러나 이것이 하느님의 무능력이며, 이 세상을 구원하는 무능력이다.

속죄양 기제, 우리가 다른 이들 속에서 우리들 자신을 미워하고 공격하는 능력은 대부분의 사람들이 알아차리기에는 너무 어렵고 유혹적이다. 그것은 모든 세대와 모든 문화가 새롭게 반대해야만 하는 것이다. 하느님 나라는 항상 누룩이며 남은 자이며 비판적 대중이며, 선택된 소수이며, "열 명의 의인"들로서, 진리를 위해 우리를 우리 자신들로부터 구원하는 이들이다.

하느님의 본성은 궁극적인 비폭력이기 때문에, 우리는 폭력과 배제, 사회적 압력이나 도덕적 강제력에 기초해서 구원을 주장하는 어떤 이론도 받아들이지 않는다. 그런 이론을 받아들이면, 그런 폭력과 배제와 강제력이 적절한 생명의 길로 합법화된다. **하느님께서 구원하시는 방법은 배제나 처벌을 통해서가 아니라 사랑과 포용을 통해서다.**

이 하느님은 단지 소수의 선택된 자들만이 아니라 모든 사람과 만물을 당신 자신에게로 부르신다(창세기 8:16-17; 에페소 1:9-10; 골로사이 1:15-20; 사도행전 3:21; 1 디모테오 2:4; 요한 3:17). 모든 사람과 만물을 당신께 오도록 하시기 위해, 하느님은 우선 기꺼이 "그리스도와 같이 죽고" 또한 그의 부활의 몸으로 변형될 모델들을 필요로 하신다(필립비 3:10). 이런 모델들이 바로 "새로운 피조물"(갈라디아 6:15)이며, 그들의 변형된 상태는 서서히 역사 속에 확산되며 천천히 세상을 "생명이 더욱 풍성한" 세상으로 변형시킨다(요한 10:10).

우리들 자신이 바로 문제라는 것을 인정하지 않는다면, 우리는 계속해서 하느님을 속죄양으로 만들게 마련이다. 이것이 바로 우리가 십자가 위에서 예수 그리스도를 죽임으로써 한 짓이다. 우리가 하느님의 아들로 고백하는 예수를 십자가에 처형한 것은 끔찍한 예언, 즉 인간이 스스로를 변화시키기보다는 조만간 하느님을 죽이게 될 것이라는 끔찍한 예언이었다. 그러나 예수 그리스도는 우리의 배척을 기꺼이 겪으심으로써 더욱 큰 일이 일어나게 하셨다.

십자가에 달리신 하느님과의 대화

몇 년 전에 내가 "십자가에 달리신 하느님과의 대화"라는 명상의 글을 쓴 이유는 내가 여기서 부족하게나마 묘사하려는 것을 사람들이 경험하도록 돕기 위해서였다. 내가 제안하는 것은 당신이 조용하며 호젓한 짬을 낼 수 있을 때까지 기다렸다가 큰 소리로 기도하여 당신의 입에서 나오는 말을 당신이 귀로 들을 수 있게 하라는 것이다. 덧붙여서, 당신이 십자가에 달리신 예수의 형상 앞에 앉아서 주고받는 시간을 갖기를 제안한다.

당신이 시작하기 전에 다음 두 가지를 알면 좋겠다.

- 우리는 내면의 상태를 드러내기 위한 이미지들을 필요로 한다. 당신은 사람들이 부인하며 두려워하는 것들, 즉 노출, 수치, 취약성, 실패에 대한 형상을 바라볼 것이다. 유사요법의 약처럼, 예수는 그런 문제를 완전히 드러냄으로써 우리를 바로 그 문제로부터 자유롭게 한다. 십자가는 우리의 눈과 우리의 정신으로부터 부인과 두려움 모두의 커튼을 없애버린다. 예수는 희생자가 됨으로써 우리가 타인들을 희생자로 삼거나 우리들 자신을 희생자로 삼는 짓을 멈출 수 있게 한다.
- 십자가에 달리신 분에 대한 진정한 형상은 이미 부활의 형상이다. 그 벌린 팔과 모든 것을 알고 있는 눈길은 이미 모든 고난에 대한 승리이다.

예수가 십자가 위에서 당신에게 하는 말씀

나는 너희가 가장 두려워하는 것, 즉 너희의 가장 깊고 가장 상처를 입고 벌거벗은 자기이다. 나는 너희가 사랑할 수 있는 것에게 하는 것이다.

나는 너희의 가장 깊은 선함이며 또한 너희의 가장 깊은 아름다움인데, 너희들은 그 깊은 선함과 깊은 아름다움을 부인하며 훼손시킨다. 너희의 유일한 나쁜 행동은 너희가 선함, 곧 너희들 자신과 타인들의 선함에 대해 하는 일 속에 있다.

너희는 정말로 너희를 변화시킬 유일한 것으로부터 도망치며 심지어 그것을 공격하기도 한다. 그러나 미워하거나 공격할 것은 아무것도 없다. 만일 너희가 그런 짓을 하려고 들면, 너희는 그 똑같은 짓을 거울에 비친 모습이 될 따름이다.

내 안에서 그 모든 것을 받아들여라. 나는 너희들 자신이다. 나는 모든 피조물이다. 나는 모든 사람이며 만물이다.

십자가에 달리신 분에게 당신이 하는 말

예수 형제여, 당신은 나의 생명이지만 나는 그것을 부인합니다. 당신은 나의 죽음이지만 나는 그것을 두려워합니다. 나는 당신 안에서 그 모두를 받아들입니다. 이제야 비로소 나는 당신을 통해서 또 당신 때문에 죽음과 삶이 반대되는 것이 아니라는 것을 알아차립니다. 당신은 나의 온전한 자기가 드러난 분입니다. 당신은 행동에서 무한하셨기 때문에 나도 무한하게 될 수 있는 존재로 만드십니다. 이것이 나의 신적인 가능성입니다.

예수 형제여, 당신은 내가 터무니없이 무시하고 소홀히 했던 영혼입니다. 당신은 우리가 선에 대해 행하는 것입니다. 당신은 우리가 하느님에게 행하는 것입니다. 당신은 터무니없이 무시하고 소홀히 했던 만물의 영혼입니다. 당신은 우리가 사랑해야 하고 사랑할 수 있는 것에 대해 우리가 행하는 것입니다. 당신은 우리가 서로에게 행하는 것입니다. 당신은 우리들 바로 앞에 있는 실재에 대해 우리가 행하는 것입니다. 당신은 우리가 우리들 자신에게 행하는 것입니다. (이것이 내면 깊이 가라앉을 때까지 이 생각에 머물러 있으라.)

나는 나를 구원할 바로 그것들을 미워하고 두려워합니다. 이런 생각이 나로 하여금 이런 것들을 사랑할 수 있도록 만들고, 그것들에 대해 참을성 있고 심지어 그것들을 용서하도록 도와주소서.

나는 누군가 "아무런 이유 없이" 나를 사랑하는 것을 견딜 수 없습니다. 나는 가치가 있고 자격이 있는 존재라는 것을 주장합니다. 그리고 나는 다른 사람들에게도 똑같은 것을 요구합니다. 그러나 당신은 팔을 길게 뻗어 세상의 모든 것을 품어 안습니다.

그리스도 예수여, 당신만이 십자가에 달리는 한이 있더라도 남을 십자가에 매달기를 거부하십니다. 당신은 결코 희생자 역할을 하거나 복수를 요청하지 않은 채, 당신이 십자가에 매달린 곳에서부터, 당신의 뒤집힌 보좌에서부터, 우주에 대한 보편적인 용서를 숨 쉬고 계실 따름입니다.

우리 인간들은 너무 자주 우리 스스로를 미워하지만, 대신에 당신과 타인들을 잘못 살해합니다.

당신은 항상 우리가 그러는 줄 아셨지요? 그러면서도 당신은 그것을 받아들이셨습니다.

이제 당신은 나로 하여금 나와 타인들을 향한 이 폭력과 망상의 끝없는 순환에서 벗어나도록 초대하십니다.

나는 당신의 복 받은 몸, 이 복 받은 인간성, 이 거룩한 어머니 지구를 십자가에 못 박기를 멈추고 싶습니다.

예수 형제여, 당신이 인간이 되어 나의 여정에 함께 동행한 것에 감사드립니다. 이제 나는 하느님인 체할 필요가 없습니다.

우리가 이 길을 함께 걸을 수 있다는 것을 아는 것만으로 충분히 기쁘고 좋습니다.

당신이 유한하며 제한된 존재가 됨으로써 내가 무한한 존재인 척할 필요가 없다는 것에 감사드립니다.

당신이 작고 낮은 존재가 됨으로써, 내가 어느 누구보다 크며 위대한 존재인 척할 필요가 없다는 것에 감사드립니다.

당신이 우리의 수치와 벌거벗음을 그토록 담대하고 공개적으로 감당하심으로써 내가 숨거나 우리의 인간적 현실을 부인할 필요가 없다는 것에 감사드립니다.

당신이 배척과 추방을 받아들이고 "성벽 바깥에서" 십자가에 달리심으로써 나로 하여금 정확히 그곳에서 당신을 만날 수 있다는 걸 알게 하시니 감사드립니다.

당신이 "죄가 되심으로써" 나 자신의 실패를 부인할 필요가 없게 되고 심지어 나의 실수들조차 가장 참되고 가장 놀라운 사랑의 길이라는 것을 깨달을 수 있게 하신 것에 감사드립니다.

당신이 연약하게 되심으로써 내가 강한 척할 필요가 없게 된 것에 감사드립니다.

당신이 기꺼이 불완전하며 틀렸고 이상한 존재로 간주되셨기에 내가 완전하거나 옳거나 소위 정상적인 이상적 존재가 될 필요가 없게 된 것에 감사드립니다.

당신이 많은 사람들로부터 사랑받지 못하심으로써 내가 누군가에게 사랑받기 위해 그토록 애쓰지 않아도 되는 것에 감사드립니다.

당신이 실패자로 간주되심으로써 내가 성공한 척하거나 심지어 성공한 사람이 되려고 애쓰지 않아도 되는 것에 감사드립니다.

당신 자신이 국가와 종교의 기준에 따라 틀린 것으로 간주되심으로써 내가 어디에서건 옳아야만 할 필요가 없게 된 것에 감사드립니다.

당신이 모든 면에서 가난하셨기에, 내가 어떤 면에서건 부자가 되려고 애쓸 필요가 없게 된 것에 감사드립니다.

예수 형제여, 당신이 인간이 경멸하며 두려워하는 모든 것이 되심으로써 내가 당신 안에서 또한 당신을 통해서 나 자신과 모든 사람을 완전히 받아들일 수 있게 된 것에 감사드립니다.

십자가에 달리신 예수여, 당신이 이 모든 것들을 하나의 위대한 통찰력과 자비의 형상 속에서 계시하신 것에 감사드립니다. 그렇습니다. 중세 신비가들이 했던 말, 즉 "십자가는 모든 것을 증명한다(*Crux probat omnia*)"는 말은 진실입니다.

예수 형제여, 나는 당신을 이 형상대로 사랑하고 싶습니다. 나는 당신을 이런 방식으로 사랑할 필요가 있습니다. 그렇지 않다면 나는 결코 이 세상에서 자유롭거나 행복할 수 없습니다.

예수 형제여, 당신과 나는 똑같은 인간입니다.

13장

그 짐은 혼자 질 수 없다

그리스도의 몸도 하나이며 성령도 하나입니다. 이와 같이 하느님께서 여러분을 당신의 백성으로 부르셔서 안겨주시는 희망도 하나입니다... 그리스도께서는 우리들에게 각각 다른 은총을 알맞게 나누어주셨습니다.

― 에페소서 4:4, 7.

지난 몇 년 동안 나는 저녁 뉴스를 시청하는 것을 중단할 수밖에 없었다. 시리아에서 어머니들과 아이들이 살기 위해 도망치는 모습이나 아프리카에서 아기들이 굶어죽는 모습을 더 이상 참고 볼 수가 없었기 때문이다. 그런 광경들은 나를 매우 비참하게 만들었고 심지어 구토까지 나도록 만들었다. 나는 인간이라는 것이 싫어졌다. 그러나 미국에서 선거전이 시작되었고 그 와중에서 언어는 모든 의미를 잃어버린 것 같았다. 온통 망상과 벌거벗은 야망뿐이었다. 미국의 정치는 얄빠졌으며 망상에 사로잡혔고 공허한 것처럼 느껴졌는데, 그런 기초 위에서 문명을 건설하는 것은 불가능하다. 그럼에도 불구하고 백인 복음주의자들의 82%와 백인 카톨릭 신자들의 52%를 포함해서 많은 사람들은 뻔뻔한 인종차별주의와 일반적인 비열함을, 자신들이 그토록 사랑하는 예수와 마찬가지로 사랑하는 것처럼 보였다. 나의 마음이 아픈 것은 이처럼 실제적이며 확고한 무엇 때문이었다. 도대체 어떻게 이런 일이 벌어질 수 있는가?

그러다가 내가 이 책을 쓰기 전에, 내가 15년 동안 키웠던 검정 라브라도 반려견이 수술할 수 없는 암을 앓고 있었기 때문에 처리할 수밖에 없다는 걸 알게 되었다. 비너스는 나에게 몇 주 동안이나 자신이 병에 걸렸으며 그 병을 받아들인다는 표정을 지었지만, 나는 그 표정을 읽지 못했다. 심중에서 나는 알고 싶지 않았다. 진단을 받은 후에 내가 비너스를 바라볼 때마다, 그는 나를 올려다보면서 여전히 부드럽고 모든 것을 인정하는 눈빛으로 "괜찮아요. 나를 가게 내버려 둬요. 이제는 떠날 시간이거든요"라고 말하는 것 같았다. 그러나 나 역시 준비될 때까지 그는 참을성 있게 기다렸다.

비너스가 죽은 후 한 달 동안 나는 때때로 울었다. 특히 다른 개를 보거나 비너스 이름을 부를 때 그랬다. 그러나 죽기 전 몇 주 동안, 비너스는 나에게 특이한 방식으로, 모든 슬픔, 그것이 우주적인 슬픔이든 인간의 슬픔이든 개의 슬픔이든, 하나의 똑같은 슬픔이라는 것을 전해주었다. 비너스의 눈은 모든 눈이며 심지어 하느님의 눈이라는 것, 또 그가 표현하는 슬픔은 신적이며 보편적인 슬픔이라는 것을 깨닫게 해주었다. 하느님이 짐승들을 이용해서 자신이 누구신지를 알려주셨다면 좀 더 쉽지 않으셨을까 하는 생각도 했다. 왜냐하면 짐승들은 사람들처럼 의지적이며 속임수를 쓰지는 않는 것처럼 보이기 때문이다. 그러나 이것은 모두 투사이며, 나의 감성과 상상력의 산물에 불과한 것인가?

얼마 지나지 않아서 이런 생각들은 내가 이 책을 쓰기 위해 피정을 하는 동안에 정리가 되었다. 어느 친구가 내가 글을 쓰다가 쉴 때 보라고 유명한 영화 "라이온(*Lion*)" DVD를 빌려주었었다. 휴식의 즐거움을 위한 영화는 아니었다. 인도 동부 출신 소년이 가족들과 헤어져 (오스트레일리아에 입양되었다가) 평생에 걸쳐 다시 자신과 가족을 찾는 가슴 아픈 실화를 영화로 보면서, 나의 슬픔은 임계점에 달했고 나는 눈물을 훔치기 시작했다. "인생은 너무 불공평하다"는 탄식이 나를 엄습했다. 혼자 피정을 하면서 나는 일종의 깊은 절망에 빠졌다. 그 후 며칠 동안 어떤 것도 의미 있게 느껴지지 않았다. 나는 단지 인간이라는 배에서 내리고 싶었을 따름이다.

그 순간에 나는 어느 하나에 대해 슬펐던 것이 아니라 모든 것에 대해 슬펐다. 그 전 몇 달 동안에 내가 목격했던 모든 비극이 한 군데에 쌓여 하나의 큰 슬픔이 되어 내가 벗어날 수 없는 고난이 되었다. 이것은 내 친구 윌리엄 폴 영이 "큰 슬픔"이라 부르는 것, 즉 그 고통이 너무 크고 깊어서 결코 끝나지 않을 것처럼 느껴지는 슬픔이다. 그러나 그 슬픔은 어느 특정한 한 문제로 인한 것이 아니라, 한꺼번에 모든 문제들로 인해 밀어닥친 슬픔이다.

내가 나를 위해서 할 수 있는 말은 비너스의 눈을 회상하며 또한 이 모든 슬픔과 고난을 하느님의 슬픔으로 이해하는 것이 큰 도움이 되었다는 것이다. 그러면 나는 그 슬픔을 나 혼자 짊어질 필요가 없었다. 그 짐을 나 혼자 질 필요가 없고 함께 공유하는 경험이라는 것은 나에게 큰 위로가 되었다. 논리적이지도 않고 합리적이지도 않지만, 나는 바울로가 골로사이인들에게 보낸 편지 앞부분에서 한 말씀, 즉 "그래서 나는 여러분을 위하여 기꺼이 고통을 겪고 있습니다. 그리고 나는 그리스도의 몸인 교회를 위하여 그리스도의 남은 고난을 내 몸으로 채우고 있습니다"(1:24)라는 말씀과 동일시하였다.

나는 결코 피학증 환자(masochist)가 아니며 순교자 콤플렉스(martyr complex)를 갖고 있지도 않지만, 깊은 슬픔에서 벗어나는 유일한 길은 **그 슬픔과 더불어 또한 그 슬픔을 통과해 가는 길**이라고 믿는다. 때때로 나는 이것이 우리가 성체전례에서 포도주 잔을 들어 "그분을 통해, 그분과 함께, 그분 안에서"라고 말할 때 우리가 뜻하는 것이 아닌가 생각한다. 영적으로 고난을 견디는 유일한 길, 그래서 그 고난이 우리를 파멸시키지 않는 유일한 길은 우리가 그 고난을 홀로 질 수는 없다는 것을 인정하는 것이 아닐까 생각한다. 내가 영웅적으로 고난을 홀로 지려고 할 때는 고난을 부인하거나 주의가 산만해지고 아닌 척하게 되어, 결국 **고난이 우리를 부드럽게 만드는 교훈**을 배우지 못하게 된다. 그러나 내가 어떤 것에 대한 공유하는 의미를 발견할 수 있을 때, 특히 똑같은 행동을 통해 하느님과 타인들을 사랑하게 될 때는 하느님께서 내가 그것을 통과해 나아가도록 하신다. 나는 삶의 애매모호한 과정을 신뢰하기 시작한다.

우리의 작은 고난의 짐을 지면서 모든 인류의 보편적인 열망과 연대할 때, 우리는 자기연민이나 자기몰두에 빠지지 않게 된다. 여기서 우리 모두는 하나가 되며, 혼자 짐을 지는 것은 누구에게나 힘이 드는 일이라는 것을 알게 된다. **거의 모든 사람이 크고 은밀한 상처를 지니고 있으며, 심지어 그들이 그런 줄 모를 때조차도 있다.** 우리가 이런 사실을 깨닫게 되면, 우리의 지나치게 방어적인 마음 주변에 부드러운 여백이 마련된다. 그리고 누구에 대해서든 잔인하게 되는 것이 어렵게 된다. 그런 깨달음은 어떤 방식이로든 우리를 하나가 되게 만드는데, 그 방식은 쉬운 위로와 오락이 결코 줄 수 없는 방식이다.

어떤 신비가들은 심지어 개별적인 고난이란 전혀 존재하지 않는다고, 즉 오직 하나의 고난만이 존재하며, 그 모든 고난이 하느님의 고난이라고 말하기도 한다. 십자가 위의 예수상은 그런 점을 우리 영혼에게 전해준다. 십자가에 달리신 하느님은, 우리가 대부분 흔히 배운 것처럼 단지 **우리를 위해서만**이 아니라, 하느님이 완전히 우리들 속에서 **우리와 함께** 겪으시는 고난을 보여주는 극적인 상징이다.

고난이, 심지어 불의한 고난―모든 고난은 불의하다―이 하나의 위대한 신비의 일부분이라면, 나는 기꺼이―그리고 때로는 행복하게―나의 작은 몫을 짊어질 것이다. 그러나 나는 그것이 어떤 방법으로든 어느 누군가에게나 무엇에게 도움이 된다는 것과 그것이 그 거대한 사태에서 중요하다는 것을 알아야만 한다. 우리가 앞에서 언급했던 에티 힐레줌은 자신의 고난이 하느님의 고난이라고 정말로 믿었다. 그녀는 심지어 하느님이 그 고난의 한 부분을 짊어지시도록 돕고 싶다는 깊은 열망을 표현하기도 했다. 그런 영적인 자유와 관용성은 나로서는 거의 상상할 수 없는 것이다. 도대체 어느 누가 그처럼 실물보다 큰 사람들을 창조하는가? 그들의 이타주의는 인간에 대한 심리학적 정의로는 거의 이해하기 어려운 현상이다.

"한 묶음"

14세기에 영감을 받아 『무지의 구름』(*The Clouds of Unknowing*)을 쓴 익명의 저자는 하느님이 그리스도 안에서 죄, 죽음, 용서, 구원을 "모두 한 묶음"으로 다루셨다고 가르쳤다. 그것은 매우 특이하며 심지어 꾸밈없는 구절이지만, 나에게는 하느님의 역사에 대한 이런 집합적이며 심지어 신비적인 이해는 우리가 보편적 그리스도를 이해하려 할 때 추구하는 일치적 비전에 공헌하는 것이라고 생각된다. 예수 혼자는 신적인 개인처럼 보이지만, 내가 이 책에서 묘사하는 그리스도는 실재를 이처럼 "한 묶음"으로 보는 견해를 이끌어내는 이미지다. 14세기에 그 책의 저자는 신비주의적 통전주의(holism)의 마지막 나머지를 향유했던 것으로 보이는데, 그런 통전주의는 그 후 종교개혁과 계몽주의의 이분법적인—그러나 필요하기도 했던—약탈로 인해 사라졌다. 그는 보다 동방교회적인 부활 이해, 즉 **보편적 현상으로서의 부활** 이해를 반영했는데 여기서 예수는 죽은 자들로부터 혼자서 부활하여 마치 결승점을 통과한 것(touchdown)처럼 자신의 손을 흔들고만 있지는 않는다. 그러나 대부분의 서양 미술에서는, 심지어 노트르담 대학교 미식축구 경기장 위의 거대한 모자이크 장식에서조차도, 예수는 혼자서 부활하여 결승점을 통과한 모습이다. (우리는 그런 모습을 "터치다운 예수 [Touchdown Jesus]"라고 부르곤 했다.)

복음은 우리가 사물에 대해 통전적이며 "모두를 한 묶음"으로 이해하도록 했다고 나는 확신한다. 일단 우리가 이와 비슷한 돌파구를 찾으면, 우리는 바울로의 구절들 어디에서나 이런 생각을 볼 수 있는데, 서로 다른 방식들로 표현되어 있다: "하느님께서는 그분 한 몸 안에서 죄를 단죄하셨습니다"(로마서 8:3); "그분은 모든 인류를 위해서 죽음을 경험하셨습니다"(히브리 2:18); "그분은 당신 자신을 속죄제물로 바치심으로써 이 일을 '한 번에 다' 이루신 것입니다"(히브리 7:27); 또는 필립비서의 화육 언어로, 예수는 우리를 "죄와 죽음의 패턴"을 거치도록 인도하심으로써 우리도 "부활의 패턴 속에서 우리의 자리를 차지할" 수 있게 하셨습니다(필립비 3:9-12). 물론 이 모든 것은 "하느님의 통치(나라)"라는 예수의 핵심적 은유로부터 등장하는데, 하느님의 통치는 완전히 집단적인 개념으로서, 어떤 학자들은 이것이 예수가 가르친 전부라고 말한다. 예수 이야기를 이처럼 그리스도가 제공하는 집단적인 개념을 통해 읽지 않으면, 예수의 핵심 메시지의 상당수를 놓치게 되며, 그 메시지를 전부 개인 구원(individual salvation)의 관점과 개인적 보상과 처벌의 관점에서 읽게 된다는 것이 나의 정직한 생각이다. 그 결과 사회는 전혀 다루지 않은 채 남아 있게 된다.

내 생각에는 이런 집단적 개념 때문에 나중에 그리스도인들이 사도신경에 "나는 성도들의 교제(통공)를 믿습니다(I believe in the communion of saints.)"라는 말을 덧붙이려 했던 것이다. 그들은 우리에게 이런 새로운 사상, 즉 죽은 자들은 산 자들과 하나라는 것, 그 죽은 자들이 우리의 직계 조상들이든, 영광 중에 있는 성인들이든, 또는 소위 말하는 연옥에 있는 영혼들이든 간에, 모두 산 자들과 하나라는 새로운 사상을 제공했던 것이다. 모든 것은 하나로서 단지 서로 다른 단계에 있으며, 모두가 집합적으로 하느님의 사랑을 받고 있다(그리고 우리의 사랑도 받게 되기를 희망한다.) 이런 세계관에서는 우리가 구원받는 것이 개인적으로 완전하게 되어서가 아니라 "그 몸의 일부"가 됨으로써, 역사의 거대한 사슬에 겸손하게 연결됨으로써 구원받는다. 이런 견해는 **이스라엘 전체에게 주어진 계약적 사랑**이라는 성서 개념을 반영하는 것으로서, 그 사랑은 결코 아브라함, 노아, 다윗 같은 개인에게만 주어진 것이 아니다. 이것은 성서 본문에서 매우 분명하게 나타나며, 이를 무시하는 것은 성서의 핵심 메시지를 놓치는 것이다. 그리스도인들은 1500년대 후반까지도 여전히 이런 방식으로 이해했지만, 나는 오늘날의 종교적 현실에서 우리가 사도신경에 그런 말을 덧붙이는 것을 상상할 수가 없다. 왜냐하면 우리는 구원을 역사적 집합적 의미로 이해하기에는 너무나 "개인들의 구원"이라는 개념에 사로잡혀 있으며, 또한 그 결과들은 너무나 엄청난 재난과 같은 것이기 때문이다. 이제 고립된 개인은 깨어지기 쉽고 방어적이며, 전체의 구원이 아니라 자기들만 구원받으려고 애쓰는 타자들의 거대한 대양에서 표류하고 있다. 그리스도교는 이제 하느님의 승리와 사랑을 선포하는 것이라기보다는 오히려 경쟁이거나 심지어 에고의 여행(an ego trip)이 되어버렸다.

나는 **개인주의**가 다른 어느 요인보다 더 복음의 능력을 마비시키고 심지어 안락사를 시킨 요인이라고 생각한다. 구원, 천국, 지옥, 자격, 은총, 영생 등 모든 것을 분리된 에고의 렌즈를 통해 읽게 되었으며, 역사와 사회를 변혁시키는 하느님의 능력을 생각 밖으로 밀쳐 내버렸다. 심지어 마틴 루터에게 필요했던 "믿음으로 의롭게 된다(justification by faith)"는 교리조차 개인의 사적인 영혼을 위한 500년 동안의 전투 현장으로 우리를 보내버렸다.[1] 따라서 우리는 지구, 사회, 이방인, 또는 그리스도의 완전한 몸에 대해 거의 아무런 관심도 갖지 않게 되었다. 바로 이런 이유 때문에 그리스도교는 나치즘, 노예제도, 소비주의와 같은 사회적 재난들에 대해 아무런 비판도 할 수 없게 되었다. 지난 500년 동안에 그리스도교의 선생들은 구원을 거의 전적으로 개인주의적 관점에서 정의하고 다시 정의함으로써, 잘 위장한 사회악들—탐욕, 교만, 야망, 속임수, 탐식—은 최고의 권세와 영향력을 갖게 되었는데, 이것은 심지어 우리의 교회들에서조차도 그렇다.

고독한 개인은 "영광의 무게"나 "죄의 짐"을 혼자서 지고 가기에는 너무나 작고 불안정하다. 그러나 이처럼 불가능한 과업을 우리가 개인에게 맡겼던 것이다. 결코 가능한 일이 아니었다. 그것은 잘 위장된 종교적 자기중심성을 만들어냈는데, 그 이유는 우리의 고립된 자기가 너무나 힘들게—우리의 **놀라움과 우리의 끔찍함 모두**를—감당하도록 강요당하기 때문인데, 이것들은 모두 일종의 에고 여행일 것이다.

우리가 복음을 개인주의적 관점에서 읽을 때 나타나는 부작용 가운데 하나는 성직자들이 상벌을 통해 개인의 행동을 크게 통제하도록 만든다는 점이다. 이런 상벌의 틀에서는 사랑, 교제, 하느님과의 연대 또는 사회적 약자들과의 연대 대신에, 권위에 대한 순종이 최고의 미덕이 된다.

우리는 수직적 또는 위계적 책임성을 인식했지만, 예수가 기도하면서 우리 "모두가 하나가 되게 하여주십시오"(요한 17:21)라고 희망했던 것처럼 **서로에 대한 수평적 책임성**은 거의 인식하지 못했다. 복음을 집합적 관점에서 읽는 것은 역사에 대한 희망과 정의를 주는 반면에 개

---

1) Krister Stendahl, "The Apostle Paul and the Introspective Conscience of the West," *The Harvard Theological Review* 56, no. 3 (1963): 199–215.

인에 대한 통제를 덜 하게 된다. 아마도 이런 이유 때문에 성직자들이 설교하면서 이런 집합적 관점의 설교를 별로 하지 않을 것이다.

나는 제2차 바티칸 공의회 이전의 카톨릭교회와 신학교에 대한 나 자신의 경험을 통해 이것을 보았다. 당시에 유일하게 칭찬받고 격려를 받던 미덕은 **교회에 대한 순종과 충성**이었다. 아무도 우리에게 어떻게 사랑할 것인지, 어떻게 인류 전체에게 충성할 것인지에 대해서, 적어도 설교를 통해 가르쳐준 사람이 없다. 또한 교수들 대부분은 정직하게 말해서 별로 사랑이 넘치는 사람들이 아니었다. 그들이 흔히 성직에 임명된 것은 학술시험을 통과할 수 있었기 때문이었지, 사목자나 예언자 또는 사람들을 사랑하기 때문이 아니었다. 그들은 하느님의 신비를 가르치는 종보다는 믿는 사람들, 신자들을 늘리는 사람들, 충성파들이 되도록 훈련받았다. 복음의 사도들보다는 교회를 관리하는 이들로 훈련받은 것이다. 순응은 사랑과 같은 것이 아니다. 신자들을 늘리는 것은 마음과 정신의 실제적 변화를 뜻하는 것은 아니다. 어떻게 세상에 대한 하느님의 함께 아파하심을 느끼는 사람이 될 것인지를 가르친 교수는 거의 없는데, 이런 경험은 정도의 차이만 있을 뿐 내가 만났던 모든 교파들도 마찬가지였을 것이다.

이 지구 위의 모든 생명체들과 생태계가 겪는 고난의 **공동체적 의미와 중요성**을 발견하기 전까지는 우리가 계속해서 개인적인 안전과 건강을 추구하는 개인적이며 작은 세계 속으로 물러나게 마련이다. **개인적인 구원이 쌓인다고 해서 결코 집합적 변화를 일으키지 못하는 이유는 그런 개인적 구원은 애당초 개인주의자들을 매혹시키며 정당화하기 때문이다.**

한 생명, 한 죽음, 한 고난

보편적 그리스도는 가장 깊은 직관의 차원에서 이 땅에는 오직 한 생명, 한 죽음, 한 고난만이 있다는 것을 전달하려 애쓴다. 우리는 모두 하나의 파도를 타도록 초대받았는데, 세상에는 그 하나의 파도만 있다. 그것을 실재(Reality)라고 불러도 된다. 그러나 우리 모두는 이 속에 함께 있다.

실재를 "한 묶음"으로 인식하는 것이 우리의 많은 종교적 강박관념들을 어떻게 뒤집어엎는지 생각해보자. 사적인 존엄, 보상과 처벌, 젠더, 인종, 계급차별, 사적 소유에 관한 우리의 주장들은 우리를 서로 경쟁하도록 만들고 대체로 시간 낭비와 망상이 되어버렸다. 이런 모든 주장들은 무게를 달고, 측정하며, 계산하고, 목록을 만들고, 딱지를 붙이고, 비교하는 일에 달려 있다. 이와 대조적으로 복음은 하느님 안에서 또한 하느님과 더불어 살고 죽는 것을 배우는 것인데, 우리의 모든 결함들은 무한한 사랑에 의해 용서를 받았다. 참된 복음은 세상을 민주적으로 만든다.

우리는 모두 우리의 잘못들과 우리들 자신들에도 불구하고 구원을 받았다.

우리는 모두 하느님의 은총과 자비의 우주적인 영역 속에 사로잡혀 있다.

우리 모두가 배워야만 하는 신뢰는 시편 기자의 기도, 즉 "야훼여,

영광을 우리에게 돌리지 마소서. 우리에게 돌리지 마소서. 다만 당신의 이름을 영광되게 하소서"(시편 115:1) 하는 기도이다.

우리를 자유롭게 만드는 복음의 기쁜 소식은 하느님이 무엇보다 먼저 전체를 구원하신다는 것이며, 우리 모두는 이런 하느님의 사랑의 우주적 영역 속에 사로잡혀 있다는 것이다. 그 부분들인 당신과 나와 모든 사람들은 복을 받은 수익자들이며, 그 전체에 필사적으로 달라붙으려 하거나 부분적으로는 기꺼이 그 전체에 참여하는 존재들이다. 바울로는 우리의 유일한 과업이란 "하느님께서 만물 속에 완전히 계실(지배하실) 때까지"(1 고린토 15:28) 이 실재를 신뢰하는 것이라고 썼다. 믿음에 대해 이 얼마나 다른 생각인가! 바울로는 골로사이인들에게 보낸 편지에서 "여러분의 생명이신 그리스도가 나타나실 때에 여러분도 그분과 함께 영광 속에 나타나게 될 것입니다"(3:4)라고 썼다. 우리가 이것을 향유할 수 있기까지는, 그리스도교라고 알려진 것의 상당부분은 잘 위장된 나르시시즘이며 자기본위의 정치학에 지나지 않을 것이다. 우리가 이런 현상을 보는 것은 스스로를 그리스도인이라고 강력히 주장하는 사람들의 실질적 가치들을 통해서다. 그들은 흔히 그리스도인이 아닌 사람들보다 훨씬 더 인종차별적이며, 계급차별적이며, 성차별적인 사람들이기 때문이다.2) 그들은 "타인들은 불의의 고통과 짐을 지고 갈 수 있지만, 내 집단은 그럴 수 없다"고 말하는 것처럼 보인다.

---

2) 역자주: 미국의 "거듭난 복음주의자들"이 많이 사는 바이블벨트 지역은 이혼율, 아내 구타, 인종차별에서 전국 평균보다 훨씬 심하다. Ronald Sider, *The Scandal of the Evangelical Conscience* (Grand Rapids, MI: Baker Books, 2005), 11-29.

일단 모든 고난이 우리의 고난이며 동시에 하느님의 고난 모두라는 것을 알게 되면, 내 앞에 닥치는 실망과 외로움을 더 잘 견딜 수 있으며 또한 신뢰할 수 있다. 내가 지구 온난화에 대한 나의 책임을 인식할 때 나는 덜 안락하고 좀 더 불편을 감수하면서 살 수 있다. 내가 공적인 영역에서 부드럽고 신뢰하는 목소리를 내는 것이 인간들의 혐오와 불신을 줄이는 데 도움이 된다면, 그런 목소리를 낼 수 있다. 내가 나의 집단을 중심으로 주장하지 않는 것이 우리의 공통적인 인간성을 인식하는 데 도움이 된다면, 그렇게 주장하지 않을 수 있다.

만일 내가 모든 고난과 십자가 처형(하느님의, 지구의, 인간의, 동물의 십자가 처형)이 "한 몸"이며 언젠가는 우주적 부활의 "한 몸" 속으로 변형될 것(필립피 3:21)이라는 점을 인식할 수 있다면, 나는 적어도 미치지 않거나 영원히 우울증에 걸리지 않은 채 살아갈 수 있다. 바울로는 같은 본문에서 계속해서 "하느님께서는 만물을 당신께 복종시킬 수 있는 능력을 가지고 오셔서 우리의 비천한 몸을 당신의 영광스러운 몸과 같은 형상으로 변화시켜 주실 것입니다"라고 말한다. 그 모든 것은 그분을 위한 하나의 연속적인 운동이다. 우리는 바울로 안에서 이처럼 거의 감추어져 있지만 완전히 집합적인 이해를 지적해야만 하는데, 그 이유는 대부분의 서양의 이분법적 사고방식은 바울로의 편지들을 순전히 인간중심적이며 개인주의적인 방식으로 읽도록 조건지어졌기 때문이다. 이것은 좋지도 않고 새롭지도 않다. 그것은 세속사회의 오래된 똑같은 이야기 줄거리이며 그 맨 위에 약간의 종교적 당의(frosting)를 입힌 것일 따름이다.

우리의 완전한 "그리스도 선택(Christ Option)"—그리고 정말로 그 위에 올라타는 자유로운 선택—은 우리에게 매우 좋고 새로운 소식을 제공하는데, 그것은 바로 **우리 모두가 삶의 여정의 모든 단계들에 있을 때 하느님은 완전히 우리와 연대하시는 분이며, 또한 우리의 목적지에 이르기까지 하느님은 사랑 안에서 우리를 인도하시는 분**이라는 소식을 제공해준다.

그것은 더 이상 올바름에 관한 것이 아니다. 그것은 연결됨에 관한 것이다. 올바른 관계 속에 있는 것이 단지 "옳은" 존재가 되려고 노력하는 것보다 훨씬 더 좋은 것이다.

14장

부활의 여정

모든 것이 마지막에는 잘될 것이다.
아직 잘되지 않았다면, 그것은 아직 마지막이 아니다.
- *The Best Exotic Marigold Hotel*

우리는 이제까지 실재를 "한 묶음"으로 보기 시작하면, 고난과 슬픔이 어떻게 적극적 의미를 갖게 되는지에 대해 말했다. 그러나 만일 우리 모두가 고난 속에서 하나라면, 우리는 생명 속에서도 역시 하나라고 말할 필요가 있지 않겠는가? 이 장에서 나는 부활에 관한 우리의 견해를 확장시키고 싶다. 즉 예수의 생애 가운데 한 번 일어났던 기적으로서 우리의 동의와 믿음을 요청하는 것에서부터, 언제나 참되었던 창조의 한 패턴으로서 기적에 대한 믿음보다 훨씬 더 큰 것에로 우리를 초대하는 부활로 확장시키고 싶다. 그것은 자신이 하느님이라는 것을 증명하기 위한 한 인간의 개인적인 승리보다 훨씬 더 큰 것임에 틀림없다.

어느 설교자나 선생도 나에게 이런 점을 지적해준 사람은 없었지만, 바울로는 부활의 본성에 관해 고린토인들에게 가르치면서, 우리들 대부분이 기대하는 것과는 매우 다른 무엇을 말한다. 바울로는 이렇게 말한다. "만일 죽은 자가 부활하는 일이 없다면 그리스도께서도 다시 살아나셨을 리가 없습니다"(1 고린토 15:13). 그는 부활을 하나의 보편적인 원리로 제시하지만, 우리들 대부분은 그 다음 구절, 즉 "그리스도께서 다시 살아나지 않으셨다면 우리가 전한 것도 헛된 것이요 여러분의 믿음도 헛된 것일 수밖에 없을 것입니다"(15:14)만 기억한다. 이 14절은 우리에게 예수의 부활에 관한 훌륭한 변증적 진술을 주고 있지만, 13절은 우리가 예수의 부활을 신뢰할 수 있는 이유는, 부활이 어디에서나 일어나고 있다는 것을 우리가 이미 볼 수 있기 때문이라는 것을 강하게 암시한다. 그런데 왜 우리는 그것을 못 보았는가? 아마도 오직 현대과학만이 이제 그것을 명백하게 만들기 때문일 것이다.

우주가 처음부터 "그리스도화" 되었다면, 우주는 결코 영원히 죽을 수 없다.
부활은 단지 화육이 그 논리적 결론을 취한 것이다.
만일 하느님이 물질 속에 거하신다면, 우리는 자연스럽게 몸의 "부활"을 믿을 수 있다.

단순하게 말해서, **참으로 좋은 것은 어느 것도 죽을 수 없다!** (이것을 신뢰하는 것은 아마도 우리의 진짜 신앙의 행위일 것이다!)
바울로는 부활을 모든 실재의 일반적 원리로 제시한다. 그는 부활을 단 한 차례 일어난 변칙으로 주장하고 예수의 이런 "기적"을 믿으라고 우리에게 요구하지 않는다. (대부분의 그리스도인들은 열심히 이런 기적을 믿으려 한다.) 대신에 바울로는 그 우주적 패턴을 말하면서, 여러 곳에서 "우리의 심장 속에 지니고 있는 성령"은 그 보편적 메시지의 이콘, 보증, 서약, 약속, 또는 심지어 그 "선불금"이라고 말한다(2 고린토 1:21-22; 에페소 1:14을 보라). 내가 이 책에서 열심히 설명하려는 것처럼, 바울로는 항상 그 보편적 메시지를 알기 쉬운 은유들로 설명하려고 애쓴다.

현대과학은 영원히 변하지 않은 것은 아무것도 없다고 말한다. 우리 몸의 원자들의 98%는 매년 대체된다. 지질학자들은 수천 년의 증거들을 갖고 어떤 풍경도 영원하지 않다는 것을 증명할 수 있다. 물, 안개, 수증기, 얼음은 모두 똑같은 것이지만, 서로 다른 온도와 단계들에 따라 다른 모습이다. **"부활"은 변화, 특히 적극적인 변화의 또 다른 이름이지만, 우리는 그것을 단지 장기적인 관점에서 보는 경향이 있다. 단기적인 관점에서 보면, 그것은 흔히 단지 죽음처럼 보이는 것이다.** 카톨릭의 장례식 예전의 서문은 "생명이 끝난 것이 아니라 단지 변화되었습니다"라고 말한다. 종교가 비록 신학적인 언어로 올바르게 직관하고 형상화한 것에 대해 과학은 매우 유용한 언어로 말해준다. **신화**는 사람들이 흔히 오해하는 것처럼, "사실이 아닌 것"을 뜻하지 않는다. 신화가 실제로 가리키는 것은 **항상 사실인 것이다!**

하느님은 현대과학이 역사에 희망을 주기까지 기다리실 수 없으셨다. 예수가 "죽은 자들로부터" 부활하여 어떤 방식으로든 우리의 깊은 무의식 속에 부활의 가능성과 희망을 심어주었다고 믿는 것으로 충분했다. 예수의 첫 번째 화육, 그가 죽음 속으로 넘겨진 것, 그리고 그가 계속되는 그리스도의 생명 속으로 부활한 것은 창조의 전체 패턴의 원형적 모델이다. 그는 전체 우주를 위한 소우주(microcosm), 또는 당신이 필요로 하거나 원하는 경우에 전체 여정의 지도이다. 오늘날에는 사람들 대부분이 특히 젊을 때는 그런 지도를 필요로 한다고 생각하지 않는 것 같다. 그러나 인생의 여정에서 겪게 되는 실망들과 운명의 장난들은 결국 당신으로 하여금 어떤 전체적인 방향, 목적, 또는 또 하루를 살아가게 만들 저 너머의 목표를 갈망하게 만든다.

그리스도인이든 아니든 간에, 또한 그들이 심지어 예수가 죽은 자들로부터 육체적으로 부활했다는 것을 믿지 않는다고 하더라도, 설명할 수 없는 어떤 종류의 희망을 붙들고 있는 사람들은 모두 부활을 믿는다. 나는 그런 사람들을 많이 만났는데, 그들 중에는 종교적 배경을 가진 사람들도 있었지만, 그렇지 않은 사람들도 있었다. 그러나 나는 예수의 육체적 부활을 믿는다. 왜냐하면 육체적 부활은 전체 물리적 우주와 생물학적 우주 역시 말해주는 것을 확인해주며, 또한 부활을 단순한 영적 믿음이나 기적적 믿음 이상의 어떤 것으로 자리 잡게 해주기 때문이다. 부활은 또한 완전히 실천적이며 물질적인 믿음임에 틀림없다. 만일 물질이 하느님에 의해 우주 안에 존재하게 되었다면, 물질은 어떤 방식으로든 영원하며, 또한 우리가 사도신경을 고백하면서 "몸의 부활"을 믿는다고 말할 때, 그것은 단지 예수의 몸만 부활하는 것이 아니라 우리의 몸들도 부활하는 것을 뜻한다! 그분 안에서 일어난 일은 우리들 모두 안에서도 일어난다. 우리들 모두 안에서 일어나는 일은 그분 안에서도 일어난다. 그래서 부활이라는 중요한 문제에 대한 판단기준으로 볼 때 나는 매우 보수적이며 정통적이다. 비록 나의 부활 이해가 복음서들에 나오는 모든 부활 이야기와는 매우 다른 형태처럼 보인다는 것을 알고 있지만 말이다. 나는 "새 하늘과 새 땅"(이사야 65:17; 로마서 8:18-25; 2 베드로 3:13; 묵시록 21:1)을 믿으며, 또한 **예수의 부활은 당신의 컴퓨터 화면에서 올바른 곳으로 가기 위해 당신이 마우스로 클릭하는 아이콘**(예컨대 프린터 아이콘)**과 같다고** 믿는다.

　그리스도교의 참되며 독특한 이야기 줄거리는 항상 화육이었다. 만일 삼라만상이 처음 시작부터 "보시기에 매우 좋았다"(창세기 1:34)면, 그런 하느님의 계획이 어떻게 인간의 실수 때문에 완전히 협동하지 않게 될 수가 있단 말인가? "보시기에 매우 좋았다"는 말씀은 우리로 하여금 부활을 향한 궤적을 따르도록 설정한 것처럼 보인다. 하느님은 실패하시거나 지는 법이 없으시다. 그것이 바로 하느님이라는 뜻이다.

　예수와 그리스도는 모두 우리들 자신이 전체 상황을 분석할 시간이나 마음이 없는 우리를 위해서 실재에 대해 지나치게 단순하게 요약한 것이다. 우리의 짧은 인생 동안에 그걸 하는 사람이 누가 있겠는가?

혼인잔치

　이처럼 사태의 최종적인 상태에 대해 예수가 가장 일관되게 사용한 은유와 이미지는 혼인잔치이다.1) 네 복음서들 모두에서 예수는 자신을 잔치의 주인이나 "신랑"이라고 말하는데, 그 잔치는 "좋은 사람 나쁜

---

1) 마태오 8:11; 22:2ff; 루가 13:29; 14:15ff; 그리고 묵시록 19:9을 보라. 이 모든 본문들은 이사야 25:6-12; 55:1-5을 자료로 삼은 것들이다.

사람 할 것 없이" 모두에게 열려 있다(마태오 22:10). 그러나 예수는 사람들이 그런 잔치를 당연히 좋아하지 않는다는 것을 알고 있었던 것으로 보인다. 그래서 그 본문에는 이미 사람들의 반발이 포함되어 있다. 즉 손님들이 저마다 윗자리를 차지하려고 기를 쓰거나(루가 14:7-11), 주인이 모든 손님들은 예복을 입어야만 한다고 주장하거나(마태오 22:11-14), 또는 "네가 베풀어준 것을 되갚을 수 있는" 사람들에게만 그 좋은 일을 제공하는 반면에 "가난한 사람, 불구자, 절름발이, 소경 같은 사람들"은 제외하려 한다(루가 14:12-14). 우리는 항상 하느님이 모든 것을 거저 주시지 못하도록 만들어왔다.

우리의 깨어지기 쉬운 에고는 잔치에 들어오는 사람들에게 항상 까다로운 요구조건, 경계선, 대가를 설정하고 싶어 한다. 많은 그리스도인들은 슬프게도 이 구절들을 읽으면서 복음의 풍성함의 세계관 대신에 부족함의 세계관을 통해 읽기를 좋아하며, 이런 성서본문들 자체에 드러난 무한한 사랑에 대해 항상 저항하려 한다. 이 문제는 그 해결책과 연결되어 있는데, 그 해결책에는 반발이 포함되어 있다.2) 모든 이야기 줄거리에는 반드시 악당이 한 명씩 필요한 것 같고 그런 악당은 거의 언제나 성서본문 속에서 찾아볼 수 있다. 나는 이것 말고는 달리 어떻게 성서의 많은 모순들과 하느님에 관한 불일치들을 설명할 수 있을지 알지 못하겠다.

이처럼 누구에게나 열려 있는 혼인잔치를 관대하지 않은 사람들은

---

2) 존 도미닉 크로산, 『성경을 어떻게 읽어야 참 그리스도인이 되는가』 (김준우 역, 한국기독교연구소, 2015). 이 책에는 이런 요점이 학문적으로 훨씬 자세하게 지적되어 있다.

좋아하지 않는다. 그들은 (유죄/무죄로 나누는) 이분법적인 법정 장면을 시간의 마지막에 대한 은유로서 더 좋아하는데, 바로 이런 이유 때문에 마태오 25장에 나오는 양과 염소의 비유를 대다수 사람들이 마지막 때의 비유로서 기억하는 것이다. 비록 그들은 그 비유가 실제로는 가난한 사람들을 돌보라는 메시지를 갖고 있다는 것을 깨닫지 못한 채 오직 그 무서운 마지막 판결로 기억하지만 말이다. 다시 말해서, "의인들은 영원한 생명의 나라로 들어갈 것이다"(마태오 25:46b)는 말씀은 마태오 25:31-45 전체에서 가장 중요한 본문이다. 겁먹은 사람들은 단지 위협들만을 기억할 뿐 그 초대 말씀은 듣지 못하고 있다!

"무로부터의 창조(creatio ex nihilo)"라는 첫 번째 창조가 인간의 정신에게는 불가능하게 보이는 것처럼, 죽음 이후의 삶에 대한 어떤 개념도 똑같이 거대한 신앙의 도약을 요구하는 것처럼 보인다. 은총에 대한 기본적 정의는 "무로부터 나오는 어떤 것"일 수 있는데, 인간의 정신은 그것을 어떻게 처리할 것인지를 알지 못한다. 인간의 정신이 은총을 좋아하지 않는 것처럼, 부활도 좋아하지 않는다. 그것은 똑같은 저항이다. 부활은 멋진 선물들처럼 "무로부터의 창조(creatio ex nihilo)"이며, 이것은 정확히 하느님의 핵심적 업무인데, 바울로는 하느님의 이런 핵심적 업무를 "죽은 자를 살리시고 없는 것을 있게 만드시는 하느님"이라고 설명했다(로마서 4:17b). 월트 휘트먼은 그것을 다음과 같이 아름답게 표현했다.

> 모든 것은 앞으로 또 밖으로 나아간다. 아무것도 무너지지 않는다. 죽는 것은 사람들이 짐작하는 것과 다르며 훨씬 더 운이 좋은 것이다.3)

"개성을 지닌 실재"

여기서 핵심 문제는 예수가 죽은 자들로부터 육체적으로 부활했는지 아닌지 여부가 아니다. 예수가 죽은 자들로부터 육체적으로 부활했다는 것을 당신이 동의하면 그것은 그리스도교의 진리를 "증명하는" 것으로 간주되고, 당신이 동의하지 않는다면 그 진리를 부정하는 것으로 간주되지만 말이다. 예수의 육체 부활에 대한 과학적 증거는 전혀 가능하지 않을 것이다. 게다가 초자연적인 사건을 증명하려는 우리의 끝없는 시도는 애당초 잘못된 것인데, 그 이유는 그리스도나 예수 어느 누구도 애당초 우리의 자연적 실재 바깥에 존재하지 않기 때문이다.

그리스도인이든 아니든 간에, 만일 당신이 예수―와 그리스도―를 또 다른 세계로부터 실재로 나타난 것이 아니라, 실재로부터 나와서 그 실재에 대해 이름을 붙이고 그 실재의 얼굴이 된 분으로 이해하기 시작한다면 정말로 당신에게 도움을 줄 것이다. 여기에는 가담할 집단도 없고 밑줄 친 위에 서명할 필요도 없으며, 오직 내부와 외부가 하나이며 똑같다는 것을 인식하는 관대한 순간만 필요하다. 우리의 내적인 의미와 그리스도의 외적인 의미만 필요하다. 그것들은 서로를 비춰준다. 즉 인간의 인간학은 신적인 신학과 결부된다. 그것은 하나의 거대한 생태계를 위해 무슨 뜻을 지닌 것인가? 만일 우리의 신학(하느님에 대한 견해)이 우리의 인간학(인간에 대한 견해)을 크게 변화시키지 않는다면, 그것은 대체로 우리가 "머리의 여행"이라고 부르는 것일 따름이다.

부활은 또한 은총이 그 논리적인 결론에 도달하는 것이기도 하다.

---

3) Walt Whitmann, "A Child said, What is the grass," in *Song of Myself*, 6.

만일 실재가 은총에서 시작한다면, 그것은 물론 "은총 위에 은총"으로 계속되어야 하며 또한 "이 충만함으로부터 우리는 모두 받았다"(요한 1: 16). 이런 지평에서는 우리도 이제 예수와 함께 "아버지와 나는 하나이다"(요한 10:30)라고 상상할 용기를 얻게 될 수 있을지 모른다. 이것이 바로 내가 신학이 인간학을 변화시킨다는 뜻이다. 만일 죽음과 부활이 예수에 관한 것일 뿐이며 역사에 관한 것은 아니라면, 세상은 우리의 이야기 줄거리에 대해 계속해서 흥미를 잃을 것이다.

진화론 신학자 마이클 다우드(Michael Dowd)는 하느님을 가장 잘 이해할 수 있는 것은 "개성을 지닌 실재(Reality with a personality)"로 이해하는 것이라고 말한다.4) 하느님을 통해서 우리 주변의 세계, 곧 삼라만상은 우리와 대화하고 있는 것처럼 보인다. 우리가 그 대화를 즐기든 아니든, 우리가 그 대화를 신뢰하든 아니든 말이다. 나는 그것이 나에게 도움을 주는 것처럼 독자들에게도 도움을 주기를 바란다. 심지어 우리의 삶이 의미 없는 것처럼 느껴질 때조차도, 우리는 여전히 누군가 우리에게 말을 하고 있으며, 누군가 우리의 말을 듣고 있다고 확신할 수 있다. 그처럼 계속적인 상호작용의 바깥에 있는 것이 아마도 믿지 않는다는 뜻일 것이다. 우리가 누군가를 사랑하거나 무엇인가와 적극 연결될 때마다, 우리는 하느님의 개성과 접촉하고 있는 것이다. 우리는 심지어 그 누군가나 무엇을 "하느님"이라고 부를 필요도 없다. 하느님은 우리의 그런 호칭에 전혀 개의치 않으시는 것 같다. 그러나 똑같이

---

4) Michael Dowd, *Thank God for Evolution* (New York: Viking, 2007), 118ff. 매우 탁월하며 삶을 변화시키는 책이다.

중요한 것은 우리가 그것과 부정적으로 연결되는 것, 증오하는 것, 두려워하거나 반대하는 것은 하느님의 개성을 만나지 않는 것이라는 점이다. 따라서 우리는 모든 면에서 그런 부정적 태도에 대해 강한 경고를 받고 있으며, 그런 부정적 태도를 "죄" 또는 "지옥"의 상태라고 부르는데, "지옥"이란 실제로 지리적인 장소가 아니라 의식의 실제적 상태이다. 모든 보상과 처벌은 무엇보다도 **지금의 현실로서 선한 행동과 악한 행동 속에 본래 들어 있는 것이다.**

신약성서는 오직 "부활의 증인들"일 수 있는 사람들(*apostolos*)만을 "파송한다"는 사실(루가 24:48; 사도행전 1:22; 3:15; 13:31), 즉 항상 계속되는 이 엄청난 내면과 외면의 대화에 대한 증인들만 파송한다는 사실은 나에게 매우 흥미롭다. 그렇지 않다면, 우리는 정말로 도움이 되는 것을 말할 것이 별로 없으며, 사람들에게 불필요한 문제들만 만들어낼 뿐이다. 부정적이거나 냉소적인 사람들, 음모론을 펼치는 사람들, 그리고 아마겟돈을 예언하는 사람들 모두는 부활에 대한 증인들과 정반대되는 사람들이다. 그런 사람들이 주로 세상과 심지어 교회들을 지배하는 것처럼 보인다. 요한복음의 그리스도는 "용기를 내어라. 내가 세상을 이겼다"(16:33), 그리고 내가 세상의 절망을 이겼다고 말한다. 용기와 확신이 우리의 메시지이다. 위협과 공포가 아니다.

예수의 부활에서 무슨 일이 일어났는가?

부활에서 일어난 일은 예수가 영원하며 죽음이 없는 그리스도의 몸을 입은 형태로 완전히 계시되었다는 것이다. 기본적으로 **예수의 몸이**

어디에나 편재하는 빛으로 그 형태가 바뀐 것이다. 그 이후로는 빛이 그리스도나 하느님을 나타내는 가장 적합한 은유가 되었다.

처음 6세기 동안에는 대부분 예수의 부활의 순간은 그림으로 그릴 수 없으며 조각으로 새길 수 없는 것으로 간주되었다. 오랜 관습은 부활이 일어난 것으로 추정된 예루살렘 안의 성소를 그리는 것이었지, 결코 부활 사건 자체를 그리는 것이 아니었다.5) 이것과 비슷하게 부활 사건 자체는 신약성서 안에 그런 식으로 묘사되지도 않았다. 우리가 보는 것 전부는 부활의 영향에 관한 이야기들, 즉 놀란 경비병들, 무덤 속에 앉아 있는 천사들, 무덤을 방문한 여인들의 이야기들뿐이다. 부활 사건에 대해 가장 가까운 것은 마태오 27:51-53에서 간접적으로 묘사되고 있지만, 이것은 일반적인 부활, 즉 무덤들이 열리고 몸들이 일어나는 일반적인 부활을 묘사하는 것이지, 예수 혼자 부활한 것이 아니다. 지금 그 구절들을 읽고 그 의미에 충격을 받을 필요가 있다. "무덤들 역시 열렸다. 그리고 잠들었던 사람들의 많은 몸들도 부활했다."

부활 이야기들 이후에는 더 많은 추종자들이 예수를 "주님"으로, 또는 적어도 주님과 하나인 분으로, 즉 우리가 흔히 "하느님의 아들"로 번역하는 분으로 보려고 했다. 이것은 분명하며 극적인 진전이며, 비록 예수의 생애 동안에도 그런 암시가 주어지기는 했지만, 부활 이후에만 완전히 파악될 수 있는 이해이다. 누군가는 예수가 점차적으로 "빛"으로 계시되었으며, 특히 "변모"에 대한 세 군데 기록에서 이런 점을 볼 수 있다고 말할 수 있을 것이다(마태오 17:1-8; 마르코 9:2-8; 루가 9:28-

---

5) John Dominic Crossan, *Resurrecting Easter: How the West Lost and the East Kept the Original Easter Vision* (New York: Harper One), 45-59.

36). 이런 기록들은 예수가 물 위를 걸은 이야기처럼, 옮겨 심은 부활 이야기일 것이다. 우리들 대부분은 만일 우리가 경청하고 살펴본다면, 우리의 삶 속에서도 그런 부활의 순간들, 때때로 "그 휘장이 찢어져나가는" 순간들을 경험할 것이다. 예수는 요한복음에서 "빛을 믿음으로써 너희들도 빛의 자녀들이 되어라"(12:36) 하고 말한다. 이것은 우리들로 하여금 우리가 그 똑같은 신비에 참여하고 있음을 알도록 하는 말씀이며 예수는 그 과정을 돕기 위해 여기에 있다.

나의 개인적인 믿음은 예수 자신의 인간적 정신이 그의 완전한 신적인 정체성을 알게 된 것은 오직 그의 부활 이후였다는 믿음이다. 예수는 우리가 살아내야만 하는 똑같은 믿음을 갖고 자신의 삶을 살아야만 했으며, 또한 우리들처럼 "나이를 먹으면서 지혜와 은총 안에서 자랐다"(루가 2:40). 예수는 "연약한 우리의 사정을 모르는 분이 아니라 우리와 마찬가지로 모든 일에 유혹을 받은 분입니다"(히브리 4:15b). 또한 예수는 "우리의 믿음의 개척자이며 완성자"(히브리 12:2)로서 우리의 실천적 모델과 안내자로서 잘 섬길 수 있다.

1967년에 나의 조직신학 교수였던 키린 마우스 신부는 만일 예수의 무덤 앞에 비디오카메라를 설치해놓았다면, 무덤으로부터 한 남자가 홀로 등장하는 것을 촬영하지는 않았을 것이라고 말했다(그랬다면 그것은 부활이라기보다는 시체의 소생이었을 것이다). 십중팔구 그 카메라는 모든 방향으로 펼쳐지는 빛의 광선 같은 것을 포착했을 것이라고 말했다. 부활에서 예수의 육체적인 몸은 시공간의 모든 한계들을 넘어 새로운 개념의 육체성과 빛 속으로 들어갔으며, 여기에는 우리 모두가 그 육체를 입는 것 속에 포함된다. 그리스도인들은 보통 이것을 "영광스럽게 된 몸(glorified body)"이라고 불렀는데, 그것은 사실상 힌두교인들과 불교도들이 "신비체(subtle body)"라고 부르는 것과 비슷하다. 힌두교 전통과 불교 전통은 모두 이것을 후광(halo)이나 영기(aura)로 그렸으며, 그리스도인들은 이것을 모든 "성인들" 주변에 그려 넣어 그들이 이미 하나의 공유된 빛에 참여했음을 보여주었다.

이것이 나에게는 예수의 부활에 대해 매우 도움을 주는 의미인데, 이것을 묘사하는 좀 더 나은 표현은 예수의 "보편화(universalization)"로서, 일종의 아인슈타인이 말하는 시공간의 휘어버림 같은 것이다. 예수는 항상 객관적으로 보편적 그리스도였지만, 이제는 인류와 우리들을 위한 예수의 의미가, 그를 통해 실재를 만나려는 사람들에게는, **어디에나 편재하며 인격적이며 마음을 끌어당기는 존재로** 되었다. 많은 사람들은 이런 지름길 없이 신적인 실재를 만나는데, 우리는 이것에 대해 정직해야만 한다. 나는 예수가 바로 그 지름길이라는 것을 증명할 수는 없지만, 예수는 내가 그것을 증명할 필요도 느끼지 않을 것이다. 단지 그의 가르침대로 진지하게 따르는 사람들의 풍성한 삶이 그것을 증명해줄 따름이다. 예수는 오직 "열매를 통해서만 (그들이 어떤 사람인지를) 알게 된다"(마태오 7:16-20)고 말한다. 사랑과 빛에 잘 맞춰진 사람들은 항상 다른 이들에게는 명백하지 않은 것을 잘 볼 수 있으며, 우리는 그것을 "깨달음"이라고 부른다.

그런 사람들은 예수가 하느님이나 그리스도라는 것을 "증명할" 필요가 없으며 예수가 심지어 완전하다는 것을 증명할 필요도 없다. 우리는 이런 점을 소경으로 태어난 사람의 부모들에게서 볼 수 있다(요한

9:18-23). 그들은 단지 증거를 정직하게 볼 필요만 있다. 심지어 소경으로 태어난 사람 자신조차도 "다만 내가 아는 것은 내가 앞 못 보는 사람이었는데 지금은 잘 보게 되었다는 것뿐입니다"(요한 9:25)라고 말할 뿐이다. 빛의 사람들은 매우 단순하게 깊이와 넓이에서 인식의 높은 차원을 드러내는데, 이런 인식은 그들로 하여금 더욱 더 많이 포용하며 더욱 덜 배제하도록 만든다. 이것이 그들이 우리에게 제공할 수 있는 유일한 증거이며 또한 우리가 필요로 하는 유일한 증거이다.

부활에서 예수 그리스도는 모든 남자와 모든 여자가 그들의 완성된 상태로서 드러났다. 고백자 막시무스(St. Maximus the Confessor, 580-662)가 표현한 것처럼, "하느님은 모든 존재를 이 목적으로 지으셨는데, 그것은 인간성과 신성이 그리스도 안에서 연합되는 것이며 [그 똑같은 연합을 향유하도록] 하는 것이다."6) 나중에 성 그레고리우스 팔라마스(St. Gregory Palamas, 1296-1359)는 더욱 구체적으로 표현하여, "하느님은 [예수 안에] 그리스도를 계시하심으로써 사람들이 그분이 보여주신 패턴으로부터 결코 분리될 수 없게 하셨다"7)고 말했다. 이런 종류의 보석들은 동방교회와 그 교부들의 저작들 속에서 훨씬 더 많이 발견된다. 위대한 아타나시우스(Athanasius, 298-373)는 그것을 이렇게 표현했다. **"하느님은 [그리스도 안에서] [잠시 동안] 육신을 입은 존재가 되심으로써 인간들도 영원히 성령의 담지자가 될 수 있게 하셨다."**8) 이것은 위

---

6) Maximus the Confessor, *Greek Fathers* 90.621.A.
7) Gregory Palamas, *The Triads*. Translated by Nicholas Gendle. Edited and with an introduction by John Meyendorff (New York: Paluist Press, 1983).
8) Athanasius, *On the Incarnation* 8, trans. Oliver Clement, *The Roots of Christian Mysticism* (New York: New City Press, 1995), 263.

대한 교환이었다. 예수는 신성이 인간성 속에 실제로 거할 수 있게 하는 보증이 되었는데, 우리는 이것을 항상 의심하고 부정하고 있다. 한번 그것이 가능하면, 우리의 문제들의 대부분은 이미 해결된다. 사람들과 행성들 모두의 부활은 과거의 결론이 된다! 물론 그것이 정확히 무엇을 뜻하는가 하는 것을 나는 안다고 말할 수 없지만(1 고린토 2:9), 이렇게 말할 수는 있다.

삼라만상은 첫 번째 성서이며 아마도 최종적 성서일 것이다.
화육은 이미 구원이다.
크리스마스는 이미 부활절이다.
그리고 예수는 이미 그리스도이다.

간단히 말해, 만일 죽음이 그리스도에게 가능하지 않다면, "하느님의 본성을 나누어 받게 된"(2 베드로 1:4) 모든 것에게도 가능하지 않다. 하느님은 정의상 영원하며 또 하느님은 사랑이시며(1 요한 4:16) 이 사랑 역시 영원하다(1 고린토 13:13). 이 똑같은 사랑은 우리 안에 거하는 성령에 의해서 우리의 마음속에 심겨졌다(로마서 5:5; 8:9). **이처럼 완전히 심겨진 사랑은 발전하고 승리한다는 것을 증명하며, 그 최종적 승리에 대한 우리의 표현이 "부활"**이다. 베드로는 이것을 보다 직접적으로 이렇게 진술한다. "여러분을 위하여 썩지 않고 더러워지지 않고, 시들지도 않는 분깃을 하늘에 마련해 두셨습니다... 또한 그것은 ... 마지막 때 완전히 드러날 것입니다"(1 베드로 1:4-5).

그렇다면 지옥은?

십자가와 부활에 대해 이처럼 건강하게 이해하는 것을 방해하는 가장 큰 걸림돌 가운데 하나는 많은 사람들이 일반적으로 생각하는 하느님 아버지가 벌을 주는 분이며, 죄인들을 영원한 고통과 고문에 처하는 분이지, **생명 자체이신 분이 아니라는 것**이다. 이런 생각은 우선 마태오복음서를 잘못 해석한 데서 비롯되는데, 마태오는 마지막을 위협으로 끝내기를 좋아하며, 또한 사도신경에서 예수가 "지옥에 내려가셨다"는 구절을 잘못 해석하기 때문이다. (예수가 지옥에 내려간 것은 예수가 성전에 갔던 것처럼 지옥을 해방하고 해체하기 위한 것이었지만, 그렇게 읽는 사람은 거의 없다.) (역자주: 전통적 교회들 대부분이 고백하는 이 구절이 개신교회 사도신경에는 빠져 있다. 카톨릭 교리에는 '지옥' 대신에, '고성소'[古聖所], '연옥'[煉獄], '저승'으로 나온다). 우리가 어려서 깊은 인상을 받을 나이에 배운 하느님은 고통을 주시는 분이었으며, 이것은 우리의 뇌리 가장 깊은 곳에 트라우마 상처처럼 쌓여 있게 되었다. 따라서 어려서부터 교회를 다닌 사람들 대부분은 지옥에 관해 차분하게 또는 지적으로 말하는 것이 어렵다.

"지옥에 내려가셨다"는 말은 신약성서 안의 매우 애매한 두 구절에서부터 생겨난 것이다. 베드로의 첫 번째 편지 3장은 예수가 "갇혀 있는 영혼들에게도 가셔서 기쁜 소식을 선포하셨습니다"(19절)라고 말하며, 또한 에페소인들에게 보낸 편지 4장은 예수가 "땅 아래의 세계에까지 내려가셨다"고 말한다(9절). 이 두 구절 모두가 묘사하는 것은 단테의 "지옥"과 닮았다기보다는 오히려 고대에 널리 사용되던 표현들, 즉 하데스, 스올, 게헨나와 같은 "죽은 자들의 장소"와 더 닮았다.

그러나 지옥에 대한 단테의 묘사가 지배적인 것이 되어 다른 어느 것보다도, 심지어 성서 자체가 묘사한 것보다도 더 서양인들의 정신을 형성했다.9) 지옥에 대한 묘사들이 교회 미술의 기본이 되어 대부분의 고딕 대성당 입구를 장식했으며 심지어 시스틴 채플의 배경이 되었다. 처벌하시는 하느님이라는 메시지가 그처럼 분명히 눈에 보이며 이분법적이며 겁을 주는 상황에서, 당신의 설교와 예배가 아무리 위로를 주는 것이라 할지라도, 어떻게 그런 공포심을 없앨 수 있겠는가? 더욱 나쁜 것은 많은 복음주의적인 찬양들이 하느님의 진노하심에 관해 노래하며 "지옥의 유황불"에 관한 설교와 더불어, 흔히 하느님을 신뢰하고 사랑하는 일보다는 하느님에 대한 공포를 강화시킬 따름이다.

만일 당신이 하느님을 두려워하게 된다면, 당신이 만나는 하느님은 결코 참된 하느님이 아니다. 만일 당신이 하느님을 사랑하게 된다면 당신은 예수와 그리스도 모두에게 합당한 하느님을 만나는 것이다. 당신이 걸어가는 방법이 당신이 도달하는 곳을 결정한다.

동방교회 전통만이 아니라 성공회 전통에서도, 그리스도가 지옥에 내려갔다는 이야기는 약간 다른 형태를 취한다. 그 이야기는 흔히 "지옥의 정복(Harrowing of Hell)"이라고 부르는데, 여기에 사용된 영어는 옛날에 농부들이 '써레(harrow)'라는 도구를 사용해서 밭을 평평하게 만들었던 것처럼 무엇을 '빼앗다' 또는 '약탈하다(despoil)'는 뜻이다. 그리스도가 이처럼 지옥에 내려간 모습은 동방교회 예전에서 성 토요일에

---

9) Jon Sweeney, *Inventing Hell* (New York: Jericho Books, 2014).

부르는 교창(antiphone), 즉 "지옥이 다스리지만 영원하지는 않다"는 가사에 강력하게 요약되었다. 동방교회의 도상학(iconography)은, 불길과 고문을 강조하는 서방교회의 이미지와 대조되는데, 흔히 예수가 영혼들을 지옥 속에 던져 넣는 모습이 아니라 지옥으로부터 빼내는 모습이다.(구글에서 검색해보기 바란다.) 이 얼마나 완전히 다른 메시지인가! 동방교회에서 부활절이 그토록 크게 축하하는 절기인 것은 놀라운 일이 아니다. 동방교회의 부활절에는 회중들이 자발적으로 기쁘게 **"그리스도께서 부활하셨다! 그리스도께서 정말로 부활하셨다!"** 라고 외친다. (그 밑에 깔린 메시지는 우리들도 마찬가지로 부활했다는 뜻이다!)

사도신경에 대한 주석에서 교황 베네딕트는 "지옥으로 내려가셨다"는 구절이 문제가 있으며 당혹스럽게 만들며 신화적 언어에 근거한 것임을 인정했다.10) 그는 결론짓기를, 만일에 그리스도가 실제로 지옥에 내려갔다면, 그는 성전에서 환전상들을 뒤엎은 것처럼, 지옥이 그 기능을 더 이상 발휘하지 못하도록 만들었을 것이라고 했다.11) 지옥과 그리스도는 함께 공존할 수 없다는 뜻인 것 같다. 우리는 예수가 지옥을 정복하고 지옥을 비운 것으로 이해해야 한다. 동방교회의 찬송과 설교들 가운데 많은 부분이 실제로 그것에 대해 많은 것을 말하지만, 우리들 대부분은 이 엄청난 메시지를 받아들이지 않는다. "그는 죽음을 파멸시켰습니다"라고 우리는 노래하지만, 실제로 그 의미를 뜻하는 것 같지는 않다.

---

10) Benedict XVI, *The Faith* (Huntington, IN: Our Sunday Visitor, 2013), chapter 10.
11) Hilarion Alfeyev, *Christ the Conqueror of Hell* (New York: St. Vladmir's Seminary Press, 2009).

이처럼 불량한 신학이 뿌리가 되어, **회복적 정의**(restorative justice)와는 정반대되는 보복적 정의(retributive justice)를 중심으로 하는 세계관을 구성하게 되었다. 예수는 결코 보복을 가르치거나 실천하지 않았다. 보복은 제국신학이 선호하는 것으로서, 제국신학은 분명한 승자들과 분명한 패자들을 좋아한다. 위로부터 아래로 내려가는 세계관(top-down worldviews)은 안에 있는 사람들과 밖에 있는 사람들(in-and-out), 우리와 그들(us-and-them)을 나누는 산뜻한 이분법적 세계관에 저항할 수 없다. 그러나 예수는 그의 비유들과 가르침들에서 그런 이분법적 관념들을 정면으로 거부한다. 예를 들어, "우리를 반대하지 않는 사람은 우리를 지지하는 사람이다"(마르코 9:40)라는 말씀과 "하느님께서는 악한 사람에게나 선한 사람에게나 똑같이 햇빛을 주시고 옳은 사람에게나 옳지 못한 사람에게나 똑같이 비를 내려주신다"(마태오 5:45)는 말씀, 그리고 외부인들과 국외자들을 그의 이야기들 대부분의 주인공들로 삼은 데서 드러난다.

1세기 사막의 교부들과 교모들은 하느님이 원수들을 영원히 벌주신다는 생각, 또는 우리들은 하늘에서 행복을 경험할 것이지만 우리가 아는 다른 이들은 지옥에서 영원히 고문을 당하게 될 가능성이 있다는 생각에 대해 공통적 반응을 보였다. 교부들 가운데 어떤 이들은 신학적 논리에 빠지지 않은 채 "사랑은 그런 것을 견딜 수 없다"고 말했다.

전체적으로 볼 때, 우리는 성서 전체를 통해서 하느님이 얼마나 점점 더 **비폭력적으로** 되어 가셨는지, 그리고 이런 발전이 예수 안에서 완벽하게 되었다는 것조차 깨닫는 데 오랜 세월이 걸렸다. 무한한 사랑, 자비, 용서는 인간이 상상하기조차 힘들기 때문에, 대부분의 사람들은 자신들이 이해한 정의로운 세계, 보복, 정당한 처벌에 대한 논리를 유지하기 위해서 지옥이라는 관념을 필요로 하는 것처럼 보인다. 하느님에게는 지옥이 필요하지 않지만, 우리에게는 확실히 필요한 것처럼 보인다. 존 스위니(Jon Sweeney)와 줄리 페르베르다(Julie Ferwerda)는 각각 그들의 책에서 지옥에 대한 우리의 일반적인 이미지가 하느님의 무한하심과 철저하심을 나타내기보다는 신화적인 사고, 운동경기, 처벌하는 관행과 관련이 있다는 점을 설득력 있게 보여준다.12)

오래 전에 나는 신시내티에서 카톨릭 남성들의 조찬기도 모임에서 "만일 복음이 실제로 우리에게 제공하는 것이 모두가 윈윈(win-win)하는 시나리오라면 어쩌겠는가?" 하고 말했다. 휴식시간에 좋은 양복을 입은 어느 사업가가 나에게 다가와서 자신의 손가락으로 연단을 두드리면서 매우 선심을 쓰는 듯한 목소리로 **"신부님, 신부님, 윈윈이라고요? 그건 전혀 흥미롭지도 않습니다!"** 하고 말했다. 아마도 그는 자신의 세계관이 복음 대신에 스포츠, 사업상의 거래, 미국의 정치에 의해 형성된 사람으로서 일관성 있게 주장했을 것이다. 그러나 세월이 흐르면서 나는 그가 오늘날 규범이라는 것을 이해하게 되었다. 이 세상의 체제들은 하느님, 자비, 은총이 부족하다고 보는 모델에 기초해서 본래 서로 경쟁적이며, 이분법적이며, 다투는 모습이다. 그들은 보복, 흔히 지독한 복수에 불과한 보복을 성서적으로 발견된 치유, 용서, 하느님의 자비라는 관념과 혼동한다.

---

12) Sweeney, *Inventing Hell*, and Julie Ferwerda, *Raising Hell: Christianity's Most Controversial Doctrine Put Under Fire* (Lander, WY: Vagabond Group, 2011).

교회는 전혀 다른 이야기 줄거리를 붙잡고 있는 대안적인 사회가 되도록 의도된 것이었다. 회복적 정의는 뉴질랜드에서 청소년들을 위한 일차적인 정의 모델로 사용되고 있으며, 뉴질랜드 카톨릭 주교들은 그것에 관해 매우 훌륭한 선언을 발표한 바 있다. 우리는 정의에 대한 이런 대안적 모델이 성서 안에서 실제로 활용된 것을 보게 되는데, 특히 돌아온 탕자에 대한 예수의 이야기(루가 15:11ff.)에서지만, 예언자들 가운데서는 거의 항상 볼 수 있다.(만일 우리가 우선 그들의 길고 격한 비판을 견딜 수 있다면 말이다.) **하느님의 정의는 어떤 사태를 그 핵심에서 올바르게 만드시며, 하느님의 사랑은 단순히 처벌이나 보복을 통해서 그 목적을 달성하지 않는다.**

짧은 하바꾹서는 심판에 대한 생생한 메시지를 발전시키지만, 마지막에는 "위대한 '그럼에도 불구하고!'"로 끝난다. 하바꾹서는 전체 3장을 통해 유대 백성을 엄하게 꾸짖은 다음에는 마지막에 결과적으로 하느님께서 "그러나 나는 너희가 나에게 돌아올 때까지 너희를 더욱 사랑할 것이다!"라는 말씀을 하시게 만든다. 우리는 이와 똑같은 것을 에제키엘의 마른 뼈들에 관한 이야기(16장)에서도, 그리고 예레미야의 "새로운 계약"에 대한 핵심적 개념(31:31ff.)에서도 볼 수 있다. 하느님은 항상 이스라엘 백성을 더욱 사랑하심으로써 그들의 죄를 능가하신다. 이것이 하느님의 회복적 정의이다.

그러나 우리는 이런 모든 본문들보다 보통 앞에 나오는 가혹한 심판의 말씀들을 기억하는데, 이것은 그 예언자들이 '카르마(karma)' 원리, 즉 선한 것은 그 자체가 보상이며 악은 항상 그 자체의 처벌을 받게 된다는 원리를 가르치는 방식이라고 나는 믿는다. 이것이 바로 예언자들이 우리의 선행과 악행에 대한 하느님의 공정하심을 전달하는 방식이었다. 그러나 우리의 신경작용은 본래 부정적인 것을 기억하며 적극적인 것을 망각하는 것처럼 보인다. **불행하게도, 천국에 대한 약속보다 지옥에 대한 위협이 사람들에게 더 잘 기억되게 마련이다.**[13)

당신이 궁핍 모델(scarcity model) 안에서 생각하는 한, 결코 충분하신 하느님이나 충분한 은총을 경험할 수 없다. 예수가 온 것은 우리의 궁핍 관념을 해체하고 우리를 절대적 풍성함, 또는 예수가 "하느님 나라"라고 부르던 세계관 속으로 넘어가도록 하기 위해서였다. 복음은 하느님의 무한한 세계, 충분한 세계관과 충분함 그 이상인 세계관을 계시한다. 이처럼 우리가 받을 자격이 없는 풍성함을 표현하는 말이 "은총"이다. "남에게 주어라. 그러면 너희도 받을 것이다. 말에다 누르고 흔들어 넘치도록 후하게 담아서 너희에게 안겨주실 것이다. 너희가 남에게 되어 주는 분량만큼 너희도 받을 것이다"(루가 6:38). 궁핍 모델에서부터 풍성함의 모델로 이동하는 것이 바로 정신과 마음의 회개이다.

정말로 모두가 승리하는 세계관, "모든 백성들에게 큰 기쁨의 소식"(루가 2:10)이 아니라면 어떤 복음도 "기쁜 소식"일 수 없다. 여기에는 어떤 예외도 없다. 누구는 들어오고 누구는 못 들어오는 것을 결정한 권리는 우리의 옹졸한 정신과 마음이 상상할 수 있는 것이 아니다. 하느님의 통치라는 예수의 중심 주제는 "오직 하느님만이 그처럼 무한한 상상력을 발휘하실 수 있기 때문에 하느님의 마음을 신뢰하라"는 것이다.

---

13) 뉴질랜드 주교회의 "새로운 마음을 창조하기"(1995년 8월 30일).

우리는 모두 변화될 것이다

우리가 동방정교회의 부활 성상(icons) 앞에서 기도하거나 연구를 하면, 서방교회의 묘사와 매우 다른 무엇인가를 보게 된다. 동방교회의 성상들은 부활한 그리스도가 어둠과 무덤들 사이에 양다리를 걸친 채 **지옥으로부터 영혼들을 빼어내는** 모습으로 서 계신다. 사슬들과 자물쇠들이 사방으로 날아오른다. 이것이야말로 부활이라는 이름에 합당한 기쁜 소식이다. 내가 가슴 속에서 이런 도약을 처음 느꼈던 것은 내가 잘츠부르크에서 남성들의 성인식 의식을 주관한 후에 한 젊은 오스트리아 신부가 나에게 다가왔을 때였다. 그는 나에게 성상 하나를 선물로 건네주면서 열정을 갖고 이렇게 말했다. "이것이 바로 신부님이 가르치신 것입니다. 신부님이 그것을 완전히 인지하셨던지 아니었던지 간에 말입니다." 그 신부의 얼굴과 그 성상의 모습에서 본 기쁨과 평화는 부활의 참된 메시지가 정말로 무엇인지를 보여주었다. 내가 계속 강조하는 말이지만, 존 도미닉 크로산은 예술을 통해서 **"부활절의 원래 비전을 서방교회는 잃어버렸으며 동방교회는 간직하고 있다"**[14)]는 점을 분명히 보여준다. 만일 그것이 사실이라면, 그것은 정말로 판도를 뒤집어놓을 중요한 문제이다. 내 생각에 우리는 오직 서방교회의 허파로만 복음의 온전한 공기를 숨 쉬려고 노력해왔으며, 그 결과 우리는 매우 불완전하며 정말로 승리하는 메시지가 아닌 것을 갖게 되었다.

---

14) John Dominic Crossan and Sara Sexton Crossan, *Resurrecting Easter: How the West Lost and the East Kept the Original Vision* (New York: Harper One), 45-59.

바울로는 고린토인들에게 보내는 첫째 편지에서 "내가 이제 심오한 진리 하나를 말씀 드리겠습니다. **우리는 모두 죽지 않고 모두 변화할 것입니다**"(15:51)라고 말한다. 그는 "모두"라는 단어를 두 번 사용하지만, 우리의 고집 때문에 그것을 보지 않는다. 대부분 서방교회의 부활 그림들은 손에 흰 깃발을 들고 무덤에서 걸어 나오는 한 남자의 모습을 보여주지만, 내가 세상의 많은 교회들과 미술관들을 방문한 결과, 나는 아직도 그 깃발에 어떤 글씨가 써 있는 것을 본 적이 없다. 왜 빈 공간인가? 나는 항상 궁금하다. 아마도 우리들 자신이 여전히 부활의 메시지에 관해 확신하지 못하기 때문일 것이다. 우리는 이제까지 부활이 단지 예수에 관한 것만이라고 상상해 왔으며, 또한 우리는 그것을 증명할 수 없다는 것을 깨닫게 되거나, 아니면 우리는 항상 우리들 자신 속에서 부활의 이런 풍성한 삶을 발견할 수 없거나 한다.

그러나 우리는 지금 영원한 그리스도, 즉 결코 죽지 않으시는 그리스도, 그리고 **우리들 안에서** 결코 죽지 않으시는 그리스도에 관해 깨닫게 된 것이다. 부활은 삼라만상 전체에 관한 것이며, 역사에 관한 것이며, 이제까지 잉태되고 죄를 짓고 고난을 받고 죽은 모든 사람에 관한 것이며, 이제까지 살다가 끔찍한 죽음을 맞은 모든 동물들에 관한 것이며, 광대한 시간에 걸쳐 고체에서 액체로, 그리고 기체로 변했던 모든 요소에 관한 것이다. 부활은 당신에 관한 것이며 또한 나에 관한 것이다. 부활은 모든 것에 관한 것이다. "그리스도의 여정"은 실제로 만물을 가리키는 또 다른 이름이다.

이 메시지를 나에게 확인시켜주기라도 하는 것처럼, 뉴멕시코의 아름다운 가을날 이 장을 쓰는 동안에, 나는 내 작은 집 바로 위를 날아가는 두루미들의 "외치는" 소리를 들었다. 밖으로 나가니 약 50마리의 우아한 새들이 내 머리 위의 맑고 푸른 하늘에서 원을 그리며 돌고 있었다. 그 새들은 마치 리오그란데 강을 따라 남쪽으로 날아오다가 기쁨을 나누기 위해 잠시 멈추고 원을 그리면서 서로에게 또 나에게 격려의 목소리를 외쳐대는 것 같았다. 이 얼마나 기쁨에 찬 소리인가! 20분 동안 순전히 축하만 한 후, 그 새들은 다시 여행을 위해 V자 대형을 지었는데, 여정을 계속할 결심이었지만 전혀 서두르지 않는 것이 분명했으며, 메리 올리버가 "기러기"라는 시에서 아름답게 표현했듯이 각자가 "사물들의 가족 안에서 너의 위치를 알려주고 있었다."15)

내가 본 것을 많은 이들이 함께 볼 수 있고, 내가 그처럼 자주 즐겼던 것을 많은 이들이 함께 즐기고, 내가 받은 것을 많은 이들이 함께 받을 수 있으면 얼마나 좋을까! 부활은 전염성이 있으며, 부활은 공짜다. 부활을 보는 방법을 배운 이들, 부활을 기뻐하는 방법을 배운 이들, 하느님의 편만한 선물을 저축하거나 제한시키지 않는 방법을 배운 이들은 어느 곳에서나 부활을 볼 수 있다.

---

15) Mary Oliver, "Wild Geese," in *Owls and Other Fantasies* (Boston, Massachussetts: Beacon Press, 2003), 1.

15장

예수와 그리스도에 대한 두 증인들

우리가 예수와 그리스도 모두에 대해 더욱 잘 알 수 있도록 성서에 나오는 본보기들 가운데 두 증인이 두드러지는데, 막달라 마리아와 바울로이다. 막달라 마리아는 예수를 인간적으로 가장 잘 알았으며 또한 부활한 그리스도로서의 예수를 처음 본 사람이었다. 또한 바울로는 예수를 만난 적은 없으며 거의 전적으로 그리스도에 대해 말했다. 그는 많은 편지들을 통해서 예수 그리스도에 대한 가장 유창한 증인이 되었다. 이 똑같은 경험은 우리 모두에게 가능한 경험으로서, 시간에 매인 예수보다는 항상 현존하는 그리스도이기 때문에 바울로는 신약성서뿐 아니라 그 이후의 모든 역사를 위해서도 완벽한 저술가이다.

막달라 마리아는 자신을 부활한 그리스도에게로 인도한 매우 구체적인 예수를 사랑했다. 바울로는 보편적인 그리스도로 시작했으며 그 그리스도를 매우 사랑스러운 예수 안에 자리잡게 했는데, 그 예수는 배척당하고 십자가에 처형되었고 부활했다. 막달라 마리아와 바울로는 함께, 예수와 그리스도 모두를 향해 매우 도움을 주는 방식으로, 그리스도인들의 경험을 인도하지만, 서로 반대되는 방향에서 인도한다.

막달라 마리아

루가복음에서(8:2), 막달라 마리아는 예수가 그녀의 일곱 귀신을 쫓아낸 후 예수의 친구이자 꽃이 된 여인으로 묘사되고 있다. 복음서들 전체에서 (대부분의 사도들보다 더 많이) 열두 번이나 언급된 사람으로서는 별로 좋은 이야기로 출발하지 않는 셈이다. 그러나 어느 이야기에서도 그녀의 일곱 귀신 가운데 하나가 창녀라는 언급은 없다. 내 생각에는 섹스가 **우리의** 귀신이기 때문에 우리가 그것을 마리아에게 투사했던 것이 아닐까 생각한다.

네 개의 복음서 이야기들 모두에서 막달라 마리아는 예수가 처형당할 때 예수의 어머니와 몇몇 다른 여인들과 함께 그 현장에 있었다고 전해진다(마태오 27:56; 마르코 15:40; 루가 24:10; 요한 19:25ff.). 예수가 십자가에서 내려진 후, 그의 어머니 마리아와 몇몇 여인들은 예수의 시신을 무덤에 안치했다. (그 여인들이 정확히 누구인지에 대해서는 복음서들이 일치하지 않지만, 요한복음을 제외하고는 항상 여인들이었다는 점이 흥미롭다.) 안식일이 지난 후, 막달라 마리아는 새벽에 무덤에 찾아가 그 무덤이 빈 것을 발견했다. 그녀는 서둘러 이 놀라운 소식을 두 사도들에게 전했으며, 그들은 그 사실을 확인하기 위해 무덤으로 달려갔다. 사도들은 예수의 시신을 누가 훔쳐갔다고 의심한 채 집으로 돌아갔다. 그러나 막달라 마리아는 무덤에 머물러 슬피 울면서 자신이 사랑하던 친구이자 스승을 애도했다(마태오 27:61). 그녀는 한결같고 신실한 증인이다.

요한복음에서는 막달라 마리아에게 두 천사가 나타나 "왜 울고 있느냐? 누구를 찾고 있느냐?" 하고 묻는다. 마리아는 "누군가가 제 주님을 꺼내갔습니다. 어디에다 모셨는지 모르겠습니다"라고 대답한다. 마리아가 뒤를 돌아보니 어떤 남자가 있었는데 누군지 알아보지 못한다. 마리아는 그가 동산지기인 줄로 생각하고(요한 20:15), 예수를 어디로 옮겼는지를 물어본다. 그 후 복음서들에서 가장 극적인 순간들 중 하나에서, 그 남자는 "마리아야!" 하고 그녀의 이름을 부른다.

그 후에 무슨 일이 벌어지는가? 번역자들은 막달라 마리아가 "돌아섰다," 또는 "알았다," 또는 "그를 대면하기 위해 돌아섰다"고 말하고, "라뽀니!" 하고 외쳤는데 이 말은 "선생님"이라는 뜻이다(요한 20:13-16). 곧바로 마리아는 자신 앞에 선 사람을 다른 방식으로 보는데, 이것은 **단순히 물리적인 모습이 아니라 관계적으로** 본 것이라고 말할 수 있다. 막달라 마리아에게는 그분이 여전히 예수이지만, 그는 완전히 그리스도가 되신 모습이다.

그 대답으로 예수 그리스도는 약간 충격적인 말을 하는데 그 말은 "나를 만지지 말아라!" 또는 "나를 붙잡지 말아라!"로 다양하게 번역된다(요한 20:17a). 도대체 그는 왜 갑자기 그처럼 차가운 반응을 보였는가? 그 대답은 영원한 그리스도에 대한 이해에 달려 있다.

나는 부활한 예수가 마리아에게 냉담했다거나 마리아의 우정을 거절했거나 친밀감을 두려워했다고는 믿지 않는다. 예수가 말하고 있는 것은 그리스도는 **모든 형태들 속에** 편재하기 때문에 **하나의 단일한 형태 속에서는** 만질 수 없다는 말씀이다. 이것은 우리가 무덤에서 "정원

15장. 예수와 그리스도에 대한 두 증인들

지기"로(요한 20:15), 또한 조만간 엠마오로 가는 길에서 여행자로(루가 24:13), 호숫가에서 제자들의 식사를 위해 숯불을 피우는 남자로(요한 21:4) 보게 되는 것과 같다. 예수는 이 각각의 여정에서 예수가 "나의 하느님," "나의 아버지," "너희의 하느님," "너희의 아버지"라고 부른 하느님(요한 20:17b)께 돌아가는 과정 중에 있었다. 예수는 이제 그의 편재하며 모두를 포함하는 그리스도 역할로부터 말씀하신다. (나는 개인적으로 이것이 많은 사람들이 친구가 죽은 직후 경험하는 현존과 같은 현존일 것이라고 생각한다.)

요한복음 20:17에서 "나의"와 "너희의"를 두 번씩 반복함으로써 이 본문은 하나의 공유된 하느님 체험, 즉 예수의 하느님 체험과 우리들의 하느님 체험 사건을 전달하려는 것이라고 나는 믿는다. 그렇다. 그것은 똑같은 체험이다! 우리는 이것이 나중에 그리스도의 몸에 관한 교리, 즉 그리스도와 모든 사람들 사이의 철저한 일치(1 고린토 12:12ff.)의 교리가 될 것에 대한 첫 번째 예고라고 말할 수 있다. 나자렛 예수라는 개인은 그리스도라는 집합적 인격이 되었다.

우리는 그를 일차적으로 **외적인 관찰**을 통해 알아왔지만, 이제는 그를 일차적으로 **내적인 교환**을 통해 안다. (이것이 우리 모두가 그리스도를 알게 되는 방식이며 흔히 "기도"라고 부른다.)

이제 우리는 막달라 마리아에 관한 이야기 전체를 하나로 연결시킬 수 있다. 예수의 공생애 사역의 상당 기간 동안, 마리아는 구체적인 나자렛 예수에 대한 증인이었다. 그러나 부활 후에 마리아는 편재하는 그리스도에 대한 **첫 번째 증인**으로서의 독특한 경험을 했다. 그 후 자신이 본 것을 친구들에게 전하라는 말씀에 따라, 마리아는 그 기쁜 소식을 "사도들"에게 전했다(요한 20:18; 마태오 28:8). 이 하나의 역할만으로도 마리아는 정말로 "사도들 중의 사도"가 되었고, 이것이 바로 초기 교회, 역사상의 모든 주석가들, 심지어 초기의 예배 본문들도 마리아를 추앙했던 방식이었다. 첫 번째 사도는 이처럼 여성이었다. 이렇게 말하는 것은 정치적으로 올바르고자 하는 것이 아니다. 첫 번째 사도가 여성이었다는 것은 사도에 대한 처음 정의가 "부활에 대한 증인"(사도행전 1:22)이었다는 점에서 사실이었다.

마리아처럼 우리들도 어떤 방식으로든 우리의 이름을 부르는 음성을 들어야만 하며, 사랑이 우리 자신에게 말하는 것을 들어야만 하는데, 그 후에야 비로소 우리는 이 그리스도께서 우리들 가운데 계신 것을 인지할 수 있다. 또한 마리아처럼 우리들도 보통 이처럼 구체적인 만남을 가진 후에야 비로소 모두에게 가능한 이런 보편적인 경험으로 나아가게 된다. 영적인 앎은, 우리가 보통 "영혼"의 앎과 동일시하는 내면의 만남이며 고요한 내적인 앎이다. 우리가 이처럼 친밀한 내적인 앎을 필요로 하는 이유는 우리가 시각적 차원에만 머물 수 없을 뿐 아니라, 만일 시각적 차원에만 머물게 되면 우리는 항상 하느님을 사적인 소유물(요한 20:29)로 파악하거나 타인들에게 "증명"할 수 있거나 증명해야만 하는 어떤 것으로 생각하기 때문이다.

이것은 결코 사소한 문제가 아니다. 만일 하느님이 진정으로 하느님이라면, 하느님의 현존은 반드시 모든 곳에서 인지할 수 있으며 누구나 보편적으로 경험할 수 있어야만 한다. 만일 당신이 육체적으로 하느님을 "만질" 수 있다면, 하느님은 단지 여기에만 계시며 저기에는 안

계시고 또한 나의 하느님이지 너희들의 하느님은 아니라고 생각하기 쉽다.

　분명한 사실은 막달라 마리아의 독특하며 중요한 역할이 1세기의 거의 전적으로 가부장적인 그리스도교 안에서는 일반적으로 인정받지 못했다는 사실이다. 오늘날도 여전히 대부분의 그리스도인들은 모든 사도들이 남자들이었다고 상상하며, 그래서 사제직과 사목활동은 남자들에게만 국한되어야 한다고 주장한다. (마치 젠더가 진짜 자기, 회복된 자기, 또는 하느님 안에서의 존재론적 자기의 본질인 것처럼 말이다!). 이런 주장은 그리스도가 부활한 후에 마리아에게 **처음으로** 나타난 사실에 의해 반박되며, 또한 그녀가 첫 번째 증인이 되도록 맡기신 것에 의해서도 반박된다. 그렇다. 남자 제자들이 세상 속으로 보냄을 받게 된 것은 당시 대부분의 문화 속에서 남자들만 안전한 증인 또는 법적인 증인, 또는 종교적 교사들로 간주되었기 때문이었다.

　또 지적할 점은 그 열두 명의 남자 사도들은 복음서 안에서 항상 느리게 반응하며 보통 의심과 주저함이 많은 사람들로 묘사되며(마르코 16:11, 13-14), 심지어 저항하며 부인하며 배반한 사람들로 묘사되지만, 그것 때문에 그들의 지도력이 방해받지는 않았다. 그러나 마리아는 예수가 자신의 이름을 부른 순간에 예수의 새로운 현존 방식을 인지했던 것처럼 보였다. 그 현존을 인지하는 사람들은 권위를 갖고 그 현존에 관해 말할 준비가 된 사람들이었지, 단지 역할이나 직위를 가진 사람들이 아니었던 것처럼 보인다. 그러나 기관들이 구조적으로 생존할 수 있는 것은 규정된 역할들과 직위들을 통해서인 것처럼 보인다. 나는 이것을 이해한다.

그러나 예수로부터 그리스도로 가는 다리를 놓은 것은 먼저 개인적으로 예수를 사랑했던 여성이었다는 점이 중요하다. 마리아가 그처럼 빨리 충분한 영적인 앎에 도달하게 된 것은 그 앎이 **사랑의 관계와 현존 자체를 통한 앎**이었기 때문이다. 마리아가 심지어 예수를 알아보지 못했을 때조차도 예수의 음성을 알았으며 신뢰했다는 것을 주목할 필요가 있다. 이것은 우리의 일반적 경험을 통한 앎이 여러 종류의 "증거"에 국한되며 그 추론 형식에 국한되며, 구체적인 신적 계시의 순간들에 국한되는 것과는 얼마나 다른가! 만일 우리가 사람들을 **내적인 여정**이나 **사랑의 여정**에 내보내는 방법을 배우지 못한다면, 변화된 삶에 대한 생생한 증인들이 없기 때문에 종교적 과업 전체가 계속해서 실패로 끝나게 마련이다.

마리아가 자신의 여정을 향해 나아간 것은 예전의 예수를 단단히 붙잡는 방식을 통해서가 아니라, 그 예수가 자신에게 더욱 큰 그리스도를 소개하도록 함으로써 나아갈 수 있었다는 점을 주목할 필요가 있다. 마르코의 복음에서는 이처럼 완전히 새로운 현존 방식이 매우 의도적으로, "예수께서 다른 모습으로 그들에게 나타나셨다"(마르코 16:12)고 표현되어 있다. 다른 본문들은 예수가 동시에 두 곳에 현존하며, 문을 통과하며, 물 위를 걷는 것으로 만드는데, 이 모든 것은 새로운 현존 방식을 가리키는 것으로서 이것을 우리는 "그리스도"라고 부른다. (이처럼 부활 이후의 이야기들 가운데 어떤 것들은 복음서 안에서 예수의 변모 장면이나 물 위를 걸은 이야기처럼 부활 이전의 사건들로 표현되기도 한다.) 우리는 보통 예수를 한 차원(예를 들어, 육체적으로 한정된 차원—역자주)에서 내려놓아야만 비로소 "예수 그리스도"를 받아들이고 믿을 수 있다. 만일 당신의 예수가 너무 작거나 너무 감상적이거나(예를 들어, "예수는 나의 개인적인 남자친구"), 시간과 문화에 너무 매어 있는 예수라면, 당신은 별로 멀리 나아갈 수 없다. 예수가 그리스도가 되기 위해서는 시공간의 제약을 넘어서야 할 뿐 아니라 인종, 국적, 계급, 젠더를 넘어서야만 하기 때문이다. 솔직히 말해서, 예수는 그의 이름으로 세워진 종교이지만 부족적이며 당파적이며, 외국인을 혐오하며 배타적인 상태로 남아있는 종교를 넘어서야만 한다. 그렇지 않다면 그는 "세상의 구세주"(요한 4:42)가 전혀 아니다. 이것이 바로 예수가 오늘도 여전히 구원하려고 애쓰는 세상이 지금도 당면하고 있는 신뢰성의 문제이다.

막달라 마리아는 개인적인 사랑과 친밀성의 증인인데, 바로 이런 점이 대부분의 사람들로서는 보편적인 사랑을 향해 나아가는 길을 시작할 최상의 용이한 출발점이다. 그리고 부활절에 그 동산에서 마리아는 그 보편적인 현존 또는 그리스도를 향한 갑작스러운 인식의 변화를 경험했다. **그는 사실상 그 정원지기이다! 그는 모든 남자와 모든 여자가 되었다!** 마리아가 "그분이 동산지기인 줄 알았다"(요한 20:15)는 것은 전혀 잘못 안 것이 아니었다.

우리의 두 번째 증인에서는, 보편적 그리스도에서부터 시작한 사람을 만나게 되는데, 그 만남을 통해 그는 십자가에 달리고 부활한 예수에 대한 깊은 헌신에 이르게 된다. 하느님은 우리가 그 전체 여정을 향한 길을 계속하는 한 어느 길이든 이용하실 수 있다.

바울로

막달라 마리아와는 달리, 사도 바울로는 육신의 예수를 전혀 알지 못했다. 그는 오직 부활한 그리스도만 알았을 뿐이다. 앞에서 우리는 그가 충격을 받고 눈이 멀게 된 경험을 말했으며, 또한 그의 초월적 경험—그가 즐겨 사용하는 "그리스도 안에(*en Cristo*)"라는 말에 잘 요약된 경험—을 통해서 그가 어떻게 협소한 종교로부터 벗어나서 보편적인 비전을 갖게 되었는지에 대해서도 말했다. 여기서 나는 바울로가 어떻게 결과적으로 그리스도로부터 시작해서 그처럼 빠르게 예수, 즉 그가 다마스커스로 가던 길에 그의 **음성**을 들었던 예수(사도행전 9:4)와 완전히 동일시하게 되었는지에 초점을 맞추려 한다.

바울로의 사상을 일차적으로 그리스도인들이 오랫동안 생각해 왔던 것처럼 죄와 구원에 대한 주장으로 보는 대신에, 나는 바울로를 그가 겪었던 개인적인 변화와 문화적 변화 모두에 대한 증인으로 읽으려고 한다. 예수는 개인적인 차원을 나타내며 또한 그리스도는 문화적, 역사적, 사회적 차원을 나타낸다. 바울로는 실제로 그 두 차원 모두를 가르쳤지만, 두 번째 차원은 대체로 간과되어왔다가 지난 50년 전부터 제대로 평가되기 시작했다.

우리가 기억하는 것처럼, 바울로(당시에는 히브리어 이름 사울)는 다마스커스로 가던 도중에 "네가 왜 나를 박해하느냐?" 하는 음성을 들었다. 그는 "주님, 당신은 누구십니까?" 하고 물었다. 주님은 "나는 네가 박해하는 예수다"라고 말했다(사도행전 9:4-5). 바울로는 사흘 동안 (이것은 흔히 새로운 앎으로 넘어가는 데 필요한 시간을 상징한다.) 눈이 먼 상태였다가 다른 사람에 이끌려 다마스커스로 들어갔다. 이 사흘 동안에 바울로는 내가 **"경계 공간**(liminal space)"이라고 부르는 곳, 즉 세계들 사이의 중간 공간에서 살았다. 그는 자신이 익숙했던 "옛 세계"로부터 음식이나 물을 얻지 않았고, 그리스도 안에서의 "새로운 세계" 속으로 옮겨가기 시작했다. 그의 변화는 회심에 대한 고전적인 묘사이며, 그 회심을 통해서 **자기 사랑으로부터 집단에 대한 사랑, 보편적인 사랑**으로 진행하는 전형적인 발전 과정이 뒤따랐다. 그러나 바울로는 이 과정을 다소 빠르게 겪었지만, 우리들 대부분은 평생이 걸린다. 곧 바울로의 시력이 회복되었고 그는 증오심에서 벗어나 보편적인 사랑 속으로 들어가는 세례를 받았다. 그는 복음을 선포하고 가르치는 데서 심지어 원래의 열두 사도들보다도 더욱 중요한 사람이 되었다(사도행전 9:17). 그는 남은 생애 동안 자신이 사랑했던 유대교와 이 새로운 유대교 "종파" 사이에 확고한 다리를 놓는 작업을 했다. (로마인들에게 보낸 편지 11장은 그가 처음에 이 새로운 "종파"를 어떻게 이해했는지를 보여준다).

바울로가 예수를 만난 적이 없었다는 사실은 그로 하여금 후대의 우리 모두가 그리스도 체험에 대해 그런 이름을 붙일 수 있는 완전한 음성이 되도록 만든다. 바울로는 자신이 직접 쓴 모든 편지들 속에서 "그리스도"나 "주"라는 말을 붙이지 않은 채 "예수"라는 말을 사용한 것이 다섯 군데뿐이라는 것을 알고 있는가? (그 가운데 필립비인들에게 보낸 편지 2:10-11에 두 차례 사용한 것은 아마도 그가 직접 쓴 것은 아닐 것이다.) 지난 몇 세기 동안 그리스도인들은 대체로 마치 바울로가 개인들이 "천국에 가는 것"과 지옥을 피하는 것에 초점을 맞춘 것처럼 간주해왔다. 그러나 바울로는 우리가 생각하는 지옥에 대해 한 번도 말한 적이 없다. 대부분의 사람들이 이 사실을 주목하지 못한다. 내 생각에는 바울로가 예수처럼, 사람들은 자신들의 죄 **때문에**(for) 벌을 받기보다는 죄에 **의해서**(by) 벌을 받는다고 생각했을 것이다. 선함은 그 자체가 보상이며, 악은 그 자체가 처벌이다. 비록 당시의 언어와 생각은 사람들로 하여금 최종적인 인과관계(보상과 처벌)를 하느님에게 돌렸지만 말이다.

만일 악이나 "그 문제"에 관한 바울로의 본문 모두를 살펴본다면, 바울로에게 죄는 사실상 집단의 맹목성(group blindness)의 결합이나 집단적 망상(corporate illusion)의 결합으로서, 개인이 그에 맞설 능력이 없는 상태(로마서 7:14ff.)와 더불어 구조적인 악(에베소 6:12; 골로사이 1:16ff.)을 가리킨다는 점을 보게 된다. 악은 단순히 개인적인 비열함만이 아니다. "우리가 대항하여 싸워야 할 원수들은 인간이 아니라 **하늘의 악령, 어둠에서 비롯되는** 권세와 세력의 악신들입니다"(에페소 6:12). 우리는 이제 이런 체제들(기업체들, 국민국가들, 기관들)이 그 나름의 생명을 갖고 있으며, 또 우리가 아무리 그런 체제들에게 책임을 묻는다 해도 그런 체제들은 보통 이성이나 심지어 법에 대해서도 책임을 지지 않는다는 것을 알고 있다. 고대인들은 이런 사태에 관해 결코 아둔하지 않았다.

바울로는 인간들이 이중적으로 사로잡혀 있다고 믿었던 것처럼 보이며, 그는 집단적인 선만이 집단적인 악에 맞설 수 있다고 확신했다. 이 때문에 그는 공동체를 세우는 일과 "교회"를 강조했다. 바로 이런 이유 때문에 바울로를 흔히 "교회의 창시자"로 부르며, 또한 그가 처음 그리스도인 공동체들에 대해 그토록 큰 기대와 희망을 가졌을 것이다. 그는 "자녀들"과 모범적인 인물들의 자랑스러운 부모였으며, 교인들이 이방인들에게 본보기가 되기를 원했다. 이런 이유 때문에 바울로는 흔히 교훈적이며 도덕주의적인 인물인 것처럼 보였고, 많은 사람들이 그를 좋아하지 않았다. 그러나 **큰 빛일수록 그림자도 크다**는 점을 기억할 필요가 있다. 바울로는 정말로 큰 빛이다.

바울로가 "죄"라고 부르며 "아담" 또는 "옛 사람"이라고 부른 것(로마서 5:12ff.; 1 고린토 15:21ff.)은 오늘날 우리가 **"인간의 비극"** 자체라고 부르는 것이다. 우리가 어떤 말을 사용하든 간에, 바울로는 그리스도가 보통 사람의 상황을 덫에 걸린 것으로, 심지어 노예상태인 것으로 보았다고 믿었으며, 예수처럼 바울로도 자신이 덧없으며 지나가는 것, 억압적이며 결국에는 망상적인 것이라고 본 것에서 벗어날 길을 우리에게 제시하려고 애를 썼다. 그의 비전은 피상적인 것이 아니라 혁명적인 비전(revolutionary vision)이었으며, 우리가 그를 단순한 도덕주의자나 "교회에 몰두하는 사람"으로 본다면 우리는 그의 혁명적 비전을 간과하게 된다.

나는 예수의 사회적 프로그램의 기초는 **우상숭배를 거부하는 것, 또는 하느님 나라를 제외한 모든 나라들에 대한 매혹으로부터 벗어나는 일**이라고 주장하고 싶다. 이것은 당신이 어떤 것을 직접 공격해야 한다거나, 다른 민족국가, 은행체제, 군산복합체, 심지어 종교체제를 패망시켜야 한다고 느끼는 것보다는 훨씬 훌륭한 방법론이다. 종교적인 광신이나 적대적인 사고나 행동으로부터 사람들을 보호하는 가장 좋은 방법은 초연함(인간이 만든 지배체제에 대한 무조건적인 충성에서 자유롭게 됨)이다. **반대할 것은 아무것도 없으며 단지 당신이 추구하는 큰 것에만 계속 집중하라**(아씨시의 프란체스코와 마더 테레사를 생각해보라). 죄에 대한 바울로의 이해는 오늘날 우리가 중독(addiction)에 대해 이해하는 것과 놀라울 정도로 비슷하다. 그래서 바울로는 우리가 "단지 쓰레기"에 불과한 것들에 마음을 빼앗기는 것으로부터 자유롭게 되기를 원했다(필립비 3:8). 그런 것들은 우리가 충성할 가치가 없는 것들이다. "내가 그리스도를 품고 그분 안에서 살아갈 수만 있다면!" 당신은 이런 말에서 바울로의 집단적 이해를 들을 수 있는가?

그런 중독자나 죄인은 실제로 그가 그것에 노예가 된 것만큼 세상을 향유하지 못한다는 것이 바울로가 이해한 것이다. 예수는 우리에게 지금 여기에서 참된 대안적인 사회질서를 제공해주기 위해 온 것이지 나중에 "천당에 가는 길"을 제공해주기 위해 온 것이 아니었다.

예수 자신은, 우리들 대부분이 죄라고 부르는 나쁜 행동에 대해 실제로 불처럼 화를 내지 않았다는 사실을 당신은 주목한 적이 있는가? 그 대신에 예수는 그의 비판적인 지적의 방향을 바꾸어, 스스로를 죄인이라고 생각하지 않는 사람들, 자신의 그림자들이나 어두운 측면들을 보지 못하는 사람들, 또는 자신들이 세상의 지배체제들 속에 공모하고 있다는 점을 인식하지 못하는 사람들에게로 돌렸다. 우리들 대부분은 쉽고 가시적인 목표물들—섹스와 몸에 근거한 이슈들과 관련된 사람들—을 공격함으로써 우리들 자신이 "정결하다" 또는 "도덕적이다"라고 느낀다. 그러나 예수는 다른 모든 참된 영적 지도자들처럼 악의 뿌리(거의 언제나 우상숭배의 형태)를 폭로했으며, 흔히 도덕주의자들처럼 단순한 증상들을 처벌하는 데 시간을 낭비하지 않았다.

15장. 예수와 그리스도에 대한 두 증인들

하버드대학교의 탁월한 학자이며 목사였던 크리스터 스텐달(Krister Stendahl, 1921-2008)은 그의 선구자적인 연구서 『바울로 사도와 서구의 내성적 양심』(*The Apostle Paul and the Introspective Conscience of the West*)에서, 바울로는 개인의 죄나 개인적이며 사적인 구원을 말한 적이 거의 없다고 지적했다. 단지 우리는 그런 식으로 배웠을 뿐이라는 것이다. 스텐달은 심지어 바울로가 진짜로 쓴 일곱 개의 편지들에서 개인적인 용서를 말하기보다 오히려 모든 죄와 악에 대한 하느님의 포괄적 용서(blanket forgiveness)를 말한다고까지 주장한다. 죄, 구원, 용서가 항상 유대인 예언자들과 바울로에게는 집단적이며 사회적이며 역사적인 개념이다. 우리가 이것을 깨달으면 복음서들을 읽는 전체 독해가 달라진다.

나는 바울로가 절대적으로 진화적인 사상가였다고 믿는데, 바울로는 이것을 로마인들에게 보낸 편지 8장에서 분명히 밝힌다. 참된 권능은 주어졌고 거짓된 권능은 바울로의 생각 속에서 폭로되었다. 그리고 이제는 **거짓된 권능이 파멸되는 것이 시간문제인 것이다**. 나는 나 자신의 짧은 생애 동안 이런 의식의 진화를 상당히 목격했다. 즉 비폭력, 포용성, 신비주의, 그리고 사심 없는 사랑을 향한 의식의 진화뿐 아니라 사태의 그림자 측면을 보다 올바르게 이름 짓는 것 말이다. 이것은 점진적 "그리스도의 재림"이다. 우리가 현재 겪고 있는 파당적인 정치, 분노에 가득한 문화전쟁들, 그리고 백인들의 특권을 유지하려는 전략들은 단지 오래되었고 죽어가는 패러다임의 마지막 헐떡거림일 따름이다. 예수와 바울로는 이것을 이미 2천 년 전에 믿었으며, 우리는 지금 그 불가피한 결과가 점차 빠른 속도로 나타나는 것을 지켜보고 있다. 폭력은 모든 역사상 가장 낮은 비율로 나타나고 있다고 통계학자들은 말한다. (예전에는 얼마나 폭력이 심했는가?)

바울로에게는 그것이 모두 "왕좌의 게임(game of thrones)"이며, 또한 단 하나의 합법적인 왕좌만이 있어서 그런 작은 왕국들을 균형 잡힌 시각으로 보게 하며 그런 왕국들은 마침내 망해갈 수밖에 없다는 것을 유념하게 만든다. "예수는 주님이시다"라는 고백은 우리의 첫 번째 간단한 신조이며 환호성으로서(1 고린토 12:3), 로마제국이 주장하는 "황제가 주님이시다"는 것을 부정하는 것이다. 그것은 바울로의 위대하며 견고한 믿음의 행동이다. **이런 작은 실체들은 그들 나름의 삶과 죽음이 있으며, 한 개인을 죽이거나 "구원"함으로써 포착될 수 없다. 예수와 바울로 모두 악을 단순히 개인적인 사악한 행동이라기보다는 집단적인 속박과 망상으로 보았다.** 물론 그 두 사람 모두 악을 완전히 파악한 것이다.

바울로의 매우 중요하며 완전히 새로운 생각은 복음이 인간의 **외부**(outside)에 있는 어떤 기준—그가 "율법"이라고 부른 것—을 따르는 것이 아니라, 권위의 중심이 인간의 **내면**(inside)으로 바뀌었다는 생각이다. 바로 이런 이유 때문에 그는 로마와 갈라디아 교인들에게 보낸 편지들 모두에서 그토록 강력하고 놀랍게 율법에 대해 저주를 퍼부은 것이다. 진짜 "새로운" 율법은 **우리들의 내면에 계신 분**(Someone inside of us)에게 실제로 참여하는 것이다. "우리가 받은 성령께서 우리의 마음속에 하느님의 사랑을 부어주셨기 때문입니다"(로마서 5:5). 이런 내면의 권위, 이런 개인적인 도덕적 나침판은 다른 어떤 외부의 압력이나 율법보다 우리를 더욱 잘 안내할 것이며, 또한 그것은 모든 사람이 얻을 수 있는 것이라고 바울로는 믿었다. 이것은 혁명적이며 당연히 두려운 것이다. 바울로가 로마인들에게 보낸 편지(2:14-15)에서 말하듯이, 심지어

"이방인들에게는 율법이 없지만, 그러나 그들이 마음에 기록된 율법의 내용을 가리킬 수 있으며... 율법의 효력을 보여줄 수도 있습니다... 그것에 대해 그들의 양심이 증언합니다." 이처럼 바울로는 자연법 신학과 개인의 양심에 대해 아직 발전되지 않은 신학의 원천을 제공해주고 있다. 바울로는 예레미야가 "우리의 마음에 새겨진" "새 언약"(31:31-34)이라고 미리 말했던 것에 직접 기초하고 있다. 그것은 우리들 대부분이 아직도 여전히 율법과 질서와 단순히 외적인 권위라는 "옛 언약"에 머물러 있지 않은가 의문을 갖게 한다. 바울로는 역사를 훨씬 앞질러 갔으며 또한 내가 "인생의 후반기 영성(second half of life spirituality)"이라고 부르는 것을 이미 우리에게 가리키고 있었다.

끝으로, 바울로는 이처럼 큰 메시지를 위한 일종의 "시청각 자료"를 만들려고 애를 썼는데, 그것을 그는 "교회"라고 부른다.(이 용어는 예수가 단지 두 번만 사용한 용어이다. 마태오 16:18; 18:17). 바울로는 이처럼 대중의 의식과는 정말로 다른 그리스도 백성들(Christ people)을 보여주기 위해, 새로운 삶의 살아있는 가시적 모델을 필요로 했다. 그 백성들은 "나무랄 데 없는 순결한 사람이 되어, 이 악하고 비뚤어진 세상에서 하느님의 흠없는 자녀가 되어 하늘을 비추는 별들처럼 빛을 낼 수 있는" 사람들이다(필립비 2:15). 바울로가 생각하기로는 우리가 거의 유토피아에 가까운 대안적인 사회 안에서 살아야 할 것으로 기대되었으며, 그런 충만함으로부터 "세상"으로 나아가야 했다. 그러나 우리는 그 대신에 돈, 전쟁, 권력, 젠더에 집착하는 태도로, 거의 전적으로 세상 속에서 살아가면서 가끔씩 "교회에 가는" 삶의 모델을 만들어냈다.

나는 이런 모델이 제대로 작동할 것인지에 대해 확신하지 못하겠다. 아미쉬 사람들, 브루더호프 공동체, 흑인 교회들, 그리고 일부 카톨릭 수도회들은 아마도 대안적인 의식을 실제로 유지하는 데 더욱 기회가 많을 것이지만, 그 나머지 우리들 대부분은 우리의 주변 문화와 상당히 비슷한 방식으로 생각하며 살아가는 것으로 끝난다. 이것을 분명히 예상했던 바울로는 그의 새로운 백성들이 사실상 "교회 안에서 살며" 그 확고한 기반으로부터 세상으로 나아가도록 의도했다. 우리는 여전히 이 모든 것을 뒤집어서, 완전히 세상 체제 속에서 살면서 가끔씩 교회에 간다.

그러나 많은 사람들은 오늘날 이처럼 싱크탱크, 지지 그룹, 기도 그룹, 공부 그룹, 가난한 이들을 위한 주거 건설 프로젝트, 치유집단, 선교 조직들과 연대하는 것을 목도하고 있다. 그래서 아마도 완전히 인식하지는 못한다 해도, 우리는 오늘날 흔히 올바른 방향으로 나아가고 있다. 우리는 교회와 연관된 많은 조직들을 만들고 있으며, 또한 통계를 보면, 그리스도인들이 그리스도교를 떠난다기보다는 오히려 주일날 모여서 단지 성경을 듣고 신조를 암송하고 찬송가를 부르는 대신에 이 세상 속에서 그리스도적인 가치들을 살아내는 집단들로 재결합하고 있음을 알 수 있다. 이런 점에서 그리스도인들의 실제 행동은 우리가 생각하는 것보다 더 성숙하고 있다고 말할 수 있다.

중요한 것은 상표 이름이 아니라는 것을 기억할 필요가 있다.
중요한 것은 하느님의 마음이 이 땅위에서 느껴지고 적극 활동하고 있다는 점이다.

복음 선포의 직접적인 결과는 놀랍게도 "세속주의(secularism)"인데, 여기서는 그 메시지가 사명 자체가 되었으며 단순히 팀을 계속 구성하는 것만이 아니다. 중요한 것은 하느님의 사역을 이루는 것이지, 우리의 집단이나 다른 어느 집단이 그 공적을 차지하는 것이 아니다. 나는 자신들의 가치를 거의 매일 살아내는 그리스도인들을 만나는데, 그들은 자신들이 얼마나 옳은지("정통")에 대해서는 별다른 관심이 없이 단지 그 가치들을 그냥 살아낸다("정행"). 이것은 오늘날 코치들이 흔히 표현하듯이, 말로 가르치는 대신에 훈련을 시키는 것이다.

보편적 그리스도(the Universal Christ)가 수십 억 년 동안 전혀 아무런 이름조차 없이 전진해왔던 것처럼, 여전히 진화하는 그리스도(the Still-Evolving Christ)는 똑같은 일을 계속한다. 하느님은 명백하게 매우 겸손하며 인내심이 많으시며, 우리가 그분의 치어리더들로서 존재하지 않는다 하더라도 당신의 일을 수행하고 계신다. 만일 하느님께서 (막달라 마리아처럼) 일곱 귀신을 지닌 여인을 사용하시며, (사도 바울로처럼) 살인적인 열심당원을 사용하셔서 당신의 일차적인 증인들로 만드실 수 있다면, 우리가 질문할 다음 물음은 "그들이 무엇을 증언했는가?"라는 물음이다. 그것은 단지 어떤 새로운 사상이 아니었다. 그것은 새로운 삶의 방식, 새로운 삶의 에너지, "모두를 위한 자유와 정의"를 실제로 믿는 세계관이다.

16장

변화와 관상

내가 영적으로 깨어난 날은 내가 하느님 안에서 모든 것을 보고 있으며, 모든 것 안에서 하느님을 보고 있다는 것을 깨달은 날이다.

— Mechtild of Magdeburg (1212-1282)

우리가 이제까지 우주적 그리스도를 제대로 이해하지 못해 왔다면, 그것은 무지나 악의, 또는 완고함 때문이 아니었다. 그 이유는 서구의 합리주의와 과학주의를 지배하는 이분법적 정신(dualistic mind)을 갖고서 주로 비이분법적(또는 不二的) 개념(nondual notion)을 이해하려고 애써 왔기 때문이다. 그것으로는 안 된다. 우리들 대부분은 우리가 일상을 살아가는 양자택일(either-or), 모 아니면 도(all-or-nothing)와 같은 문제풀이식 정신과는 다른 "소프트웨어"를 설치할 필요가 있다는 것을 배우지 못했다. 오직 초기 그리스도교와 그 이후 많은 신비가들만이, 관상(contemplation)은 우리들 대부분이 배웠던 우리의 경험 해석 방식과는 실제로 전혀 다른 방식이라는 것, 즉 철저하게 다르게 보는 방식(a radically different way of seeing)이라는 것을 이해하는 경향이 있었다.

그런 방식으로 보는 사람들은 거의 언제나 변두리로 밀려났다. 앞에 인용한 메흐틸트(Mechtild)도 그런 사람이었는데, 그에 대해 아는 사람은 별로 없을 것이다. 그런 사람들 가운데 많은 이들이 죽어서 더 이상 위협이 되지 않게 되면 "성인"이라고 시성(諡聖, canonize)되지만, 그들이 생전에는 스스로 숲속에 머물거나, 수도원이나 암자에서 침묵수행을 한 것은 그들 자신의 정신건강을 위해서였을 것이다. 정원이 다양한 꽃들로 넘쳐나는 그리스도교는 예배드릴 수 있는 하느님과 같은 인물로 매우 만족했으며, 그들은 그를 예수라고 불렀는데, 그가 인류를 위해 정말로 무엇을 표상했는지에 대해서는 큰 관심이 없었다.

우리가 앞에서 살펴본 것처럼, 그리스도의 훨씬 크고 보편적인 역할은 요한복음, 골로사이인들에게 보낸 편지, 에페소인들에게 보낸 편지, 히브리인들에게 보낸 편지, 요한의 첫째 편지의 첫 장에 언제나 매우 분명하게 묘사되어 있으며, 초기 동방 교부들의 글과 그 이후 많은 신비가들의 글에도 분명하게 묘사되어 있다. 그러나 우리의 비관상적인(noncontemplative) 정신은 이들 저술가들이 우리와는 매우 다르게 실재를 이해했다는 점을 알아차리지 못했다. 결과적으로 그처럼 본래적으로 논쟁적인 그리스도교는 더욱 멀리 나가게 되었다. 그것은 우리에게 경전들이나 고대의 관상적 가르침들을 이해하기에 충분히 넓은 렌즈를 제공하지 못하는, 매우 제한된 "합리적" 앎의 방식을 설정해준다. 그것은 지나치게 작은 망원경으로 우주를 보려고 애썼던 것과 같다. 우리는 예수를 하느님의 개인적 화육이라고 이해하며 또한 제국(동방이나 서방)이 이용할 수 있는 하느님을 이해하는 데 너무 분주해서, 그 메시지를 모든 피조물들(로마서 8:18-23)은 물론이고 모든 "육신"들에게 (요한 1:14)까지 보편화할 시간도 없었고 그럴 준비도 되어 있지 않았다. 그래서 "죄인들"이나 어떤 종류이든 국외자들을 위한 여지가 없었기 때문에, 예수의 메시지와 사명과 정반대되는 입장을 취하게 되었다. 우리들의 작은 제국들과 우리들의 작은 정신은, 부족의 목적을 위해 이용될 수 있는, 자기 자신을 위해 존재하는 하느님과 길들여진 예수를 필요로 했다.

바로 이런 점에서 관상적인 앎의 방식이 우리로 하여금 우주적인 그리스도를 이해하고 비부족적인(non-tribal) 예수를 이해하도록 도와주어야만 한다. 그것은 또한 우리가 복음으로부터 멀어지도록 만든 것이 단지 악의 때문만이 아니라 실제로는 전념(mindfulness)이 부족했고 (우리의 문화가 권력, 돈, 전쟁에 사로잡혀 있다는 점과 함께) 현존의 능력이 부족했었다는 것을 깨닫도록 도와준다.

관상의 마음은 사물들을 단지 부분적으로 보는 것이 아니라 전체를 깊이 있게 볼 수 있다. 이분법적 정신은 합리적 사고에서는 매우 좋지만, 사랑, 죽음, 고난, 친밀감, 하느님, 섹슈얼리티, 또는 신비 일반과 같은 것들을 다루는 데서 완전히 그 영역을 넘어가 있다. 그런 이분법적 정신은 계속해서 실재를 두 가지 선택사항으로 제한시키며, 그 중 하나를 선택한 것 때문에 스스로 똑똑하다고 생각한다. 이것은 과장이 아니다.[1] 그 두 가지 선택사항은 항상 서로에 대해 화를 내는 방식으로 다른 것을 배제시킨다. 즉 어떤 사태는 완전히 옳거나 완전히 틀려먹은

---

[1] 이것이 나의 책 *The Naked Now*의 의미이다.

것이거나, 나의 편이거나 나의 반대편이거나, 남성적이거나 여성적이거나, 민주당이거나 공화당이거나, 그리스도인이거나 이방인이거나, 하는 식이다. 이분법적 정신은 손쉬운 안전과 거짓된 위로를 주지만 결코 지혜는 주지 못한다. 그것은 당신의 생각에 대해 반대되는 생각을 갖고 반대하기 때문에 스스로 똑똑하다고 생각한다. 거기에는 보통 "화해시키는 제3자"가 없다. 나는 거의 매일 나 자신 속에서 이것을 본다.

우리 시대에는 폭넓고 깊은 관상적 정신의 재발견을 목격하게 되었는데, 그런 정신은 지난 2천 년 동안 주로 수도승들과 신비가들에게만 국한되었던 것이다. 이런 재발견은 "행동과 관상 센터"의 핵심 목적이었으며, 지난 40년 동안 나의 가르침의 핵심이었다. 변하는 것은 우리의 형이상학("무엇이 실재하는가")이 아니라 우리의 인식론(**"무엇이 실재한다고 우리가 알고 있는 것을 우리가 어떻게 생각하는가"**)이다. 이런 변화에 대해 우리는 심리학, 심리치료, 영적 지도, 역사, 동방 종교들의 통찰력들의 결합에 대해 감사할 수 있을 뿐만 아니라 1960년대에 토머스 머튼(Thomas Merton)에서부터 시작된, 서방 그리스도교의 관상 전통의 재발견에 대해서도 감사할 수 있다. 이제는 이런 인식론이 세계 도처에서 또한 모든 교단들에서 폭발하고 있으며, 우리들 자신의 형이상학을 훨씬 잘 이해할 수 있도록 도와주고 있다. 이 무슨 아이러니이며 놀라운 일인가!

솔직히 말해서, 우리가 과거의 많은 잘못들, 특히 그리스도인들이 식민화했던 거의 모든 국가들에서 토착민들을 비참하게 만들었던 것과 노예제도, 파괴적인 소비주의, 인종차별주의, 백인의 특권, 지구 파괴, 동성애자 혐오, 계급주의, 홀로코스트에 대해 우리가 침묵하고 완전히 공모했던 것과 같은 잘못들을 인식하기 시작하면서, 이제는 그리스도교 안에서 새로운 인간성이 등장하고 있다. 이분법적인 논리는 우리로 하여금 집단적인 에고가 욕망했던 거의 모든 것을 정당화하도록 허락했다. 이제는 우리가 우리의 "하나의 참된 종교"를 실제로 살아내는 능력은 차치하고라도 그 종교를 이해하는 우리의 능력에 대해서도 훨씬 덜 교만한 셈이다. 우리를 비판하는 사람들은 우리의 과거의 잘못들을 망각하도록 허락하지 않는다. 인류가 그리스도교의 실제 행동들에 대해 냉혹하게 심판하는 것은 역사의 마지막까지 우리와 함께 할 것이다. 사람들은 인터넷에서 구글(Google)을 뒤지기만 하면, 실제로 무든 일이 벌어졌는지를 알게 된다.

우리의 이분법적 정신은 모든 것을 흑백으로 만들고 싶어하지만, 결코 그렇지 않다. 그러나 우리는 그리스도교의 흑역사를 알면서도 여전히 행복하게 그리스도인이 될 수 있다. (나 자신은 이런 집단에 속하는 사람으로 생각한다!) 그러나 그것은 관상적인 정신 또는 비이분법적 정신을 갖는데, 이런 정신은 우리로 하여금 그런 잘못들을 부인하게 만드는 것이 아니라 통합, 화해, 용서를 가르쳐준다. 우리는 우리의 텐트를 이런 세상의 어딘가에 세워야만 하며, 이 세상과 별도로 떨어진 정결한 자리는 없다. 이 땅의 모든 구석에서부터 "피가 울부짖는다"(창세기 4:10). 그런 우월성을 원하며 요구하는 것은 단지 우리의 에고뿐이다. 종교는 이런저런 종류의 "정결법"으로 시작하지만, 거기서 끝나서는 안 된다.

과거 역사에 대한 이런 지식에 덧붙여서, 마이어스-브리그스(Myers-Briggs), 애니어그램(Enneagram), 나선형 역학(Spiral Dynamics)과 같은 인간의 서로 다른 유형론, 인간의 발달에 대한 지식, 의식의 단계들, 독특한 문화적 출발점들에 대한 지식이 증가하고 있다. 이런 모든 것은 우리들 자신과 서로에 대해 훨씬 더 정직하고 유용한 이해를 제공해준다. 우리가 계산적인 마음을 충분히 오래 중단하고 **우리가 어떻게 아는지**에 대해 비판적으로 바라볼 수 있을 때, 그것은 과거의 작은 흑백 카메라 속에 광각의 칼라렌즈를 끼우는 것과 같다. 우리는 그리스도 신비(Christ Mystery)가 우리가 증명할 필요가 있거나 **증명할 수 있는** 무엇이 아니라, 우리가 관상적 방식으로 볼 때 우리 스스로 인식할 수 있는 **폭넓은 장**(field)이라는 것을 이해하기 시작할 수 있다. 흔히 그 관상적 방식은 단지 합리적인 방식이라기보다는 좀 더 상징적이며 직관적인 방식처럼 보일 것이며, 지혜에 도달하는 거짓 지름길로서 단지 이분법적 선택을 제공하는 무엇이라기보다는 보다 비이분법적 신비로 보일 것이다.

많은 사람들이 깨닫기 시작한 것은 우리가 **정말로 큰 이슈들**을 깊이 있고 정직하게 처리하기 위해서는 비이분법적이며 화를 내지 않으며 논쟁을 하지 않는 정신이 필요하다는 점이며, 또한 우리들 대부분은 실제로 그것을 어떻게 효과적으로 처리할 수 잇는지에 대해 배운 적이 없다는 점이다. 우리는 주로 **무엇을** 믿을 것인지에 대해 배웠지, **어떻게** 믿을 것인지에 대해서는 배우지 못했다. 우리는 **예수**를 흔히 하나의 우상처럼 믿어왔을 뿐이지, **예수의** 드넓은 믿음을 배우고 나누려 하지 않았다. 예수의 믿음은 항상 겸손하며 인내하는 믿음(마태오 11:25) 으로서, 오직 겸손하며 인내하는 사람들만이 이해할 수 있는 믿음이다. 그것이 내가 앞으로 설명하고자 하는 것이다.

앎의 방식으로서의 사랑과 고난

내가 절대적인 선언으로 이 부분을 시작하는 것에 대해 독자들이 용서해주기를 바란다. 실제적인 삶의 질서에서, **만일 우리가 깊이 사랑한 적이 없거나 깊이 고난을 겪은 적이 없다면, 우리는 영적인 것들을 깊이 있게 이해할 수 없다.** 건강하고 "참된" 종교는 우리에게 고난을 어떻게 다룰 것인지 또한 사랑을 어떻게 다룰 것인지를 가르친다. 만일 우리가 이 과정을 진지하게 생각한다면, 우리는 곧 우리를 깨닫게 만드는 것이 실제로 사랑과 고난이라는 것을 인식하게 된다. 다른 어떤 것도 그것을 대신할 수는 없다! **심지어 하느님조차도 우리에게 정말로 중요한 것을 가르치시기 위해는 사랑과 고난을 이용하셔야 한다. 사랑과 고난은 인간을 변화시키기 위한 그분의 일차적인 도구들이다.**

그 당시에는 우리가 아마도 그것을 인식하지 못했을 테지만, 새로운 사랑의 신혼 단계에 들어갈 때마다 우리는 일시적으로라도 일치하며 비이분법적이며 관상적인 정신을 향유한다. 그처럼 은총의 시간 동안에는 우리가 비본질적인 것들과 싸우거나 그런 것들 때문에 괴롭힘을 당할 시간이 없다. 우리는 마음에 거슬리는 것들을 무시할 수 있으며 우리의 형제자매들과 심지어 부모들조차 용서할 수 있다. 어머니들은 새로 여자 친구를 사귄 자기 아들이 새로 태어났다고 생각한다. 그들은 실제로 친절하며, 자신들의 옷을 직접 챙기며, 심지어 인사도 잘 하고 용서해 달라는 말도 잘한다. 내가 혼전교육을 항상 기뻐하는 이유는 약혼자들이 보통 가르침을 잘 받아들이는 시간을 살고 있으며 내가 말한 모든 것에 동의하기 때문이다. 반발하는 일이 거의 없다.

반대로 우리와 가까운 사람이 죽거나 큰 슬픔을 겪으면, 우리는 흔히 똑같이 일치하는 마음을 갖게 되지만, 다른 문을 통해 그곳에 들어간다. 큰 비극은 다른 모든 것을 고려하게 만들며, 가게 계산대에서 일하는 소녀의 간단한 미소조차 우리의 슬픈 영혼을 치유하는 향유처럼 느껴진다. 우리는 다툴 마음도 시간도 없으며, 우리를 괴롭히던 것들에 대해서조차 신경을 쓰고 싶지 않게 된다. 우리가 깊이 유대관계를 맺어 왔던 사람을 잃고 난 후에는 최소한 1년이 지나야 "정상적인" 삶으로 돌아가게 되는 것 같으며, 많은 경우에는 결코 "정상적인" 삶으로 되돌아가지 못한다. 우리는 영원히 다른 사람이 된다. 흔히 이것은 자비심, 인내, 심지어 사랑이 처음 태어나는 시간인데, 우리의 마음이 슬픔, 우울, 애도를 통해서 부드러워지기 때문이다. 이런 시간은 깊이와 진리 속으로 들어가는 특별한 입구이다.

그러나 우리는 어떻게 이처럼 장기간에 걸쳐 얻게 된 귀한 열매들을 계속 간직할 수 있는가? 우리가 사랑과 고난을 깊이 받아들이면, 사랑과 고난은 우리를 이끌어 관상적 정신의 시작으로 나아가게 하며, 우리들은 흔히 잠시 동안 그것들을 깊이 받아들인다. 너무나 자주 우리들 대부분은 곧바로 다시 통제력을 갖기 위해 이분법적인 논쟁적 상태로 되돌아가고 과거의 판단하는 태도를 되찾는다. 우리들 대부분은 아담과 하와의 너무 많이 벌거벗은 동산을 떠나서 가인과 아벨의 서로 다투며 경쟁하는 세상 속으로 들어간다. 그리고 우리는 "에덴 동쪽 놋[또는 **방황하는**] 땅이라는 곳에 자리를 잡는다"(창세기 4:16). 우리가 에덴동산에서 한때 맛보았던 것을 그리워하고 갈망하기 전에 말이다. 아마도 우리는 그 길을 찾기 위해, 그 길을 정말로 간절히 원하기 전에, 방황할 필요가 있을 것이다.

만일 우리에게 훌륭한 선생이 있다면, 우리는 의식적인 비이분법적 정신, 선택적 관상, 영적 수련이나 훈련을 통해 우리가 일상생활 속에서 일치하는 의식으로 되돌아가는 방법을 배울 것이다. 그것이 어떤 수행이든 간에 그것은 "우리의 일용할 양식"이 되어야만 한다. 그것이 이제까지 모든 영적인 대가들의 합의점이다. 이런 수행("rewriting")의 많은 형태들을 가리키는 일반 용어는 "묵상," "관상," "침묵기도," "센터링[향심]기도," "선택한 고독"이지만, 그것은 항상 내적인 침묵의 형태로 유대인들의 안식이 상징한 것이다. 모든 세계 종교—그 **성숙한 단계**에서—는 우리가 정상적인 것으로 간주하는 중독된 정신에서부터 우리를 벗어나게 만드는 수행 방법들을 발견했다. 패스트푸드 종교, 위로 향하는 그리스도교는 그곳에 도달하지 못하며, 사람들로 하여금 곤경에 처한 시간, 열병, 시련, 우상숭배, 어둠, 집착을 통과하도록 실제적 영양분을 제공하지 못한다. 우리들 중에 어떤 사람들은 오늘날 상승하는 종교 형태를 "번영의 복음(prosperity gospel)"이라고 부르는데, 이런 복음은 큰 사랑과 큰 고난을 회피하는 사람들 가운데 매우 일반적이다. 그런 복음은 보통 **어둠**을 어떻게 대처해야 하는지 알지 못하기 때문에, 항상 어둠을 다른 곳에 투사한다. 우리는 즉시 많은 사례들을 생각할 수 있지 않는가?

1960년대부터 시작해서 우리는 동방종교들, 특히 불교와 더욱 접촉함으로써 우리들 자신의 고대 그리스도교의 관상 전통을 인식하고 재발견도록 도와주었다. 시토 수도회의 토머스 머튼(Thomas Merton)과 그 이후 토머스 키팅(Thomas Keating)을 통해서, 그리스도인들이 깨닫게 된 것은 우리들이 이런 가르침들을 항상 갖고 있었지만 그런 가르침들이 모호함 속에 빠져들어 16세기 종교개혁이나 카톨릭의 반종교개혁(Counter-Reformation)에서 거의 아무런 역할을 하지 못했다는 점이다. 지난 500년 동안 모든 입장의 거의 모든 생각들은 매우 이분법적이며 분열적인 것들로서 폭력적이었다. 20세기 중반까지 중요한 비폭력적 혁명은 일어나지 않았다.

서양문명이 승리, 업적, 정복의 길을 따라가는 한, 관상적 정신은 관심을 끌지 못하는 것이었거나 심지어 우리의 에고의 목적에 반대되는 것처럼 보였다. 관상적 정신은 진보, 과학, 발전의 좌뇌(left-brain) 철학에 장애물이었는데, 그런 진보, 과학, 발전은 그 나름대로 매우 좋고 필요했지만, 그러나 **영혼의 지식**(soul knowledge)을 위해서는 그렇지 않았다. 우리가 잃어버린 것은 역설, 신비, 알 수 없음(unknowing)과 표현불가능성(unsayability)의 지혜에 대한 개념인데, 이런 것들은 성서의 신앙을 그토록 역동적이며 창조적이며 비폭력적인 것으로 만드는 개방적 특질들이다. 그러나 우리는 여전히 "알고 있음"을 주장하며, 심지어 **확실한 앎**을 주장한다! 이것은 더 이상 아브라함, 모세, 마리아, 예수의 깨우침의 길이 아니다. 그것은 오히려 종교의 옛 형태이며 완전히 부적합한 형태이며, 아마도 그것 때문에 오늘날 매우 많은 사람들(서양 인구의 절반?)이 자신들은 이제 "영적이지만 종교적이지 않다"고 말하는 이유일 것이다. 나는 그들에게 잘못을 돌릴 수 없다. 그러나 나는 여전히 오래된 이분법적 정신의 찌꺼기들을 듣고 있다.

불교에 대한 관심은 왜?

나는 많은 점에서 불교와 그리스도교는 서로에게 그늘을 드리운다고 확신한다. 그들은 서로의 맹점을 드러낸다. 일반적으로 서양 그리스도인들은 관상을 별로 잘하지 못해 왔으며, 불교는 행동을 별로 잘하지 못해 왔다. 최근 몇십 년 동안 우리는 "참여 불교(Engaged Buddhism)"의 등장을 목격하고 있는데, 이것은 틱낫한(Thich Nhat Hanh) 스님과 달라이 라마(Dalai Lama)와 같은 스승을 통해서 배운 것이다. 대부분의 예술 작품에서 예수는 눈을 뜨고 있는 모습인 반면에 붓다는 눈을 감고 있는 모습인 이유가 있다. 서양에서는 우리가 주로 외향적인 종교와 그 모든 외적인 활동을 갖고 있었던 반면에, 동양에서는 주로 내성적 종교 형태를 만들어내어 이제까지는 사회적 참여가 별로 없었다. 지나친 일반화의 위험성이 있기는 하지만, 나는 우리 서양 종교가 인간의 정신이나 마음을 잘 이해하지 못했던 반면에, 그들 동양 종교는 봉사나 정의 활동을 잘 이해하지 못했다고 말할 수 있겠다. 그래서 우리는 엄격한 자본주의를 만들어낸 반면에 그들은 흔히 이념적인 공산주의에 빠져들곤 했다. 불교와 그리스도교는 모두 한쪽 폐로 숨을 쉬려고 애썼는데, 그것은 좋은 호흡이 아니다. 다시 말해서, **우리는 숨을 들이쉬기만 할 수는 없으며 또한 숨을 내쉬기만 할 수도 없다.**

서양 그리스도교의 장점은 역동적이며 밖을 향해 흐른다는 점이다. 그러나 그 결점은 이런 기업가적인 본능이 흔히 그리스도교를 그 문화에 종속되도록 만들거나 아니면 그 문화를 완전히 짓밟아버리게 만들어버렸지, 그 문화를 깊은 차원에서 변혁시키지 못한다는 점이다. 우리의 효과적인 종교의 목적은 사람들에게 **어떻게**(how) **보아야 하는지를 말하는 대신에 무엇**(what)**을 보아야 하는지를** 말하는 것이라고 느끼게 되었다. 그런 종교는 한동안은 작동했지만, 더 이상은 작동하지 않는 종교라는 것이 나의 판단이다.

나는 일본, 스위스, 미국의 불교 수도원들에서 살았던 적이 있다. 그들은 대부분의 그리스도교 수도원들보다 훨씬 훈련되어 있으며 훨씬 진지하다. 일본의 수도원장이 나에게 한 첫 번째 질문은 "어떻게 수행하십니까?"였다. 그리스도교 수도원장의 첫 질문은 "여행은 어땠습니까?" 또는 "당신이 여기에 머무는 동안 필요한 모든 것을 갖고 있습니까?" 또는 "시장하십니까?"와 같은 질문일 것이다.

두 가지 접근방식 모두 나름의 강점과 단점이 있다. 대부분의 방식에서 불교는 바르게 보는[正視] 방식과 우리의 렌즈를 깨끗하게 닦는 방식에 관한 것이지, 유신론적 종교가 관심을 갖는 "하느님"에 관한 형이상학적인 질문들이 아니다. 불교는 주로 **어떻게** 볼 것인지를 가르침으로써 우리에게 호소력을 가질 뿐만 아니라 우리를 위협하는데, 왜냐하면 그것은 많은 그리스도인들이 하는 것처럼 단지 예배에 "참석하는" 것보다는 수행에 대한 즉각적 결단과 훨씬 더 취약성(수행에 대한 취약성)을 요구하기 때문이다. 불교는 어떤 하느님에 대한 개념을 형식적으로 믿는 믿음 체계라기보다는 진리와 사랑을 위해 우리를 자유롭게 만들 철학, 세계관, 수행들을 강조한다. 불교는 영적인 수행의 **방법론**(how)을 다루는 통찰력과 원리들을 제공하지만, 그 모든 것 배후에 **무엇**(what)이 있고 **누가**(Who) 있는지에 관해서는 별다른 관심이 없다. 이것이 불교의 강점이며, 나는 이것이 왜 "신자"를 위협하는지 모르겠다.

이와는 대조적으로 그리스도인들은 오랫동안 종교의 **무엇**(what)과 **누구**(Who)를 정의하려고 애써왔으며, 보통은 사람들에게 **방법론**(how)을 별로 가르치지 않았다. 고작해야 "마술적인 것과 비슷한" 거래들(성사들, 도덕적 행동들, 외우기 쉬운 성경구절들)만 가르쳤는데, 그런 것들은 사람이 실제로 **어떻게**(how) 살고 변화하고 성장하는지에 대해 별다른 영향을 끼치지 못한 것처럼 보인다. 이런 거래들은 흔히 사람들에게 진정으로 새로운 만남이나 참여를 제공하기보다는 오히려 자동운행(cruise control) 상태에 계속 머물게 만드는 경향이 있다. 이렇게 말하는 것이 미안하지만, 이것이 바로 내가 거의 50년 동안 수많은 집단들 속에서 사제와 교사로서 경험한 것이다.

변화나 구원은, 예수가 특정 개인들을 위해 어딘가 하늘의 장부책에서 호의를 베푼 것보다 훨씬 중요하다. **그것은 매우 실제적인 인간의 여정을 위한 완전한 지도이다. 절대적 필연성은 아니지만, 분명히 큰 선물이다!** 그리고 이 지도는 어떤 공동체, 심지어 펼쳐지는 역사의 공동체에 참여하는 경험이기도 하다. 나는 그리스도교의 구원 이해는 단지 개인적인 깨달음만이 아니라 사회적인 친교와 연결—이것은 아이러니하게도 하느님과의 연결로 끝난다—이라고 믿는다. 이것만으로도 완전히 화육적인 그리스도교인데, 여기에는 우리의 중심적인 십자가 형상을 형성하는 수직선과 수평선 모두가 포함된다. 수직선만을 신뢰하거나 수평선만을 신뢰하지 말라. 그 둘 모두가 서로 교차해서 하나가 되어야만 한다. 이것이 진정한 십자가 처형이다.

영성이란 바로 이런 인간의 여정을 존중하며 사랑하며 그 모든 경이와 비극 속에서 그 여정을 살아내는 것에 관한 것이다. 사랑과 고난에는 실제로 "초자연적인" 것이라곤 없다. 그것은 완전히 자연적인 것으로서 우리를 죽음과 생명, 항복과 용서라는 깊은 상호작용을 통과하게 만들며, 그 모든 근본적 현상들을 거치도록 만든다. "하느님은 당신의 삶으로 위장한 모습으로 당신에게 온다"고 나의 친구 파울라 다르시(Paula D'Arcy)는 탁월하게 표현했다. 누가 이런 생각을 했겠는가? 내가 배운 것은 그것이 교회에 다니는 것이라는 점이다.

진정한 그리스도교는 하나의 믿음 체계(a belief system)라기보다는 생명과 죽음의 체계(a life-and-death system)로서 우리가 어떻게 우리의 목숨을 내어주며, 어떻게 우리의 사랑을 내어주며, 마침내 어떻게 우리의 죽음마저 내어줄 것인지를 보여준다. 기본적으로 **어떻게 내어주는가** 하는 것은 그렇게 내어줌으로써 우리를 세상과 연결시켜주며, 다른 모든 피조물들과 연결시켜주며, 또한 하느님과 연결시켜준다.

나의 방법론

인식론은 "우리가 안다고 생각하는 것을 어떻게 아는가?"라는 질문을 하고 대답하려는 학문이다. 그리스도인들은 한 발 더 나아가 "우리가 **확실히 안다고 생각하는 것**을 우리는 어떻게 아는가?" 하고 물을 필요가 있다. 그래야만 우리는 헛된 근본주의, 매우 교만한 지식, 이분법적 주장을 멈출 수 있다. **두 가지 제시된 선택 사이에서 선택하도록 강요당하는 것은 결코 깊이, 섬세함, 자비심을 갖고 볼 수 없다.** 뉴멕시코주에 있는 우리의 "삶의 학교(Living School)"에서 우리는 "삼륜(tricycle)"이라고 부르는 방법론을 가르친다. 그것은 세 개의 바퀴, 즉 경험, 성서, 전통이라는 바퀴로 전진하는데, 이 세 바퀴는 서로 균형을 이루며 통제를 해야만 한다. 이 세 바퀴 모두를 타고 가는 훈련을 받은 그리스도인들은 거의 없으며, 경험을 앞바퀴로 놓도록 허락받은 경우는 더욱 없었다. 우리는 그 세 바퀴 모두를 "이성적인" 방식으로 타도록 노력하는데, 만일에 우리가 이성을 또 하나의 바퀴로 만들 경우에는 이성이 마침내 전체를 몰고 간다는 걸 알기 때문이다.

이제까지 카톨릭과 동방교회는 전통(Tradition)을 선하게 또한 나쁘게 이용해 왔으며, 개신교는 성서(Scripture)를 선하게 또한 나쁘게 이용해왔다. 그러나 카톨릭과 개신교 모두 경험(Experience)을 잘 다루지는 못했다. 경험은 새로운 얼굴이다. **경험은 항상 거기에 있었지만, 우리가 모두 스스로의 경험으로부터 작동하고 있었다는 사실을 인정할 정도로 정직하지 못했거나 그 사실을 인정할 방법을 몰랐다.** 이제는 우리가 심리학과 영적 지도—그리고 인터넷 구글—라는 도구를 갖고 있어서, 항상 작동하는 경험의 원천, 즉 우리들 현재 모습 그대로의 인간을 신뢰하고 비판하는 데 도움을 받을 수 있다.

우리가 기억해야만 하는 것은 성숙한 그리스도교는 가장 중요하게 사랑을 중심으로 하지, 결코 정보나 지식을 중심으로 하는 "영지주의(Gnosticism)"가 아니라는 점이다. 사랑을 최우선으로 하는 것은 우리의 앎을 훨씬 더 겸손하고 더 부지런하게 만들며, 또한 다른 전통들과 다른 사람들로부터 배울 것이 많을 뿐 아니라 서로 나눌 수 있는 것도 많다는 점을 인식하게 도와준다. 이처럼 정직한 자기 인식과 깊은 내면성, 머리(성서), 가슴(경험), 몸(전통)이 하나로 작동할 때, 많은 이들은 자신들의 실제 하느님 경험에 관해 더욱 통합적이며 진실할 수 있다.

다른 관점들

우리는 또한 우리가 "알지" 못하는 다른 문화들로 배우거나 조용히 앉아 훈련된 자세로 명상함으로써 배우기도 하는데, 그런 자세는 우리의 불교 친구들과 수도원 친구들을 통해 "숙달한" 것일 수도 있다. 어쨌거나 예수는 한 번도 자세에 관한 가르친 적이 없다! 바바라 홈즈(Babara Holmes)는 자신의 책 『말로 표현할 수 없는 기쁨』(Joy Unspeakable)에서 어떻게 흑인들과 노예의 경험이 관상의 정신에 대해 매우 다르게 이해하도록 했는지를 보여준다.2) 바바라는 그것을 "위기관상(crisis contemplation)"이라고 부른다. 깨달음 또는 하느님에 대한 지식은 오랜 시간 동안 방석 위에 기꺼이 똑바로 앉아 있으려는 사람들에게 의존할 수 없다. 만일 그렇다면 인류의 99%는 결코 하느님을 알지 못할 것이다. 바바라는 어떻게 흑인들이 함께 신음한 경험, 흑인 영가를 함께 부른 경험이 강렬한 내적인 인식으로 이끌며, 사실상 탄식의 예배에 참여하며 비폭력 저항에 투신한 것이 질적으로 매우 다르지만 근원적인 관상적 정신, 즉 패니 루 해머(Fannie Lou Hamer, 1917-1977, 미국의 여성 민권운동가), 해리엇 터브만(Harriet Tubman, 1822-1913, 미국의 여성 노예 철폐론자), 마르틴 루터 킹(Martin Luther King Jr., 1929-1968), 하워드 써만(Howard Thurman, 1899-1981, 흑인 신학자이며 민권운동가), 서저너 트루쓰(Sojourner Truth, 1797-1883, 노예 철폐론자이며 여권운동가)와 같은 사람들에게서 볼 수 있는 관상적 정신을 낳았는지를 가르쳐준다.

---

2) Babara Holmes, *Joy Unspeakable: Contemplative Practices of the Black Church* (Minneapolis: Fortress Press, 2004).

걸으면서 명상하는 사람들도 있는데, 러시아의 순례자는 평생 동안 예수기도를 암송하면서 걸었으며, 미국의 평화순례자는 1953년부터 1981년 그녀가 죽기까지 미국 전역을 걸었다. 그리고 그들의 뒤를 이어 조나톤 스톨스(Jonathon Stalls)와 앤드류 포스퇴펠(Andrew Forsthoefel)은 목적지 없이 걷는 깊은 지혜, 또는 "한 시간에 4km를 걷는 삶"의 지혜를 가르쳤다. 내가 젊었을 때 나의 영적 지도를 맡으셨던 예수회 신부는 나처럼 A 유형의 성격은 앉아서 명상하는 것보다 걷기 명상이 훨씬 적합하다고 말했다. 다른 많은 사람들이 관상적 정신에 도달하는 것은 음악, 춤, 달리기와 같은 활동을 통해서다. 그것은 주로 우리의 내적인 목표와 의도의 문제이며, 무엇이든 우리의 몸, 정신, 가슴을 고요하게 만드는 것의 문제이다. 오래된 농담처럼, **당신이 기도하는 동안에 담배를 피우는 것은 금지되어 있다. 그러나 당신이 담배를 피우는 동안에 기도하는 것은 훌륭하며 칭찬할 만하다.**

관상은 우리로 하여금 사물들을 그 온전함 속에서 **보도록** 하기 때문에 존경하는 마음으로 보게 한다("존경"을 뜻하는 영어 *re-spect*는 다시 본다는 뜻이다). **리처드가 자신의 편견을 갖고 순간을 보는 방식을 인식하고 어떤 방식으로든 그것을 보상하기까지는, 그가 보게 되는 것이라곤 모든 새로운 상황 속에서 그 자신의 감정과 의제인 경우가 대부분이다.** 이것이 바로 관상의 기본적 교훈이지만, 대부분의 보통사람들에게는 이것이 "기도"처럼 느껴지지 않기 때문에 많은 사람들이 너무 일찍 포기하며 또한 솔직히 진실한 의미에서 타인을 결코 만나지 못하며, 타자(the Other)를 만나는 것은 더욱더 어려운 이유이다. 그들은 단지 자신들만을 되풀이해서 만날 따름이다. 관상의 다음 단계에서는 우리가 어떤 일을 어떻게 처리하는가 하는 것과 우리가 그밖에 다른 모든 것을 어떻게 처리하는가 하는 것 사이에는 상관관계가 있다는 것을 보기 시작하는데, 이것을 통해서 우리는 우리 앞에 있는 순간들을 더욱 진지하며 존경하는 마음으로 대하게 된다. 우리는 스스로를 볼 때 눈의 사각지대를 벗어나게 되며 또한 우리의 에고 게임은 노출되며 줄어든다.

그런 앎은 이성적인 것과 모순이 되지 않지만, 훨씬 더 통전적이며 포용적이다. 그것은 이성적 정신이 갈 수 없는 곳에 도달한 다음에는 되돌아와서 이성적인 것도 존중한다. 우리의 "삶의 학교"에서는 이것을 "관상적 인식론(contemplative epistemology)"이라고 부른다. **관상은 모든 것, 특히 무엇보다도 보는 사람 자신을 변화시키는 진정한 변화이다.** 내가 예를 들어 미국의 정치 현실을 이해하려거나 "알려고" 노력한다면, 나는 단지 낙심하게 되며, 화가 나며, 절대적인 진술을 시작하게 될 뿐인데, 이것은 아무에게도 도움이 되지 않는다. 만일 우리가 흔히 말하듯이 "그것을 위해서 기도하겠습니다"라고 한다면, 나는 나의 작은 화면보다 훨씬 더 크고 더 친절한 화면 위에 그 데이터를 받게 되는데, 나의 작은 화면은 항상 짜증나게 만드는 잡음들로 가득하다.

도대체 왜 고난과 죽음에 대해 그처럼 많은 말을 하는가?

예수가 "십자가"라는 극적이며 뜻밖의 사건으로서 완전히 상식에서 벗어난 메시지를 줄 수밖에 없었던 이유는 우리가 그 메시지를 부인하고 회피하고 부드럽게 만들거나 그것을 하나의 이론으로 만들기 위해 무슨 짓이든 할 거라는 점을 하느님은 아셨기 때문이라는 것이 내 생각이다. (우리는 실제로 그런 짓들을 했다.) 그러나 이것은 배경으로 밀어낼 수도 없고 밀어내서도 안 되는 예수의 메시지이다. 우리는 예수와 같은 그리스도를 믿는다. 즉 우리에게 천상의 우주적 비전만 제시하는 것이 아니라 인류와 함께 바닥으로 내려오시는 하느님을 믿는다. **만일 그리스도가 부활한 상태를 뜻한다면, 예수는 그곳에 도달하기 위한 십자가에 달린/부활의 길을 뜻한다. 만일 그리스도가 원천이며 목표라면, 예수는 그 길, 즉 만물과 하느님이 일치하는 목표를 향한 원천에서 나오는 길이다.**

그리스도인들이 십자가나 십자고상(crucifix)을 자신들의 중심적인 상징으로 선택한 것은 중요하다. 적어도 무의식적으로, 우리는 예수가 "자기 목숨을 잃는 것"에 관해 많은 말씀을 하신 것을 인정하고 있다. 여기서 켄 윌버(Ken Wilber)가 구분한 **"올라가는 종교**(climbing religions)" 와 **"내려가는 종교**(descending religions)"가 도움이 될 것이다. 그와 나는 모두 내려가는 형태의 종교를 훨씬 더 신뢰하는데, 내 생각에는 예수도 그랬다. 여기서 일차적 언어는 배운 것을 내버리는 것, 내려놓기, 항복하기, 타인들을 섬기기이지, **자기 발전**(self development)의 언어가 아니다. 그러나 우리가 일반적으로 이해하는 **"구원"**의 배후에 흔히 숨어 있는 것은 바로 이런 자기 발전이다. 우리는 이것에 관해 정직해야만 한다. 우리가 조심하지 않는다면, 우리는 또다시 예수의 내려가는 종교를 새로운 형태의 올라가는 종교로 둔갑시킬 것인데, 우리는 전에도 이런 짓을 매우 자주 해왔다.

"마음이 가난한 사람은 행복하다"는 예수의 말씀은 산상설교의 첫 번째 말씀이다(마태오 5:3). 비록 예수는 자신의 삶을 통해서 이 말씀을 매우 명백하게 만드셨지만, 우리는 여전히 대체로 그리스도교를 하나의 다른 종교, 즉 중요한 안건은 개인적인 도덕적 완전이며 우리가 어떤 종류의 구원을 얻는 종교, "천국에 가는" 종교, 우리들 자신보다는 타인들을 개종시키는 종교, 이 세상에서 건강, 재물, 성공을 얻는 종교로 둔갑시키고 있다. 이런 것을 추구하면서 우리가 대체로 연합하는 것은 예수나 힘없는 사람들이 아니라, 제국, 전쟁, 행성을 식민지로 만드는 것이다. 온통 올라가는 일뿐이며 내려가는 일은 거의 없는 종교가 21세기의 우리를 사로잡고 있다.

불교인들은 고난과 죽음에 관해 많이 말함으로써 불교를 나름의 "내려가는 종교"로 만드는데, 예수보다 훨씬 더 직접적이며 직설적이다. "인생은 고난이다"라는 것이 사성제(四聖諦, Four Noble Truth) 중 하나다. 그러나 불교적 사유의 틀에서는 고난이 예수를 따르기 위한 요구사항이 아니며, 영원성을 위한 공적을 얻기 위한 길이 아니며, 구원을 향해 "십자가를 지는" 길이 아니며, "소통이 없으면 얻는 것도 없다"는 것이 아니다. 대신에 고난은 **망상, 거짓 욕망, 우월성, 분리됨을 내려놓기 위해 실제로 지불해야 하는 대가(값)**로 간주된다. 고난은 또한 우리가 내려놓지 **않기** 위해 지불해야 하는 대가로 간주되는데, 이것은 고난에 관해 가르치는 더욱 좋은 길일 것이다.

우리가 부정적이며, 비난하며, 강박적이거나 자기를 위한 생각, 말, 행동을 포기할 때는 언제나, 불교도들은 이것을 "죽음(dying)"으로 묘사한다. 권력, 자기 이미지, 통제는 투쟁 없이는 포기되지 않는다. 이것이 우리의 마음의 첫 번째 내면의 진실인데, 여기에서 망상이 시작된다. 두 살 먹은 아이가 부모에게 "아니요"라고 말하는 것을 배우는 것을 지켜보라. 그 싸움은 일찍 시작되어 십대와 청년기에는 완전한 힘을 갖게 되는데, 이 싸움은 사실상 결코 멈추지 않는다. 실천적 차원에서 많은 불교도들은 예수의 말씀, 즉 **"밀알 하나가 땅에 떨어져 죽지 않으면 한 알 그대로 남아 있고 죽으면 많은 열매를 맺는다"**(요한 12:24)는 말씀을 매우 잘 이해한다. 사실상 그들은 우리 그리스도인들이 이 말씀을 이해한 것보다 더욱 구체적이며 즉각적으로 이해했을 것이다! 그처럼 매일의 고난과 "필요한 고난"은 자기를 위한 깨달음과 타자들을 위한 자비심 모두의 대가이다. 이것이 바로 모든 영적인 스승들이 "당신이 죽기 전에 죽기" 또는 "실천적 죽기"라는 말로 가르친 것이다. 나는 내려가는 길이 반드시 필요하다는 것에 대해 완전히 정직하지 않은 영적인 스승들을 실제로 신뢰하지 않는다.

그리스도교와 불교 모두 변화(transformation)의 **바로 그 패턴**, 연결시키는 **바로 그 패턴**, 실재가 우리에게 제공하는 바로 그 생명은 회피한 죽음이 아니라, 항상 **변화된 죽음**(death transformed)이라고 말한다. 다시 말해서, 영적인 변화에 대해 유일하게 신뢰할 수 있는 패턴은 죽음과(and) 부활이다. 그리스도인들은 시련에 복종하는 것을 배운다. 그 이유는 예수가 우리에게 자신과 함께 "십자가를 지고" 가야 한다고 말했기 때문이다. 불교도들이 그것을 행하는 이유는 붓다가 매우 직접적으로 "인생은 고난이다"라고 말했기 때문이지만, 그 실제 목표는 일반적으로 원망하며 투사된 고난 너머의 기술적이며 필요한 고난을 선택하는 것이다. 이런 점에서 붓다는 영적인 천재였으며, 우리 그리스도인들도 붓다로부터 많은 것을 배울 수 있고 또한 그의 성숙한 추종자들이 될 수 있다. 물론 그리스도인들에게는 그 목표가 하느님의 사랑이지 고난을 극복하는 것이 아니다. 그러나 얼마나 많은 불교도들이 매우 자비심이 많은 사람들이 되는지를 보라.

그리스도인들과 불교도들은 모두 죽음과 삶이 같은 동전의 두 측면으로서, 다른 것 없이 어느 하나만 가질 수는 없다고 말한다. 우리가 항복하는 때마다, 우리가 죽음을 신뢰하는 때마다, 우리의 믿음은 더욱 깊은 차원으로 인도되고 그 밑에 있는 더욱 큰 자기(a Larger Self)를 발견한다. 우리 스스로가 최전선에 서지 않기로 작정하며, 배후에 설 때 훨씬 좋은 일이 일어난다. 우리는 스스로의 나르시시즘적인 분노를 내려놓고, 훨씬 행복하다고 느끼기 시작한다. 우리는 파트너를 통제할 필요성을 포기하며, 마침내 그 관계가 꽃을 피운다. 그러나 매번 그것은 선택이며, 매번 그것은 일종의 죽음이다.

신비가들과 위대한 성인들은 바로 이 패턴을 신뢰하는 것을 배운 사람들이며, 결과적으로 흔히 "내가 죽는다고 해서 도대체 내가 잃을 것이 무엇인가?"라고 말했다. 아니면 바울로의 유명한 말씀, 즉 "나에게는, 사는 것이 그리스도이시니, 죽는 것도 유익합니다"(필립비 1:21)라는 말씀을 기억해보라. 이제는 죽음에 임박한 경험들에 대한 연구를 포함해서 과학적 연구들조차 그와 똑같은 보편적 패턴을 보여준다. 사태가 변하고 성장하는 것은 현재 상태에 대해 죽는 것을 통해서이며, 그것은 매번 위험한 일이다. "이번에는 그것이 통할 것인가?" 하는 것이 항상 우리의 물음이다. 그래서 많은 학문 분야들이 그 나름의 방식으로, 이 세상에서는 모든 차원에서 상실과 갱신이라는 끝없는 운동이 일어난다고 일관되게 말한다. 그것은 모든 성장과 진화의 패턴인 것처럼 보인다. 살아 있다는 것은 이처럼 불가피한 흐름에 따른다는 뜻이다. 그것은 모든 원자, 모든 인간관계, 모든 갤럭시 안에서 똑같은 패턴이다. 원주민들, 힌두교 경전, 붓다, 모세, 무하마드, 예수는 모두 인류 역사에서 일찍이 그것을 보았으며, 그것을 일종의 "필요한 죽음"이라고 이름 붙였다.

만일 이 패턴이 참된 것이라면, 그것은 언제나 어디서나 참된 것이었다. 그렇게 보는 방식은 단지 2천 년 전에 시작된 것이 아니다. 우리들 모든 여행자들은 우리들 각자의 방식대로 마침내 보다 작은 어떤 것들을 내려놓을 때 비로소 보다 큰 어떤 것들이 생겨날 수 있다는 것을 배워야만 한다. 그러나 그것은 종교가 아니다. 그것은 매우 가시적인 진실이다. 그것은 실재가 작동하는 방식이다.

그렇다. 내가 말하는 것은 이것이다.
사물들이 작동하는 이치와 그리스도는 하나이며 똑같다.
이것은 열심히 가담하거나 아니면 화를 내면서 거부해야 할 종교가 아니다.
그것은 이미 움직이고 있는 기차를 타고 가는 것이다.
그 철로는 어디서나 볼 수 있다.
우리는 기꺼이 행복한 여행자가 될 수도 있고
그렇지 않을 수도 있다.

17장

단순한 신학을 넘어: 두 가지 수행

말로 이야기하는 것은 훈련이 아니다.

— 수석 코치들의 충고

당신은 이제까지 친절하게 내가 당신과 함께 이 그리스도 여행(Christ journey)을 하도록 허락했으며, 나는 당신의 신뢰에 감사한다. 그것은 당신의 겸손한 신뢰 행위였다고 믿는다. 그러나 당신은 여전히 도대체 이것이 무슨 차이를 만들어내는지에 대해 의문을 가질 수도 있다. 이것은 단지 또 다른 이론과 신학에 불과한 것인가? 선반에 얹어놓을 또 다른 생각들인가? 또 하나의 잘 위장된 종교적 여행인가?

이처럼 비판적인 질문들은 중요한 요점을 분명하게 지적한다. 즉 그리스도 신비에 대한 인식이 우리의 육체적, 신경적, 세포적 차원에서 당신을 새롭게 **재조정하지**(rewire) 않는다면, 당신이 실제로 그것을 새로운 방식으로 보고 경험할 수 없다면, 이것은 또 다른 이론이나 신학으로 머물러 있을 것이라는 점이다. 당신이 읽고 생각에 잠겼던 또 하나의 책, 그러나 몇 주 지나면 잊어버리게 되는 책에 불과한 것이 된다.

내가 이처럼 인식의 경험적인 차원에서 나의 그리스도교적 신앙을 보고 즐길 수 있게 되기까지는 거의 75년이 걸렸다. 나의 희망은 내가 당신에게는 몇 년 줄여줄 수 있게 되는 것이며, 당신이 훨씬 일찍 실제적인 그리스도 의식(Christ Consciousness)을 즐기기 시작하도록 돕는 것이다. 이 장을 시작하면서 인용한 말처럼, 사람들에게 단지 말로 이야기하는 것은 대체로 효과적이지 않다. 특히 어떻게 우리의 응답을 실천적으로 재조정할 것인지를 실제로 훈련하지 않는다면 말이다. 이 장에서는 우리가 "행동과 관상 센터"에서 가르치는 두 가지 수행 방법을 제시하고 싶다. 우선 수행 자체에 관해 간단히 말하겠다.

수행은 그 흐름(flow) 속에 들어가는 것이다. 반면에 이론과 분석은 떨어진 위치에서 그 흐름을 관찰하는 것이다. 수행은 당신 자신으로부터 밖을 보는 것이다. 분석은 마치 당신이 하나의 대상인 것처럼 스스로를 되돌아보는 것이다. 당신은 분석을 통해 무엇인가를 지적으로 배울 수는 있지만, 그렇게 하는 중에 당신은 당신 자신의 내적인 경험으로부터 실제로 단절될 수 있다. 당신이 당신 자신의 **흐름**이 무엇처럼 느껴지는지를 알기 전에는, 당신이 심지어 그런 것이 있다는 사실조차 알지 못한다. 또한 당신은 **저항**이 어떻게 느껴지는지를 인식하는 것도 배워야만 한다. 저항의 형태가 비난, 분노, 공포, 회피, 투사, 부인, 꾸밈인가? 당신은 일상의 현실로부터 당신이 개인적으로 물러나는 현명한 방식들을 알고 싶어 한다. 그렇지 않으면 그 방식들이 당신의 삶을 이끌어갈 것이며 또한 당신은 결코 그 방식들을 알지 못할 것이다. 당신은 실제로 프로그램에 따라 움직이면서도 당신이 "생각하고 있다"거나 "선택한다"고 생각할 것이다. 당신의 프로그래밍으로부터 벗어나는 것이 "의식"의 큰 부분이다.

    기본적으로 우리는 우리의 **무의식을 침범하는** 기도 형식을 발견해야만 한다. 그렇지 않으면 아무것도 깊은 차원에서 변하지 않는다. 보통 이것은 센터링 기도, 걷기 명상의 형식이며, 내려놓기, 그림자 작업의 내적 수행이거나, 의도적으로 오랜 기간 침묵을 지키는 것이다. (나는 이 책의 초고를 쓰면서 35일 동안 주로 혼자서 침묵 속에 보냈다). 당신이 어느 것을 선택하든 간에, 그것은 무엇을 배우기보다는 이미 배운 것을 비우는 것처럼 느껴지며, 무엇인가를 성취하기보다는 항복하는 것처럼 느껴질 것이다. 바로 이런 이유 때문에 그처럼 많은 사람들이 애당초부터 관상에 저항하는 것이다. **관상은 새롭게 훌륭한 생각들을 얻기보다는 생각들을 벗어버리는 것처럼 느껴지기 때문이다. 관상은 무엇인가를 성취하기보다는 그냥 내려놓는 것처럼 느껴지기 때문인데**, 이것은 우리들이 자연스럽게 습득한 "자본주의적" 정신과는 반대되는 것이다! 이것이 바로 우리가 "내려가는 종교"에 오랫동안 저항한 이유이다.

    인간에게 구체적인 육체적 수행이 필요하다는 것은 새로운 것이 아니다. 그리스도교 역사를 통해서 동방정교회와 카톨릭 신자들이 "성사(성례전)"라고 부르는 것은 항상 우리들과 함께 있었다. 16세기에 문자해독 능력이 일반화되기 이전에는 순례, 기도 묵주, 몸을 엎드리는 자세, 절하는 것과 한쪽 무릎을 꿇는 것, 그리고 가슴에 성호(聖號) 그리기를 통한 "자기 강복," 상(statues), 성수(holy water) 뿌리기, 연극과 전례, 향(香) 피우기와 촛불은 모두 영혼으로 하여금 외부 세계를 통해 자기를 알도록 했는데, 그것을 우리는 이 책에서 감히 "그리스도"라고 불렀다. 이런 외적인 이미지들은 절대자(the Absolute)의 거울로서 작용하는데, 이런 절대자는 흔히 인간의 정신을 그냥 지나쳐버린다. 어떤 사물이든 무한(the Infinite)에 이르는 지름길로 작용하면 성사이지만, 그 무한은 항상 매우 유한한 사물 속에 감추어져 있게 마련이다.

1969년, 나는 부제(deacon)로서 뉴멕시코 서부의 오래된 원주민 공동체인 아코마 푸에블로에 파견되었다. 내가 그곳에 도착했을 때, 나는 카톨릭 관행들에 해당하는 많은 것들이 원주민들에게도 있다는 점에 놀랐다. 나는 우뚝 솟은 암석 중앙에 제단들이 있으며 그 제단들이 기도 막대기들로 덮여 있는 것을 보았다. 아코마 푸에블로 원주민들은 장례식에서 옥수수 꽃가루를 뿌렸는데, 이것은 우리들이 성수를 뿌리는 것과 마찬가지였다. 또한 우리가 "전례 댄스"라고 부르기 시작했던 것은 그들에게는 모든 축제일의 규범이었다. 어머니들이 아이들에게 아침 햇살을 자기 얼굴을 향해 조용히 손짓하는 모습을 보여주는 것은 우리가 성호를 그림으로써 "자기 강복"을 배우는 것과 마찬가지였다. 또한 연기가 나는 세이지(sage) 잎사귀들로 사람들을 성별하는 것은 우리가 카톨릭 미사에서 향불로 성별하는 것과 거의 똑같았다. 이런 모든 관행들이 공통적으로 갖고 있는 것은 그런 관행들이 영(spirit)을 **실제로 무언(mimed)으로 구체화시켜** 표현한 것이라는 점이다. 영혼이 그것들을 거의 의식 이전의 차원에서 기억하는 이유는 그것들이 우리들의 근육의 기억 속에 저장되며 또한 가시적인 영향을 끼치기 때문이다. 후대에 합리적인 개신교의 형식들은 이것을 이해하기가 매우 어려웠다.

따라서 구체화된 앎으로 이끄는 수행을 생각해보자. 나는 특히 훌륭한 것을 『사적인 조언』(*The Book of Privy Counseling*)에서 발견했는데, 이 책은 『무지의 구름』(*The Cloud of Unknowing*)의 저자가 쓴 덜 알려진 고전이다. 내가 이 수행을 좋아하는 이유는 단순하기 때문이며, 나에게 매우 효과적이기 때문이다. 심지어 내가 새벽 3시에서 6시 사이에 깨어나 다시 잠들지 못할 때(어떤 이들은 이 시간을 "늑대의 시간"이라고 부른다), 나의 정신이 가장 무방비 상태일 때조차 효과적이다.(다른 사람들은 그것을 단순히 "불면증"이라고 부른다). 늙어갈수록 이런 패턴은 더 악화되기 때문에, 일찍 이런 수행을 배우는 것이 좋다. 우리의 실제적인 목적을 위해서 그 저자의 정확한 말을 요약하겠다.

수행 1: 단순히 당신 자신이 되십시오.

우선 "하느님을 액면가로 하느님답게 받아들이십시오. 당신이 아플 때 간단하고 부드러운 지압을 받는 것처럼 하느님의 선하신 은총을 받아들이십시오. 하느님을 붙잡고 당신의 불건강한 자기에 대고, 당신의 모습 그대로에 하느님을 누르십시오."

둘째로, 당신의 마음과 의지가 어떤 게임을 하는지를 아십시오:

"당신 자신이나 하느님을 분석하는 것을 멈추십시오. 어떤 것이 좋은지 나쁜지, 은총이 주어졌는지 아니면 당신의 기질대로 나아가는지, 신적인지 아니면 인간적인지를 결정하느라고 당신의 그 많은 에너지를 낭비하지 않고도 당신은 행할 수 있습니다."

셋째로, 격려를 받으십시오:

"당신의 단순하며 벌거벗은 존재를 기뻐하시는 하느님께 바치십시오. 왜냐하면 당신들 둘은 비록 분리되어 있지만, 은총 안에서는 하나이기 때문입니다."

17장. 단순한 신학을 넘어

마지막으로 "당신이 어떤 존재인지에 초점을 맞추지 말고 단순히 당신 자신이 되십시오. 그가 단순히 자기 자신이라는 것을 인식할 수 없다면 그는 얼마나 절망적인 바보가 될 수밖에 없겠습니까!"

이처럼 사랑스러운 말씀들을 당신의 몸에 대고 부드럽고 따뜻하게 누르면서, 당신의 정신과 심지어 당신의 마음의 감정들까지 지나치고 당신의 모습이 어떻고 또는 어떻지 않은지에 대한 아무런 분석도 하지 마십시오.

"단순히 당신 자신이 되십시오!"

내가 이 수행을 좋아하는 이유는 이것이 이 책 전체에서 말해왔던 매우 구체적인 경험이 될 수 있기 때문이다. 당신 자신의 몸, 어떤 "행동"도 연관되지 않은 채 그 벌거벗은 몸은 계시와 내적인 안식의 장소가 된다. 그리스도는 "비영화(despiritualized)"된다.

수행 2: 모든 물리적 실체는 거울이다.

우주의 물체들을 바라볼 때
거기엔 아무도 없고 어느 누구의 입자도 없지만
우주의 영혼을 가리키고 있네.
— 월트 휘트먼

내가 자주 말해왔듯이, 구원은 **만일**(if)의 질문이 아니라 **언제**(when)에 대한 질문이다. 일단 우리가 하느님의 눈으로 보면, 우리는 만물을 그 온전하고 적절한 관점에서 보며 즐기게 된다. 어떤 이들은 구원을 죽음의 순간이나 심지어 그 이후까지 연기한다.(이것을 가리키는 "연옥"이라는 단어는 기괴한 단어이다). 나에게 구원은 단순히 "그리스도의 마음(mind of Christ)"을 갖는 것(1 고린토 2:16)인데, 바울로는 이것을 "세상, 삶과 죽음, 현재와 미래를 모두 여러분의 하인들로 만드는 것인데, 그 이유는 여러분이 그리스도의 것이며 또한 그리스도는 하느님의 것이기 때문입니다"라고 묘사한다(1 고린토 3:22-23).

모든 것은 결국 그분께 속해 있으며, 우리는 그 한 부분이다.
이런 앎과 이런 향유는 구원에 대한 훌륭한 설명이다.

나는 내가 언젠가 써놓았던 거울 명상(Mirror Meditation)으로 이 책을 끝내고 싶다. 이 명상의 목표는 우리의 정신과 우리의 몸 안에서 우리를 재조정함으로써 만물을 하느님 안에서 보며, 만물 안에서 하느님을 보는 것이다. 만일 우리가 이런 종류의 보는 수행을 정기적으로 하면, 그것이 조만간 우리의 전체 삶의 방식이 되는데, 이런 삶의 방식 안에서는 자연적이며 물리적인 세계가 우리의 일상적인 거울로 작용할 수 있게 되어, 그것이 없었다면 달리 알지 못했을 우리들 자신의 부분들을 비춰주며, 사물의 깊은 패턴을 비춰주며, 무엇보다도 우리가 그리스도에 관해 말하는 것이 참되다는 것, 즉 외적인 세계는 하느님의 성사(성례전)라는 것을 보여준다.

이 명상을, 어느 부분이든 아니면 전체든, 천천히 읽어보시라. 만일 어느 특정한 문장이 당신에게 깊이 있게 다가오면, 멈추어서 그 느낌이 사라질 때까지 성찰하시라. 이것을 단지 당신 자신의 생각이나 단지 두

뇌의 화학 작용에 대한 감동으로 오해하지는 마시라. 대신에 그것을 하느님의 사랑이 흐르는 것으로 받아들이시라.

하느님의 거울

거울은 비쳐지는 것을 받아 반사한다.
거울은 판단하지 않으며 조정하지 않으며, 주석을 달지도 않는다.
우리는 그런 짓들을 한다.
거울은 단순히 비춰준다.
그리고 책임감을 초대한다.

거울, 태양, 그리고 하느님은 모두 똑같다.
그들은 모두 거기에 있으며 완전히 빛을 발한다.
그들의 본성은 빛, 사랑, 무한한 내어줌이다.
우리는 그들을 불쾌하게 만들거나 빛나는 것을 멈추게 만들 수 없다.
우리가 할 수 있는 것은 오직 받는 것과 향유하는 것을 멈추는 것이다.
우리가 보자마자 그들이 거기 있다는 것을 보게 된다!
완전히 빛을 발하면서
또한 항상 그래왔던 것처럼 말이다.
그들의 메시지는 한결같고 선하며 생명을 준다.
오직 바라보는 사람들과 그렇지 않은 사람들만 있다.
받아들이는 사람들과 그렇지 않은 사람들만 있다.

우리가 누군가를 또는 무엇인가를 사랑하는 것을 배울 때
그들이 어떤 방식으로든 단지 잠깐만이라도 우리들에게
진실하게 그러나 자비심 넘치게 우리들을 비춰주었기 때문이다.
그리고 우리는 그 사랑을 움켜잡는다. 왜 안 그러겠는가?
이런 공명 가운데 우리는 문자적으로 "생기를 얻는다."
그러나 의심하지 말라. 그것은 우리들 편에서 허락하는 것임을.
그처럼 순수하고 거르지 않은 현존은
오직 마음 챙김을 통해서만 다가간다.
그밖에 다른 어떤 것도 필요하지 않다.
현존은 그리스도의 편에서 우리에게 온다.
우리 편에서의 마음 챙김은 알 필요가 있는 것을 안다.

만일 어떤 이유로든 그 거울이 물러난다면
슬픔, 공허함, 심지어 분노를 초래한다.
우리는 보통 방향을 잃고 잠시나마 마음이 몹시 아프다.
우리는 어떤 방식에서든 죽는다. 왜 그런가?
우리가 자신을 아는 것은 서로의 눈을 통해서뿐이기 때문이다.
우리가 모든 정체성을 받아들이는 것은 서로의 눈을 통해서다.
타자는 우리를 창조하며 또한 구원한다.
"아무도 전적으로 하나의 섬은 아니다"라고 시인 존 던은 말한다.
이것이 우리가 거룩함의 순수한 선물이라고 부르는 것이다.
아니면 온전함이라고 부를 수도 있을 것이다.
우리는 항상 자신을 내주며 공명하지 결코 자기에 사로잡히지 않는다.

우주는 모든 차원에서 심지어 차원들 사이에서도 관계를 맺는다.
관계는 실재의 핵심이며 근본 형태이다.
우리의 삼위일체 하느님을 반영한다(창세기 1:26-27).
모든 사물은 거울이 되며, 다른 종류의 현존이 된다.
우리는 그런 거울들을 자연 속에서, 동물들 속에서 볼 수 있으며,
우리의 부모님, 연인, 책, 그림, 영화 속에서도
심지어 어떤 이들이 "하느님"이라고 부르는 분 속에서도 볼 수 있다.
"하느님"은 단지 실재를 가리키는 말이다. 그에겐 얼굴이 있다.
때때로 얼굴을 마주하는 일("기도"나 "사랑"이라고 부르는 것)이다.

하느님은 만물을 받아들일 만큼 큰 거울이다.
그리고 당신의 모든 부분이다.
있는 그대로, 아무것도 거부하지 않고, 아무것도 조정하지 않은 채
흔히 더욱 깊은 사랑을 위해서
우리는 일종의 보편적인 용서를 경험한다.
혹은 어떤 이들이 "하느님의 궁휼"이라고 불렀던 것을 말이다.
그리고 그것은 심지어 우리에게 내려온다.
이 큰 거울로 완전히 무엇을 받든지 간에 그 사실만으로도
"구원받는다."
우리가 믿든지 안 믿든지 모든 것을 받는다.
태양을 보지 않고도 태양이 여전히 빛난다는 것을 알 수 있다.

우리의 하느님 거울이 이런 식으로 우리를 완전히 받아들일 수 없다면

그것은 분명히 하느님이 아니다.
후회는 아무에게도 유익하지 않다는 것을 기억하라.
수치심은 쓸모없다.
비난은 확실히 시간 낭비이다.
모든 증오는 비난을 다른 데로 돌리는 전략이며 막다른 길이다.
하느님은 항상 당신 안의 하느님을 보시며 사랑하신다.
하느님에게는 달리 선택할 방법이 없으신 것처럼 보인다.
이것이 하느님이 영혼과 맺은 영원하며 일방적인 계약이다.
우리가 자신을 이런 식으로 완전히 거울에 비출 수 없다면,
우리가 누구인지 결코 알 수 없으며
우리 자신을 향유할 수는 더더욱 없다.
또한 우리는 하느님의 마음을 결코 알지 못할 것이다.

우리가 감히 받기 위한 사랑스런 눈길은 그 흐름을 시작할 수 있다.
창조 세계 자체, 동물들, 인간들, 만물은 하느님의 눈길이다.
우리가 그들을 그렇게 허락하면 말이다.
"내가 과거에 알았던 것은 불완전하지만
내가 알려진 것처럼 완전히 알게 될 것입니다."
언젠가는 그 거울이 양쪽 방향으로 비춰줄 것이다.
그곳에서 우리는 여기서 허락된 것을 볼 것이다.
이것은 완전히 보게 되는 일이며 또한 보여지는 것이다.
대부분은 그것을 "천국"이라 불러왔다.
그리고 그것은 지금 시작된다.

이 하느님의 거울이 완전히 우리를 받아들이도록 하자.
우리의 모든 것을.

이제 당신은 더 이상 결코 외로울 필요가 없다.

에필로그

당신은 내 말을 확실히 믿을 수 있을 것이다. 즉 그리스, 이집트, 고대 인도, 고대 중국, 세상의 아름다움, 이 아름다움을 예술과 과학 속에 순수하고 진정으로 반영한 것들, 종교적 믿음을 알지 못하는 곳에서 인간의 마음속을 내가 본 것들, 이 모든 것들은 그리스도교적인 것들만큼이나 가시적으로 나를 그리스도의 손 안에 그의 포로로 인도했다.

— 시몬 베유

후기

사랑 이후의 사랑

우리는 모두 얼굴의 너울을 벗어버리고 거울처럼 주님의 영광을 비추어줍니다. 동시에 우리는 주님과 같은 모습으로 변화하여 영광스러운 상태에서 더욱 영광스러운 상태로 옮아가고 있습니다.

― 2 고린토 3:18

내가 데릭 월코트(Derek Walcott, 1992년에 노벨문학상을 받았다.―역자주)의 시 "사랑 이후의 사랑(Love After Love)"을 처음 읽은 것은 그 서인도 제도 출신 시인이 죽은 2017년 3월 17일이었는데, 당시에 나는 이 책을 쓰기 시작했었다. 1970년대 초에 월코트의 출생지인 세인트루시아 섬은 내가 북미 대륙 바깥에서 처음 설교하도록 초대받았던 곳이었다. 나는 그 모임에서 그를 만났는데, 그는 겸손하게 그 모임에 참석했었다. 신시내티의 새 예루살렘 공동체는 곧 네 명의 젊은이들을 보내 세인트루시아의 가난한 사람들과 함께 일하도록 했는데, 흑인 두 명과 백인 두 명으로서, 여자 두 명과 남자 두 명이었다. 이것이 그들의 삶을 변화시켰다. 이 아름다운 섬과 사람들은 항상 나에게 매혹적이었으며, 여전히 나의 기억 속에서 매혹적이다. 또 다른 이유는 다음과 같다.

사랑 이후의 사랑

당신이 당신 자신의 거울 속에서
의기양양하게 당신 자신의 문에 도달한 것을 환영하고
서로가 타인의 환영에 미소 짓는 때가 되면

여기 앉아서 먹으라고 말하네.
당신은 그 낯선 당신 자신을 다시 사랑하며
포도주를 주고, 빵을 주고, 당신의 심장을
당신을 사랑한 그 낯선 이에게 준다네.

당신이 다른 사람으로 무시했던 당신의 모든 삶은
당신을 마음으로 알고 있기에
책 선반에서 연애편지들을 꺼내고

사진들, 필사적으로 쓴 노트들은
거울로부터 당신 자신의 이미지를 벗겨낸다.
앉아요. 당신의 삶에 축제를 벌여요.

이 책이 당신으로 하여금 그리스도, 당신, 그리고 모든 "낯선 이들"
이 똑같이 응시하는 존재들임을 경험하고 알게 하기를 희망한다.

부록

하느님께 이르는 영혼의 여정

다음의 부록 두 개에서 나는 아직도 이 책에서 설명한 보편적 그리스도를 이해하는 방법에 관해 의문을 갖고 있는 사람들을 도와줄 수 있는 개요를 제시하고 한다.

부록 1은 세계관들의 중요성을 검토하면서, 네 가지 세계관을 매우 단순한 형태로 제시하고, 내가 왜 네 번째 세계관을 선택하는지를 설명하겠다.

부록 2는 영적인 변화에 대한 보편적 과정을 설명할 것인데, 해체와 재건 모두를 포함할 것이다. 심지어 화육적 세계관 안에서조차 우리는 완전한 질서를 넘어 성장한다. 보통 고통스럽고 불필요한 것처럼 보이는 무질서(disorder)를 거쳐서 깨달음의 재질서(reorder), 또는 "부활"에 이르게 된다.

부록 1

네 가지 세계관

우리들 각자는 은연중에 하나의 세계관을 갖고 살아가는데, 그 세계관은 보통 의식하지 않는 생각들이라서 관찰하기도 어렵고 평가하는 것은 더욱 어렵다. 당신의 세계관은 당신이 보는 것이 아니다. 세계관은 당신이 무엇으로부터 보는지 또는 무엇을 통해서 보는지에 대한 것이다. 그래서 세계관은 당연한 것으로 간주되며 대체로 의식하지 못하며, 또한 당신의 세계관은 당신이 무엇을 보는가, 무엇을 전혀 보지 않는가를 결정한다. 만일 당신의 은연중의 세계관이 오직 외적이며 물리적인 세계만 있다는 것이면, 당신은 자연적으로 사물을 그런 방식으로 보며 그것을 비판할 능력이 없다. 만일 당신의 세계관이 배타적으로 감리교인의 세계관이라면, 당신은 무의식적으로 모든 것에 감리교를 덮어씌우는데, 이것은 당신의 완전한 경험에 유익할 것이지만 동시에 그 경험을 제한시킬 수도 있다. 중요한 것은 당신이 무엇을 선호하며 어떤 선입견을 갖고 있는가를 아는 것이다. 왜냐하면 선입견이 없는 세계관은 없기 때문이다. 당신이 당신의 필터(체)를 인식하면, 당신은 그것들을 보상할 수 있다.

나는 네 가지 기본적인 세계관이 있다고 결론지었다. 비록 그 세계관들이 많은 방식으로 표현될 수 있고 또한 반드시 완전히 분리된 것들은 아니지만 말이다. 어떤 사람들은 그 모든 세계관의 가장 좋은 것을 대표하거나, 몇 가지를 어떤 방식으로든 결합시켜서 종교적, 지적, 인종적 경계선들을 넘어선다. 네 가지 세계관 모두에는 좋은 것들이 있으며, 어느 세계관도 완전히 틀렸거나 완전히 옳거나 한 것은 아니다. 그러나 그중 하나는 가장 도움이 된다.

유물론적 세계관(material worldview)을 지닌 사람들은 외적이며 가시적인 우주가 궁극적이며 "실재하는" 세계라고 믿는다. 이런 세계관을 지닌 사람들은 우리에게 과학, 공학, 의학을 주었으며, 우리가 "문명"이라고 부르는 것의 상당 부분을 주었다. 이런 세계관은 분명히 많은 좋은 것들을 생산했지만, 지난 몇 세기 동안 이 세계관은 선진국을 너무 지배하게 되어 그것이 흔히 유일하게 가능하며 완전히 적절한 세계관인 것처럼 간주되고 있다. 이런 세계관은 매우 소비 지향적이며 경쟁적 문화를 낳는 경향이 있는데, 이런 문화들은 흔히 궁핍(scarcity)에 대한 선입견을 갖고 있다. 왜냐하면 물질적인 재화는 항상 제한되어 있기 때문이다.

영적인 세계관(spiritual worldview)은 많은 종교 형태들과 이상주의적 철학들의 특징을 이룬다. 그것은 모든 현상들 배후에 있는 비가시적 세계, 영, 의식의 우선성과 종국성을 인정한다. 이런 세계관은 플라톤적 사고, 여러 형태의 영지주의(구원은 지식을 통해 온다고 단정한다), 어떤 심리학파, "비법" 또는 "뉴에이지"라 부르는 영성의 형태들, 그리스도교의 상당수를 포함해서 모든 종교들의 내면성에 초점을 맞추거나 신령화한 형태들 속에서 볼 수 있다. 이런 세계관은 부분적으로 좋다. 왜냐하면 그것은 영적인 세계의 실재를 주장하는데, 많은 물질주의자들은 영적인 세계를 부인한다. 그러나 영적인 세계관을 지나치게 강조하면, 그것은 천상적인 것이 되며 탈육체화되어 일상적인 인간의 욕구를 무시하며 또한 훌륭한 심리학, 인류학, 또는 정의와 평화와 같은 사회학적 문제들의 필요성을 부인한다. 영적인 세계관을 지나치게 강조하면, 지구와 이웃, 정의에 대한 관심을 거의 갖지 않는다. 왜냐하면 그것은 이 세계를 단지 하나의 망상으로 간주하기 때문이다.

내가 **사제들의 세계관**(priestly worldview)이라고 부르는 것을 지닌 사람들은 일반적으로 세련되고 훈련을 받고 경험이 많은 사람들로서, 자신들의 임무는 물질과 영을 함께 생각하도록 돕는 일이라고 생각한다. 그들은 법, 경전, 제의들을 수호하는 사람들로서, 구루(guru), 목회자, 심리치유자, 성스러운 공동체들을 포함한다. 이런 세계관을 지닌 사람들은 물질적 세계와 영적인 세계 사이를 항상 분명하지는 않지만 연결을 짓도록 도와준다. 그러나 이런 세계관의 아래쪽은 그 두 세계가 실제로 분리되어 있다고 상정하며 누군가 그 세계들을 다시 묶어줄 필요가 있다고 주장한다.("종교"를 뜻하는 말의 어원 *re-ligio*, *re-ligament*, 그리고 "yoga"라는 말의 어원도 그런 뜻이다.) 다시 묶어줄 필요성은 부분적으로 사실이지만, 그런 믿음은 신분의 차이를 낳으며 흔히 신실한 탐구자들보다는 종교적 소비자들과 상호중독자들을 낳는다. 그것은 우리가 조직화된 종교라고 생각하는 것, 그리고 자조적(self-help) 세계의 상당부분을 묘사해준다. 그것은 신약성서의 은유를 사용하자면, 흔히 성전 안에서 사고파는 것과 연관된다. 이런 세계관의 소비자들은 매우 건강한 사람들로부터 별로 건강하지 않은 사람들까지 다양하다. 또한 그 "사제들"은 탁월한 중재자들로부터 단순한 돌팔이까지 다양하다.

이런 세 가지 세계관과 대조되는 것이 **화육적(성육신적) 세계관**(incarnational worldview)인데, 여기서는 물질과 영이 결코 분리된 적이 없었던 것으로 이해된다. 물질과 영은 서로를 드러내며 표현한다. **이런 관점은 (종교 단체나 예배에) 가담하는 것보다는 깨어남에 의존하며, 순종하는 것보다는 보는 데 더 의존하며, 또한 사제, 전문가, 도덕, 경전, 제의보다는 의식과 사랑 안에서의 성장에 더 의존한다.** 이 책 전체에서 이 세계관을 가리키는 암호는 단순히 "그리스도"이다. 이 세계관에 대항하여 가장 맞서 싸우는 사람들은 다른 세 가지 세계관을 고수하는 사람들인 경향이 있는데, 그 이유들은 세 가지다.

그리스도교 역사에서 우리가 **화육적 세계관**을 가장 강력하게 보는 것이 초기 동방교회 교부들, 켈틱 영성, 기도와 강렬한 사회 활동을 결합시킨 많은 신비가들, 프란치스코주의, 많은 자연 신비가들, 그리고 현대의 생태영성 안에서다. 일반적으로 **유물론적 세계관**은 기술자들의 세계와 그 옹호자들이 식민화시킨 지역에서 유지되었으며, 영적인 세계관은 완고한 사람들로부터 비법을 전수하는 사람들까지 다양한 사람들이 유지했으며, **사제들의 세계관**은 거의 모든 조직화된 종교에서 유지되었다.

이 네 가지 세계관들의 각각은 실재에 대한 우주적 수수께끼의 한 조각을 붙잡고 있으며, 심지어 화육적 세계관조차 그럴듯하게 순진한 방식으로 이해할 수도 있어서 "틀릴" 수도 있다. 나는 이런 것을 많은 진보적인 카톨릭 신자들, 자유주의적인 주류 개신교인들, 그리고 뉴에이지 신봉자들 속에서 보았다. 누군가 지나치게 빠르게 "만물은 성스럽다"거나 "하느님은 어디에나 계신다"고 말할 때, 그것은 그 사람이 반드시 정말로 이런 인식을 **갈망하며** 또한 그 인식을 위한 **공간을** 만들었다는 뜻은 아니며, 반드시 그처럼 놀라운 깨달음을 실제로 통합시켰다는 뜻도 아니다. 바로 이런 이유 때문에 우리는 그리스도 의식(Christ Consciousness)과 육신을 입은 예수(embodied Jesus) 사이에 균형을 이루어야만 한다. 화육 자체는 또 하나의 정신적 믿음체계가 될 수 없으며, 그것이 쉽고 최신 유행이라는 이유로 그럴듯하게 받아들여져서도 안 된다. 오직 진지하며 오랜 시간 동안 탐색한 사람들만이 화육적 세계관을 통해 깊은 만족을 경험한다. 그것은 단순히 당신의 무릎 위에 떨어지는 것이 아니다. 당신은 그 깊은 의미를 알아야 하며, 물질 안에서 또한 물질을 통해서 영을 찾아야만 한다. 당신은 정말로 오랜 시간에 걸쳐 물질이 그 모든 모양을 갖춘 것을 사랑하는 법을 배워야만 한다.

화육적 세계관은 그리스도교의 거룩함을 단지 도덕적 행동들 대신에 객관적이며 존재론적인 실체들 안에 근거하도록 한다. 이것이 그 세계관의 큰 보상이다. 그러나 이것은 대부분의 사람들이 아직 도약하지 못한 중요한 도약이다. 이런 도약을 이룬 사람들은 병원의 침대에서나 선술집에서도 성당 안에서만큼 거룩함을 느낄 수 있다. 그들은 소위 완벽한 사람들과 매력적인 사람들 속에서 그리스도를 보는 것만큼 볼꼴 사나운 사람들과 망가진 사람들 속에서도 그리스도를 볼 수 있다. 그들은 자신들과 모든 불완전한 것들을 사랑하며 용서할 수 있다. 모두가 동등하게, 비록 완벽하지는 않지만, 하느님의 형상(Imago Dei)을 지니고 있기 때문이다. 화육적 그리스도 의식은 보통 직접적인 사회적이며, 실천적이며, 즉각적인 함의를 향해 나아간다. 그것은 결코 추상이나 이론이 아니다. 그것은 단지 우리를 즐겁게 만드는 이데올로기가 아니다. 만일 그것이 진실로 화육적 그리스도교라면, 그것은 항상 "직접 실천하는" 종교이며, 단순한 믿음체계나 사제들의 명상이나 비법을 전수하는 종교가 아니다.

그리스도교 2천 년 역사를 공부한 후에 내가 주목한 것은 우리들의 역사적 싸움들과 분열들의 상당수가 얼마나 권력이나 의미론에 관한 것이었던가 하는 점이었다. 즉 누가 그 상징들을 지지하는가, 또는 누가 그 상징들을 제시할 권리가 있는가? 누가 옳은 단어를 사용하는가? 누가 성경에 근거해서 흔히 자의적인 교회 문서를 추종하는가? 누가 예전을 적합하게 실행하는가? 이런 따위의 비본질적인 것들을 놓고 싸웠고 분열했다. (이런 일이 벌어지는 것은 항상 우리가 본질적인 것을 모를 때다.) 이 모든 것들이 하느님이나 무한자(the Infinite)에 대한 심층적인 경험을 대체했다—그러나 분명히 그런 경험을 갈망했다.

본질적인 복음, 즉 하느님이 태초부터 모든 피조물들과 사랑으로 하나되신다는 복음을 믿은 사람들은 거의 없었으며, 실제로 대부분의 사제들은 이런 복음을 적극적으로 부인했거나 무시했다. 그것이 사제들의 직업적 안전과 많이 연관된 것은 아니었는지 의문스럽다. 우리들 성직자들은 다른 세 가지 세계관에서는 필요한 중재자들이며 세일즈맨들이지만, 화육적 세계관에서는 별로 그렇지 않다. 따라서 대부분의 성직자들은 자연을 "첫 번째 성서"라고 보지 않으며, 훨씬 후대의 책, 즉 지질학적인 시간에서 마지막 몇 초 동안에 기록된 책을 강조하면서 **그것만**이 하느님의 말씀이라고 부른다. 그러나 바로 그 성서는 "말씀이 태초부터" 있었다고 말하며(요한 1:1), 그 말씀은 항상 "그리스도"와 동일시되었는데, 그 그리스도는 시간이 지나 "육신이 되셔서 우리와 함께 계셨다"(1:14)고 말한다. 성 보나벤투라는 **모든 피조물이 하느님의 말씀**이며, 또한 이것이 "성서"의 첫 번째 책이라고 믿었다.[1]

만일 이 책에서 나의 기본 논제가 참되며 또한 그리스도는 역사의 큰 이야기 줄거리를 뜻하는 말이라면, 화육적 세계관을 성숙하게 배워서 간직하는 것은 정확한 의미에서 기쁜 소식이다.

우리는 이처럼 보편적으로 드러난 것을 굳이 "그리스도"라고 이름 붙일 필요는 없다. 그러나 그 안에서 완전히 살고 그 엄청난 열매들을 즐기기 위해서는 그런 이름을 붙일 필요가 있다.

---

[1] Bonaventure, Breviloquim 2, 5.1, 2, ed. Dominic V. Monti, O.F.M. *Collected Works of St. Bonaventure* (St. Bonaventure, N.Y.: The Franciscan Instituite, 2005), 72–73.

부록 2

영적인 변화의 패턴

심지어 화육적 세계관에서조차 우리는 완전한 질서를 넘어 성장하는데, 보통 고통스럽고 불필요하게 보이는 무질서를 거쳐서 깨달음의 재질서 또는 "부활"에 이르게 된다. 이것이 "연결시키는 패턴"이며 또한 우리가 주변의 모든 것들과 맺는 관계를 견고하게 만들어준다.

변화와 성장의 궤적은, 위대한 종교들과 철학 전통들을 살펴볼 때, 이 패턴을 가리키는 많은 은유들을 사용한다. 우리는 조지프 캠벨(Joseph Cambell)이 설명한 고전적인 "영웅의 여정(Hero's Journey)," 대부분의 북미 원주민들의 종교들이 말하는 "네 계절(Four Seasons)" 또는 "네 방향(Four Directions)," 유대인들의 출애굽, 유배, 약속의 땅에 대한 이야기들과 그 이후의 그리스도교의 십자가, 죽음, 부활을 가리킬 수 있다. 여기서 내가 뽑아낸 것들은 그 모든 궤적들을 매우 단순하게 이해할 수 있도록 도와줄 것이다. 이런 각각의 "신화들"과 그 나름의 방식이 말하는 것은 성장이 이런 모든 순서들을 거친다는 점이다. 사랑, 연합, 구원, 깨우침(나는 이런 말들을 거의 서로 바꿔서 쓸 수 있다고 생각한다)을 향해 성장하기 위해서는 우리가 **질서**(Order)로부터 **무질서**(Disorder)로 나아가야만 하며 그 다음에는 궁극적으로 **재질서**(Reorder)로 나아가야만 한다.

질서(Order): 이 첫 단계에서, 만일 허락된다면(모두에게 허락되는 것은 아니다), 우리는 순진하며 안전하다고 느낀다. 모든 것은 기본적으로 선하며, 의미가 있으며, 또한 우리는 정상적인 것으로 보이는 것들의 한 부분이며 대접받을 가치가 있는 존재라고 느낀다. 이것이 우리의 "첫 번째 순진함(first naiveté)"이며, 모든 것을 설명한다. 그래서 그것은 하느님으로부터 직접 온 것이며 견고하며 영원하다고 느낀다. 이처럼 사물들이 어떤 모습이며 또한 어떤 모습이어야 하는지에 대한 첫 번째 만족할 만한 설명에 머물려는 사람들은 혼란, 갈등, 불일치, 고난이나 어둠을 거부하고 피하려는 경향이 있다. 그들은 어떤 형태이든 무질서를 싫어한다. 심지어 많은 그리스도인들조차도 "십자가를 지는" 것처럼 보이는 것들을 싫어한다. (이것이 우리가 예수를 실제로 **모방하는** 대신에 예수가 십자가 위에서 하신 일에 대해 단지 **감사하는** 것 때문에 지불한 엄청난 대가이다.) 무질서나 변화는 항상 피해야만 한다고 에고는 믿기 때문에, **나의 현상유지**(my status quo)는 전적으로 선한 것이며 모두를 위해서도 선한 것이며, 항상 "참된" 것이며 심지어 유일한 진실인 것처럼 간주하며 그 속에 안주한다. 그러나 이 단계에 영원히 머무는 것은 의도적으로 순진한 사람들을 만들거나 아니면 모든 것을 통제하지 못해 안달하는 괴짜를 만들거나, 매우 흔하게는 그 둘 모두를 결합한 인간들을 만들어내는 경향이 있다. 나는 이것이 늘 궁핍(scarcity)

의 세계관으로부터 작동하는 것이지, 풍요(abundance)의 세계관으로부터 작동하는 경우는 거의 보지 못했다.

무질서(Disorder): 우리가 이상적으로 질서를 잡은 우주—토머스 머튼이 "사적인 구원 프로젝트"라고 부른 것—는, **만일 우리가 정직하다면**, 우리를 실망시키며 또한 반드시 실망시켜야만 한다. 레오나드 코헨(Leonard Cohen)이 표현한 것처럼, "모든 것 속에는 균열이 있으며, 그것을 통해서 빛이 들어온다." 아내가 죽기도 하고, 아버지가 직업을 잃기도 하며, 어릴 때 친구들로부터 왕따를 당하기도 하며, 우리가 곤궁하며 성적인 존재라는 것을 발견하며, 중요한 시험에 낙방하기도 하며, 우리가 당연한 것으로 간주하는 "생명, 자유, 행복의 추구"에서 많은 이들이 배제되어 있다는 것을 마침내 깨닫기도 한다. 이것이 무질서의 단계, 혹은 아담과 하와 이야기에 근거해서 "타락"이라고 부르는 단계다. **어떤 형태로든 이것이 필요한** 것은 우리가 실제로 성장하기 위해서다. 그러나 어떤 사람들은 이 단계가 너무 불편해서 처음 창조된 질서로 도망치려고 한다. 심지어 그것이 우리를 죽이는 경우에도 그렇다. 오늘날 어떤 사람들은 모든 것을 포기하고 "보편적 질서는 없다"고 작정하거나, 최소한 우리가 복종할 질서는 없다고 간주하는 것처럼 보인다. 이것이 포스트모던 입장인데, 이것은 모든 큰 내러티브, 이데올로기, 지구주의(globalism)를 불신하며, 심지어 이성, 인간의 공통적 본성, 사회적 진보, 인간의 보편적 규범들, 절대적 진리, 객관적 실재에 대한 개념들도 불신한다. 오늘날 미국 문화와 정부 안에서 세력을 떨치는 혼돈(chaos)의 상당 부분은 바로 이런 "탈 진실 사회(post-truth society)"의 직접적인 결과이다. 이 단계에 영원히 머무는 것은 사람들을 부정적이며 냉소적으로 만들고 보통은 분노하는 사람들로 만들어, 그들이 어떤 견고한 기반을 추구할 때 정치적으로 올바른 형태에 대해 매우 독선적이며 교조주의적인 사람들을 만드는 경향이 있다. 어떤 사람들은 종교인들을 지나치게 교조주의적이라고 비난하지만, 이처럼 방해를 받는 입장은 무질서 자체를 마치 하나의 도그마인 것처럼 예배한다. 즉 "나는 보편적인 설명은 없다는 하나의 설명 이외에는 모든 보편적인 설명을 거부한다!"는 식이다. 이런 보편적인 냉소주의와 회의주의는 그들의 보편적인 설명, 그들에게 통하는 종교가 되는 동시에 그들의 가장 큰 취약점이기도 하다.

재질서(Reorder): 모든 종교는 그 나름의 방식으로 우리를 이런 재질서 단계에 이르도록 하는 것에 관해 말한다. 다양한 체계들은 그것을 "깨우침," "출애굽," "니르바나(열반)," "천국," "구원," "봄철," 또는 심지어 "부활"이라고 부른다. 이것은 죽음 저편의 삶, 실패 너머의 승리, 해산의 고통 저편의 환희이다. 이것은 **통과해서 가는 것**을 주장한다. **밑으로 가는 것, 위로 가는 것, 돌아서 가는 것**이 아니다. 재질서로 가는 논스톱(non-stop) 비행은 없다. 그곳에 도달하기 위해 우리는 견디어야 하며, 무질서 단계로부터도 배워야 하며, 첫 번째 순진함의 단계를 초월해야 한다. **그러나 여전히 그 첫 번째 순진함의 단계를 포함한다.** 그것은 보수주의의 가장 좋은 것과 자유주의의 가장 좋은 것에 해당한다. 그들은 첫 번째 질서의 선한 것들을 유지하지만 동시에 그것을 바로잡기 위해 필요한 것도 제공한다. 이 단계에 도달한 사람들은 유대인 예언자들처럼 "철저한 전통주의자들"이라고 부를 수 있다. 자신들의 진리와 집단을 비판할 만큼 충분히 사랑하는 사람들이다. 자신들의 고결함과 지성을 유지하기에 충분할 만큼 그것을 비판하는 사람들이다. 이처럼 지혜로운 사람들은 과민반응과 과잉 수비를 중단했다. 그들은 보통 소수자들이다.

미국을 비롯해서 여러 나라들에서 오랜 세월 영적 지도를 한 경험에 근거해서 나는 이런 여정이 함축하는 것들이 자신을 보수주의자로 간주하는 사람들과 자유주의자로 간주하는 사람들 사이에 서로 다르다는 것을 관찰했다. 보수주의자들은 자신들이 종교, 돈, 전쟁, 정치를 통해서 세상의 질서를 잡고 통제할 수 있다는 망상을 내려놓아야만 한다. 이것은 흔히 그들의 실제적인 안보체제이다. 그들의 강렬한 종교적 언어들 자체는 흔히 그들의 매우 보수적인 정치를 은폐하는 것임을 보여준다. 모든 통제를 하느님에게 맡기는 것 자체야말로 자비와 관대함을 보여주는 것이며 경계선을 느슨하게 만드는 것이다.

반면에 자유주의자들이 포기해야 하는 것은 항구적인 무질서에 대한 그들의 믿음, 모든 지도력, 선배, 권위에 대한 공포이며, 또한 그들이 발견해야만 하는 것은 기초적 질서에서 무엇이 선하며 건강하며 참된가에 관한 것이다. 그들은 모든 권위와 전통에 맞서는 반작용을 멈추어야만 하며, 그런 것들이 문화의 연속성과 기본적인 정신건강을 위해 필요하다는 점을 인정해야만 한다. 그럼으로써 그들은 자신들 말고도 다른 어떤 것에 소속될 수 있다.

더욱 큰 온전함으로 나아가기 위해서는 보수주의자들과 자유주의

자들 모두가 각기 서로 다른 방식으로 **자신들의 거짓된 순진함을 내려 놓아야만 한다.** 그들 모두는 서로 다른 방식으로 분리됨과 우월성을 추구한다. 그들은 모두 어떤 방식으로든 "상처를 입었음"에 틀림없기 때문에, 그런 기초적 망상들을 포기해야만 한다. 회복 운동은 이것을 1단계, 즉 무력함을 받아들이는 단계라고 부른다.

질서로부터 무질서를 거쳐 재질서로 나아가는 이런 여정은 우리들 모두가 반드시 거쳐야만 한다. 그것은 우리가 단지 아브라함, 모세, 욥, 예수에게 칭찬해야 할 무엇이 아니다. 우리의 역할은 귀를 기울이고 허락하며 또한 이처럼 거의 자연적인 전진에 최소한 약간이라도 협조하는 일이다. **우리 모두가 지혜에 이르는 것은 우리의 순진함과 우리의 통제 모두를 대가로 지불한 이후다.** 이것이 뜻하는 바는 그곳에 자진해서 가는 사람은 별로 없다는 것이다. 무질서가 우리를 덮치는 것은 당연하다. 어느 누가 무질서를 선택하겠는가? 나라면 안 할 것이다.

다시 말하지만, 질서에서 무질서로, 또는 무질서에서 재질서로 가는 논스톱 비행은 없다. 만일 우리가 과거에 좋았으며 도움이 되었지만 동시에 제한된 대부분의 첫 번째 "질서" 속에 빠져버리거나 심지어 "무질서"의 비극들이나 상처들 속에 가라앉아 있지 않다면 말이다.(그렇지 않다면 우리는 인생의 상당 부분을 반역, 반작용, 숨 막히는 시간으로 보내게 된다.) 나는 도대체 왜 하느님께서 세상을 그런 방식으로 만드셨는지 알지 못하지만, 그런 보편적 신화들과 이야기들을 신뢰해야만 한다. 시작과 끝 사이에서 그런 위대한 이야기들은 우리들의 자아가 만든 낙원의 고약(膏藥) 속에 부득이 갈등, 모순, 혼돈, 그리고 한 마리의 파리를 드러낸다. 이것이 그 드라마를 활기차게 만들며, 또한 그 드라

마에 계기와 겸손을 마련해준다. 물론 누구나 처음에는 "행복"을 추구하지만, 내가 읽은 대부분의 책들은 어떻게 고난이 사람들을 정련시키고 가르치고 형성하는지를 보여주는 것 같다.

우리의 첫 번째 질서를 유지하는 것 자체가 행복은 아니다. 우리는 "두 번째 순진함(a second naiveté)"을 기대하고 기다려야만 하는데, 이것은 우리가 만들어내고 조종하기보다는 주어지는 것이다. 행복은 완전한 성장과 성숙의 영적인 결과이며, 바로 이런 이유 때문에 나는 행복을 "재질서"라고 부른다. 우리는 행복에 이끌려진다. 우리가 우리의 의지력이나 똑똑함으로 그 길을 발견할 수는 없다. 그러나 우리 모두 시도해볼 수는 있다! 우리는 이런 성장과 변화의 보편적 패턴을 인정하지 않으려고 고집을 피우는 것처럼 보인다. 나무가 강하게 성장하는 것은 바람과 폭풍 때문이다. 보트는 영원히 마른 항구에 정박해 있도록 만든 것이 아니다. 동물의 새끼들은 그 어미들이 정말로 힘겨운 생존 방법을 가르치지 않는다면 거의 대부분 일찍 죽고 만다. 우리들 각자 역시 우리들 나름대로 많은 발길질에 채이고 비명소리를 지르면서, 잘 감추어져 있지만 동시에 분명하게 보이는 것을 배워야만 하는 것처럼 보인다.

참고문헌

Alfeyev, Hilarion. *Christ the Conqueror of Hell: The Descent into Hades from an Orthodox Perspective*. New York: St. Vladimir's Seminary Press, 2009.

Alison, James. *Knowing Jesus*. London: SPCK, 2012.

Allies, Mary H., trans. *St. John Damascene on Holy Images*. London: Burns and Oates, 1898.

Athanasius. *On the Incarnation*. Translated by Olivier Clément. *The Roots of Christian Mysticism: Texts from the Patristic Era with Commentary*. New York: New City Press, 2015.

Augustine. *The Retractions*. Translated by Sister M. Inez Bogan, R.S.M. *The Fathers of the Church*, Vol. 60. Washington, DC: Catholic University of America, 1968.

Bailie, Gil. *Violence Unveiled: Humanity at the Crossroads*. New York: Crossroad, 1995.

Balswick, Jack O., Pamela Ebstyne King, and Kevin S. Reimer. *The Reciprocating Self: Human Development in Theological Perspective*. Downers Grove, IL: InterVarsity Press, 2016.

Barfield, Owen. *Saving the Appearances: A Study in Idolatry*. Middletown, CT: Wesleyan University Press, 1988.

Barnhart, Bruno. *The Future of Wisdom: Toward a Rebirth of Sapiential Christianity*. New York: Continuum, 2007.

———. *Second Simplicity: The Inner Shape of Christianity*. Mahwah, NJ: Paulist Press, 1999.

Bass, Diana Butler. *Christianity After Religion: The End of Church and the Birth of a New Spiritual Awakening*. New York: HarperOne, 2012.

Benedict XVI. *The Faith*. Huntington, IN: Our Sunday Visitor, 2013.

Berry, Thomas. *The Christian Future and the Fate of Earth*. Maryknoll, NY: Orbis Books, 2009.

———. *The Dream of the Earth*. San Francisco: Sierra Club Books, 1988.

Berry, Wendell. "The Wild Geese." *Collected Poems, 1957–1982*. Berkeley, CA: North Point, 1984.

Berthold, George C., ed. *Maximus Confessor: Selected Writings*. Mahwah, NJ: Paulist Press, 1985.

Boff, Leonardo. *Jesus Christ Liberator: A Critical Christology for Our Time*. Maryknoll, NY: Orbis Books, 1978.

Bonaventure. *Breviloquium 2, 5.1, 2*. Edited by Dominic V. Monti. *Collected Works of St. Bonaventure*. St. Bonaventure, NY: The Franciscan Institute, 2005.

Bonhoeffer, Dietrich. *Christ the Center*. Translated by Edwin H. Robertson. New York: Harper & Row, 1960.

Bourgeault, Cynthia. *The Holy Trinity and the Law of Three: Discovering the Radical Truth at the Heart of Christianity*. Boston: Shambhala, 2013.

———. *The Meaning of Mary Magdalene: Discovering the Woman at the Heart of Christianity*. Boston: Shambhala, 2010.

———. *The Wisdom Jesus: Transforming Heart and Mind—a New Perspective on Christ and His Message*. Boston: Shambhala, 2008.

Bowen, Elizabeth. *The Heat of the Day*. New York: Anchor, 2002.

Browning, Elizabeth Barrett. *Aurora Leigh*. New York: C.S. Francis, 1857.

Bruteau, Beatrice. *Evolution Toward Divinity: Teilhard de Chardin and the Hindu traditions*. Wheaton, IL: Theosophical Publishing House, 1974.

———. *God's Ecstasy: The Creation of a Self-Creating World*. New York: Crossroad, 1997.

---. *Radical Optimism: Practical Spirituality in an Uncertain World.* New York: Crossroad, 1996.

Buhlmann, Walbert. *The Coming of the Third Church: An Analysis of the Present and Future of the Church.* Maryknoll, NY: Orbis Books, 1977.

Burnfield, David. *Patristic Universalism: An Alternative to the Traditional View of Divine Judgment.* CreateSpace Independent Publishing Platform, 2016.

Cannato, Judy. *Radical Amazement: Contemplative Lessons from Black Holes, Supernovas, and Other Wonders of the Universe.* Ave Maria Press: Sorin, 2006.

Carroll, John E. and Keith Warner, eds. *Ecology and Religion: Scientists Speak.* Quincy, IL: Franciscan Press, 1998.

Chesnut, Robert A. *Meeting Jesus the Christ Again: A Conservative Progressive Faith.* Eugene, OR: Wipf & Stock, 2017.

Chryssavgis, John and Bruce V. Foltz, eds. *Toward an Ecology of Transfiguration: Orthodox Christian Perspectives on Environment, Nature, and Creation.* New York: Fordham University Press, 2013.

Clarke, Jim. *Creating Rituals: A New Way of Healing for Everyday Life.* Mahwah, NJ: Paulist Press, 2011.

Clendenen, Avis. *Experiencing Hildegard: Jungian Perspectives.* Wilmette, IL: Chiron, 2012.

Cousins, Ewert H., ed. *Bonaventure: The Soul's Journey into God, The Tree of Life, The Life of St. Francis.* Mahwah, NJ: Paulist Press, 1978.

---. *Christ of the 21st Century.* New York: Continuum, 1998.

Crossan, John Dominic. *How to Read the Bible and Still Be a Christian: Struggling with Divine Violence from Genesis Through Revelation.* New York: HarperOne, 2015.

Crossan, John Dominic and Sarah Sexton Crossan. *Resurrecting Easter: How the West Lost and the East Kept the Original Easter Vision.* New York: HarperOne, 2018.

Davies, Paul. *God and the New Physics.* New York: Simon & Schuster, 1984.

Dawkins, Richard. "Richard Dawkins on Skavlan December 2015." *Skavlan.* YouTube. December 4, 2015. 14:12. https://www.youtube.com/watch?v=e3oae0AOQew.

Delio, Ilia. *Christ in Evolution*. Maryknoll, NY: Orbis Books, 2008.

———. *The Emergent Christ: Exploring the Meaning of Catholic in an Evolutionary Universe*. Maryknoll, NY: Orbis Books, 2011.

———. *From Teilhard to Omega: Co-Creating an Unfinished Universe*. Maryknoll, NY: Orbis Books, 2014.

———. *The Unbearable Wholeness of Being: God, Evolution, and the Power of Love*. Maryknoll, NY: Orbis Books, 2013.

Deseille, Placide. *Orthodox Spirituality and the Philokalia*. Wichita: Eighth Day Press, 2008.

Dowd, Michael. *Thank God for Evolution: How the Marriage of Science and Religion Will Transform Your Life and Our World*. Tulsa: Council Oak, 2007.

———. "When Religion Fails, Economics Becomes Demonic." *Huffington Post*. May 22, 2015. https://www.huffingtonpost.com/rev-michael-dowd/when-religion-fails-econo_b_7347568.html.

Edinger, Edward F. *The Christian Archetype: A Jungian Commentary on the Life of Christ*. Toronto: Inner City Books, 1987.

Edwards, Denis. *Ecology at the Heart of Faith*. Maryknoll, NY: Orbis Books, 2006.

———. *The God of Evolution: A Trinitarian Theology*. Mahwah, NJ: Paulist Press, 1999.

———. *How God Acts: Creation, Redemption, and Special Divine Action*. Minneapolis: Fortress Press, 2010.

———. *Human Experience of God*. Mahwah, NJ: Paulist Press, 1983.

———. *Jesus and the Cosmos*. Mahwah, NJ: Paulist Press, 1991.

Elgin, Duane. *Awakening Earth: Exploring the Evolution of Human Culture and Consciousness*. New York: William Morrow, 1993.

Enns, Peter. *The Sin of Certainty: Why God Desires Our Trust More than Our "Correct" Beliefs*. New York: HarperOne, 2016.

Everson, William. *The Crooked Lines of God: Poems 1949–1954*. London: Forgotten Books, 2018.

Ferwerda, Julie A. *Raising Hell: Christianity's Most Controversial Doctrine Put Under Fire*. Lander, WY: Vagabond Group, 2011.

Fox, Matthew. *The Coming of the Cosmic Christ*. New York: HarperCollins, 1988.

———. *Original Blessing: A Primer in Creation Spirituality.* Santa Fe, NM: Bear & Company, 1983.

Fox, Matthew, Skylar Wilson, and Jennifer Berit Listug. *Order of the Sacred Earth: An Intergenerational Vision of Love and Action.* New York: Monkfish Book Publishing, 2018.

Francis I. *Laudato Sí.* Encyclical letter, May 24, 2015. http://w2.vatican.va/content/francesco/en/encyclicals/documents/papa-francesco_20150524_enciclica-laudato-si.html.

Galloway, Allan D. *The Cosmic Christ.* New York: Harper & Brothers, 1951.

Gilson, Etienne. *The Spirit of Mediaeval Philosophy.* Notre Dame: University of Notre Dame Press, 2012.

Girard, René. *The Girard Reader.* Edited by James G. Williams. New York: Crossroad Herder, 1996.

Goetz, Joseph, Bernard Rey, Edouard Pousset, André Derville, Aimé Solignac, Robert Javelet, and Albert Ampe. *A Christian Anthropology.* Translated by Mary Innocentia Richards. St. Meinrad, IN: Abbey Press, 1974.

Green, Harold J. *The Eternal We.* Chicago: Loyola University Press, 1986.

Gregory of Nyssa. *The Life of Moses.* Translated by Abraham J. Malherbe and Everett Ferguson. Mahwah, NJ: Paulist Press, 1978.

Gulley, Philip and James Mulholland. *If Grace Is True: Why God Will Save Every Person.* New York: HarperCollins, 2003.

Gutleben, Christine, ed. *Every Living Thing: How Pope Francis, Evangelicals and other Christian Leaders Are Inspiring all of Us to Care for Animals.* Canton, MI: Front Edge, 2015.

Hanson, Rick. *Hardwiring Happiness: The New Brain Science of Contentment, Calm, and Confidence.* New York: Harmony, 2013.

Hardin, Michael, ed. *Reading the Bible with René Girard: Conversations with Steven E. Berry.* Lancaster, PA: JDL Press, 2015.

Haught, John F. *What is God?: How to Think about the Divine.* Mahwah, NJ: Paulist Press, 1986.

Hayes, Zachary. "Christ, Word of God and Exemplar of Humanity," *The Cord* 46, no. 1 (1996): 3–17.

Hillesum, Etty. *Etty: The Letters and Diaries of Etty Hillesum, 1941–1943.* Edited by Klaas A. D. Smelik. Translated by Arnold J. Pomerans. Grand Rapids: Eerdmans, 2002.

Holmes, Barbara A. *Joy Unspeakable: Contemplative Practices of the Black Church*. Minneapolis: Fortress Press, 2004.

———. *Race and the Cosmos: An Invitation to View the World Differently*. Harrisburg, PA: Trinity Press International, 2002.

Ingham, Mary Beth. *Scotus for Dunces: An Introduction to the Subtle Doctor*. St. Bonaventure, NY: The Franciscan Institute, 2003.

Johnson, Elizabeth A. *Creation and the Cross: The Mercy of God for a Planet in Peril*. Maryknoll, NY: Orbis Books, 2018.

Johnston, William. *The Mysticism of The Cloud of Unknowing*. New York: Desclee, 1967.

Julian of Norwich. *Showings*. Translated by Edmund Walsh and James Walsh. Mahwah, NJ: Paulist Press, 1978.

Jung, C. G. *Letters of C. G. Jung: Volume 2, 1951–1961*. Edited by Gerhard Adler with Aniela Jaffé. Translated by R. F. C. Hull. Princeton, NJ: Princeton University Press, 1976.

———. *Psychology and Religion: West and East (The Collected Works of C. G. Jung, Volume 11)*. Edited and Translated by Gerhard Adler and R. F. C. Hull. London: Routledge, 1969.

Kazantzakis, Nikos. *Report to Greco*. Translated by P. A. Bien. New York: Simon & Schuster, 1965.

King, Ursula. *Christ in All Things: Exploring Spirituality with Teilhard de Chardin*. Maryknoll, NY: Orbis Books, 1997.

Küng, Hans. *The Beginning of All Things: Science and Religion*. Translated by John Bowden. Grand Rapids: Eerdmans, 2007.

LaChance, Albert J. and John E. Carroll, eds. *Embracing Earth: Catholic Approaches to Ecology*. Maryknoll, NY: Orbis Books, 1994.

Lanza, Robert, and Bob Berman. *Biocentrism: How Life and Consciousness are the Keys to Understanding the True Nature of the Universe*. Dallas: BenBella Books, 2009.

Lash, Nicholas. *Believing Three Ways in One God: A Reading of the Apostles' Creed*. London: SCM, 1992.

Laszlo, Ervin and Allan Combs. *Thomas Berry, Dreamer of the Earth: The Spiritual Ecology of the Father of Environmentalism*. Rochester, VT: Inner Traditions, 2011.

Leclerc, Eloi. *The Wisdom of the Poor One of Assisi*. Translated by Marie-Louise Johnson. Pasadena, CA: Hope Publishing House, 2009.

Lonergan, Anne and Caroline Richard. *Thomas Berry and the New Cosmology*. Mystic Court, CT: Twenty-Third Publications, 1987.

Loy, David. *Nonduality: A Study in Comparative Philosophy*. Amherst, NY: Humanity Books, 1988.

Lubac, Henri de. *A Brief Catechesis on Nature & Grace*. San Francisco: Ignatius Press, 1984.

———. *Catholicism: Christ and the Common Destiny of Man*. San Francisco: Ignatius Press, 1988.

MacNutt, Francis. *Healing*. Notre Dame: Ave Maria Press, 1974.

Maximus the Confessor. *On the Cosmic Mystery of Jesus Christ*. Translated by Paul M. Blowers and Robert Louis Wilken. New York: St. Vladimir's Seminary Press, 2003.

McFague, Sallie. *The Body of God: An Ecological Theology*. Minneapolis: Augsburg Fortress Press, 1993.

McGilchrist, Iain. *The Master and His Emissary: The Divided Brain and the Making of the Western World*. New Haven: Yale University Press, 2010.

McLuhan, T. C. *The Way of the Earth*. New York: Touchstone, 1994.

Meilach, Michael D., ed. *There Shall Be One Christ*. Saint Bonaventure, NY: The Franciscan Institute, 1968.

Merton, Thomas. *Conjectures of a Guilty Bystander*. New York: Doubleday, 1966.

———. *New Seeds of Contemplation*. New York: New Directions, 1972.

Meyendorff, John. *Christ in Eastern Christian Thought*. New York: St. Vladimir's Seminary Press, 1975.

———. *St. Gregory Palamas and Orthodox Spirituality*. New York: St. Vladimir's Seminary Press, 1974.

Miller, William R. and Janet C' de Baca. *Quantum Change: When Epiphanies and Sudden Insights Transform Ordinary Lives*. New York: Guilford, 2001.

Moltmann, Jürgen. *The Crucified God: The Cross of Christ as the Foundation and Criticism of Christian Theology*. Minneapolis: Fortress Press, 1974.

———. *The Way of Jesus Christ: Christology in Messianic Dimensions*. Minneapolis: Fortress Press, 1995.

Mooney, Christopher E. *Teilhard de Chardin and the Mystery of Christ*. New York: Image Books, 1968.

Moore, Sebastian. *The Contagion of Jesus: Doing Theology as If It Mattered*. Maryknoll, NY: Orbis Books, 2008.

———. *The Crucified Jesus Is No Stranger*. New York: Seabury Press, 1977.

Morgan, Michael L. *The Cambridge Introduction to Emmanuel Levinas*. New York: Cambridge University Press, 2011.

New Zealand Catholic Bishops Conference. "Creating New Hearts: Moving from Retributive to Restorative Justice." August 30, 1995. https://www.catholic.org.nz/about-us/bishops-statements/creating-new-hearts/.

Newman, John Henry. *An Essay on the Development of Christian Doctrine*. London: James Toovey, 1845.

Nolan, Albert. *Jesus Before Christianity*. Maryknoll, NY: Orbis Books, 2001.

Nothwehr, Dawn M. *Franciscan Theology of the Environment: An Introductory Reader*. Quincy, IL: Franciscan Press, 2002.

O'Connor, Flannery. *The Habit of Being: Letters of Flannery O'Connor*. Edited by Sally Fitzgerald. New York: Farrar, Straus and Giroux, 1979.

Oliver, Mary. "Wild Geese." *Owls and Other Fantasies: Poems and Essays*. Boston: Beacon Press, 2003.

O'Murchu, Diarmuid. *In the Beginning Was the Spirit: Science, Religion, and Indigenous Spirituality*. Maryknoll, NY: Orbis Books, 2012.

Palmer, Parker J. *A Hidden Wholeness: The Journey Toward an Undivided Life*. San Francisco: John Wiley & Sons, 2004.

Panikkar, Raimon. *Christophany: The Fullness of Man*. Maryknoll, NY: Orbis Books, 2004.

———. *The Rhythm of Being: The Gifford Lectures*. Maryknoll, NY: Orbis Books, 2010.

Panikkar, Raimundo. *The Unknown Christ of Hinduism*. Maryknoll, NY: Orbis Books, 1981.

Pannenberg, Wolfhart. *Toward a Theology of Nature: Essays on Science and Faith*. Louisville: Westminster John Knox Press, 1993.

Parsons, John Denham. *Our Sun-God: Christianity Before Christ*. San Diego: Book Tree, 2007.

Placher, William C. *Narratives of a Vulnerable God: Christ, Theology, and Scripture*. Louisville: Westminster John Knox Press, 1994.

Polkinghorne, John. *Exploring Reality: The Intertwining of Science and Religion*. New Haven: Yale University Press, 2005.

Rahner, Karl. *Foundations of Christian Faith*. New York: Seabury Press, 1978.

———. *The Trinity*. New York: Crossroad, 1999.

Richard, Lucien. *Christ: The Self-Emptying of God*. Mahwah, NJ: Paulist Press, 1997.

Richo, David. *When Catholic Means Cosmic: Opening to a Big-Hearted Faith*. Mahwah, NJ: Paulist Press, 2015.

Rinpoche, Sogyal. *The Tibetan Book of Living and Dying*. San Francisco: Harper San Francisco, 1993.

Rohr, Richard. *Adam's Return: The Five Promises of Male Initiation*. New York: Crossroad, 2004.

———. *Breathing Under Water: Spirituality and the Twelve Steps*. Cincinnati: St. Anthony Messenger Press, 2011.

———. *Falling Upward: A Spirituality of the Two Halves of Life*. San Francisco: Jossey-Bass, 2011.

———. *Great Themes of Paul: Life as Participation*. Cincinnati: Franciscan Media, 2012. 11 compact discs; 10.5 hours.

———. *Immortal Diamond: The Search for Our True Self*. San Francisco: Jossey-Bass, 2013.

———. *The Naked Now: Learning to See as the Mystics See*. New York: Crossroad, 2009.

———. *Quest for the Grail*. New York: Crossroad, 2000.

Rohr, Richard with Mike Morrell. *The Divine Dance: The Trinity and Your Transformation*. New Kensington, PA: Whitaker House, 2016.

Roszak, Theodore. *The Voice of the Earth: An Exploration of Ecopsychology*. New York: Touchstone, 1993.

Schillebeeckx, Edward. *Christ: The Experience of Jesus as Lord*. New York: Crossroad, 1981.

Seed, John, Joanna Macy, Pat Fleming, and Arne Naess. *Thinking Like a Mountain: Towards the Council of All Beings*. Philadelphia: New Society, 1988.

Sells, Michael A. *Mystical Languages of Unsaying*. Chicago: University of Chicago Press, 1994.

Shore-Goss, Robert E. *God is Green: An Eco-Spirituality of Incarnate Compassion*. Eugene, OR: Cascade Books, 2016.

Shuman, Joel James and L. Roger Owens, eds. *Wendell Berry and Religion: Heaven's Earthly Life*. Lexington: University Press of Kentucky, 2009.

Smith, Amos. *Healing the Divide: Recovering Christianity's Mystic Roots*. Eugene, OR: Resource Publications, 2013.

Smith, Paul R. *Integral Christianity: The Spirit's Call to Evolve*. St. Paul, MN: Paragon House, 2011.

———. *Is Your God Big Enough, Close Enough, You Enough? Jesus and the Three Faces of God*. St. Paul, MN: Paragon House, 2017.

Smoley, Richard. *Inner Christianity: A Guide to the Esoteric Tradition*. Boston: Shambhala, 2002.

Starr, Mirabai. *The Interior Castle: Saint Teresa of Avila*. New York: Riverhead, 2003.

Stendahl, Krister. "The Apostle Paul and the Introspective Conscience of the West." *Harvard Theological Review* 56, no. 3 (1963): 199–215.

Stern, Karl. *The Flight from Woman*. New York: Paragon House, 1965.

Stoner, Gabrielle. "The Alternative Orthodoxy of the Christian Contemplative Tradition." Unpublished Manuscript. Last modified April 11, 2018. Microsoft Word file.

Sweeney, Jon M. *Inventing Hell: Dante, the Bible, and Eternal Torment*. New York: Jericho Books, 2014.

———. *When St. Francis Saved the Church: How a Converted Medieval Troubadour Created a Spiritual Vison for the Ages*. Notre Dame: Ave Maria Press, 2014.

Tarnas, Richard. *Cosmos and Psyche: Intimations of a New World View*. New York: Plume, 2007.

Taylor, Barbara Brown. *The Luminous Web: Essays on Science and Religion*. Cambridge, MA: Cowley, 2000.

Teihard de Chardin, Pierre. *The Divine Milieu*. New York: Harper & Row, 1965.

———. *The Heart of Matter*. Glasgow, UK: William Collins Sons, 1978.

―――. *Human Energy*. Translated by J. M. Cohen. New York: Harcourt Brace Jovanovich, 1962.

―――. *Hymn of the Universe*. New York: Harper & Row, 1961.

Toben, Carolyn W. *Recovering a Sense of the Sacred: Conversations with Thomas Berry*. Whitsett, NC: Timberlake Earth Sanctuary Press, 2012.

Treston, Kevin. *Who Do You Say I Am? The Christ Story in the Cosmic Context*. Eugene, OR: Wipf & Stock, 2016.

Tucker, Mary Evelyn and John Grim. *Thomas Berry: Selected Writings on the Earth Community*. Maryknoll, NY: Orbis Books, 2014.

Van Ness, Daniel W. and Karen Heetderks Strong. *Restoring Justice: An Introduction to Restorative Justice*. New Providence, NJ: Matthew Bender, 2010.

Vann, Gerald. *The Pain of Christ and the Sorrow of God: Lenten Meditations*. New York: Alba House, 1994.

Visser, Frank. *Ken Wilber: Thought As Passion*. Albany, NY: State University of New York Press, 2003.

von Balthasar, Hans Urs. *Dare We Hope: That All Men be Saved?* San Francisco: Ignatius Press, 2014.

―――. *The Scandal of the Incarnation: Irenaeus Against the Heresies*. Translated by John Saward. San Francisco: Ignatius Press, 1981.

Walcott, Derek. "Love after Love." *Collected Poems, 1948–1984*. New York: Farrar, Straus & Giroux, 1986.

Watts, Alan. *Behold the Spirit: A Study in the Necessity of Mystical Religion*. New York: Vintage, 1971.

Weil, Simone. *Waiting for God*. New York: Harper Colophon, 1973.

Whitman, Walt. "Starting from Paumanok." *Walt Whitman: The Complete Poems*. London: Penguin, 1986.

Wilber, Ken. *Integral Spirituality: A Startling New Role for Religion in the Modern and Postmodern World*. Boston: Integral Books, 2006.

―――. *A Sociable God: Toward A New Understanding of Religion*. Boston: Shambhala, 2005.

Wilson, David Sloan. *Darwin's Cathedral: Evolution, Religion, and the Nature of Society*. Chicago: University of Chicago Press, 2002.

Wink, Walter. *Engaging the Powers: Discernment and Resistance in a World of Domination*. Minneapolis: Fortress Press, 1992.

———. *The Human Being: Jesus and the Enigma of the Son of Man*. Minneapolis: Fortress Press, 2002.

———. *Naming the Powers: The Language of Power in the New Testament*. Minneapolis: Fortress Press, 1984.

———. *Unmasking the Powers: The Invisible Forces That Determine Human Existence*. Minneapolis: Fortress Press, 1986.

Wilson-Hartgrove, Jonathan. *Reconstructing the Gospel: Finding Freedom from Slaveholder Religion*. Downers Grove, IL: IVP Books, 2018.

Woodruff, Sue. *Meditations with Mechtild of Magdeburg*. Santa Fe, NM: Bear & Company, 1982.

Wright, Wendy M., ed. *Caryll Houselander: Essential Writings*. Maryknoll, NY: Orbis Books, 2005.

Yoder, John Howard. *The Politics of Jesus*. Grand Rapids: Wm. B. Eerdmans, 1994.

옮긴이의 말

이 책 『보편적 그리스도』는 프란치스칸 화육 신비주의와 최근의 예수 연구에 기초한 저자의 독특한 그리스도론이며 구원론이다.

예수 그리스도에 대한 새로운 이해가 절실했던 이유는 네 가지다. 첫째로, 월터 윙크 교수가 『참사람: 예수와 사람의 아들 수수께끼』에서 강조한 것처럼, 예수는 유대인들이 기다려왔던 정치군사적 '메시아'가 결코 아니었으며 또한 자신을 '메시아'라고 부르지도 않았고 항상 "사람의 아들," 곧 '사람'이라고 불렀다. 그러나 교회는 예수를 '메시아/그리스도'로 고백한 후, 그것이 정통이 되었다. 당시의 자칭 메시아들은 모두 제국에 대한 폭력투쟁을 이끌었지만, 예수는 "폭력이 구원한다"는 메시아주의를 거부했다는 점에서 로즈마리 류터 교수의 지적처럼 예수는 분명히 '안티-메시아'(anti-Messiah)였기 때문이다(2014:203).

둘째로, 예수 그리스도의 "특수계시"에 근거한 배타주의와 폭력성 때문이다. 예수가 메시아/그리스도가 됨으로써, 참사람의 길을 살아낸 예수의 가르침은 시공간을 초월하게 되었고 보편주의의 길을 열었다. 그러나 그리스도를 오직 예수에게만 적용시킴으로써, 예수는 하느님의 유일한 화육으로서 숭배의 대상이 되어, 예수가 그토록 경계했던 종교적 투사의 대상이 되었고 결국 배타주의와 폭력을 초래했다. 로날드 사이더가 『복음주의적 양심의 스캔들』에서 인용한 여론조사 결과가 보여주듯이, "거듭났다"는 복음주의자들의 아내 구타와 인종차별은 비종교인들보다 훨씬 심하다(2005:17-29). 또한 한국의 개신교인들은 일반적으로 성소수자들과 난민들, 무슬림을 더욱 차별하며, 인권조례와 차별금지법 제정조차 전국적으로 반대하여 무산시키고 있는 현실이다.

셋째로, 그리스도교의 독특성 때문이다. 이제까지 그리스도 신화는 오시리스-디오니소스 신화를 거의 전부 모방한 것이기에 그리스도교의 독특성과 진정성을 담보할 수 없었다. 특히 플라톤의 영향으로 탈육신 종교가 되어 육신, 물질, 여성, 자연을 혐오했으며, 구원을 그리스도의 초자연적 능력에 의존하도록 만들어 무책임한 결과를 초래했다.

넷째로, 인류가 살아남기 위해서다. 전대미문의 기후위기 비상사태 속에서 다음 세대들의 생존권을 확보할 수 있는 시간이 단 10년 남았지만, 초자연적 권능을 지닌 전능하신 하느님을 믿는 신자일수록 기후위기와 대멸종 사태에 무관심하기 때문이다(David. R. Griffin, 2019:318).

특히 개신교인들의 배타주의적 혐오와 이념적인 차별은 언어폭력을 거쳐 실제 폭력 행동으로 나타나기 십상이다. 근본 뿌리는 무엇인가? 성서 문자주의가 그 뿌리 가운데 하나다. 성서 안에 폭력과 복수가 하느님의 이름으로, 구원으로 선포되기 때문이다. 참으로 긴 세월 외국의 압제를 받아왔던 이스라엘 민족은 뼛속 깊이 복수심에 불타올랐고, 성서는 출애굽 사건 이후 구원을 "원수들에 대한 승리"로 선포했다. 그래서 크리스터 슈텐달은 제2차 세계대전과 홀로코스트를 경험하고 오늘날의 생태학적 재앙들을 인식하면서 구원을 '승리' 대신에 '니르바나(nirvana)'로, 즉 하느님 안에서 에고가 소멸하고 하느님과 연합하는 신비가들의 구원 이해로 바꿀 것을 요청했다(*Roots of Violence*, 2016).

또 하나의 뿌리는 종교인들이 쉽게 빠지는 자기 의로움이다. 세상에서 어둠과 악을 몰아내는 것을 사명으로 받아들인 종교인들의 열광주의는 특히 세상의 임박한 종말에 대한 신념을 통해 극단주의 정치와 결합하여 무자비한 폭력으로 나타난다. 히틀러의 인종청소와 마오쩌둥의 "문화혁명," 그리고 옴 진리교의 무차별적 학살은 그 대표적인 사례들이다. 예수를 믿는 사람들이 폭력적 원리주의자들로 둔갑할 때, 미국의 대다수 백인 복음주의자들처럼 트럼프 대통령과 같은 극단주의 정치가를 뒷받침하게 된다. 경제적 불평등이 악화되고 기후재앙들이 악화될수록, 문명의 붕괴와 인류의 종말을 재촉하는 광신자들의 폭력을 더욱 경계해야만 한다(Robert Jay Lifton, *Losing Reality*, 2019).

이 죽임의 시대의 새로운 계시는 성소수자들과 난민들만이 아니라 삼라만상 전체가 하느님이 지으신 "한 피붙이"로서 모두가 "불가침의 권리"를 지닌 성스러운 존재라는 점이다. 극우파 민족주의라는 역사적 반동에 맞설 수 있는 가장 큰 영적−도덕적 힘과 원칙은 하느님이 창조하신 모든 생명의 거룩함과 "한 피붙이"라는 보편주의뿐이다.

식민지의 아들 예수가 경험한 현실 역시 제국의 폭력, 지주들의 폭력, 성전의 폭력이었다. 로마제국의 목표는 정의로운 세계 건설이었으며, 그 방법은 정복전쟁과 반란 진압을 통한 승리가 평화를 가져다주며 평화가 선행되어야 정의로운 세계 건설이 가능하다는 논리였다. 로마의 제국신학자들 역시 "은총으로 구원받는다"고 주장한 것은 비너스 신의 은총, 승리의 여신의 은총, 전쟁의 신, 바다의 신, 군대의 신의 은총으로 구원받는다고 고백했다. 또한 로마의 제국신학자들 역시 "믿음으로 의롭게 된다"고 주장한 것은 "하느님의 아들," "구세주," "주님," "죄를 속량해주시는 분"으로 고백된 아우구스투스에 대한 믿음과 로마 제국의 질서와 가치들에 대한 믿음이 세상에 평화와 정의를 가져다준다고 고백한 것이다. 그래서 로마제국은 정의로운 세계를 건설한다는 명분 아래 정복한 지역의 사람 목숨을 파리 목숨처럼 여기면서 잔인하게 학살하고 남녀노소를 가리지 않고 잡아다가 노예로 부렸던 폭력과 죽임의 체제를 만들었던 것이다. 성전의 지배자들 역시 하느님의 이름으로 가난하고 병들어 성전세를 내지 못하는 사람들을 죄인들로 차별하고 인간의 존엄성을 박탈했다. 성전은 거룩과 정결을 유지하기 위해 약자들에 대한 차별과 배제를 선택했던 것이다.

예수의 하느님이 철저히 비폭력적 하느님이었던 이유는 예수가 이런 폭력을 "한 분 하느님"의 이름으로 자행하는 것에 대한 근본적 모순을 깨닫고, 모든 생명을 창조하신 하느님은 폭력이 아니라 무차별적이며 무조건적이며 무한한 사랑의 하느님인 것을 분명히 깨달았기 때문이다. 또한 바울로가 로마 황제에게 붙였던 모든 칭호를 나자렛 예수에게 붙였으면서도 오직 "임페라토르," 즉 "전쟁의 승리자"라는 칭호만큼은 절대로 예수에게 붙이지 않았던 이유는 전쟁의 승리가 세상의 평화와 정의를 가져다준다는 명분 아래 인간을 잔인하게 만드는 것은 결코 하느님의 정의나 법이 아니라는 것을 정확히 간파했기 때문이다.

따라서 "보편적 그리스도"를 제시한 이 책은 탈육신 종교가 초래한 혐오와 폭력의 묵시종말론적 시대에 생명과 해방을 위한 복음이며, 제도권 교회가 빠르게 몰락하는 시대에 화육 신비주의에 기초한 새로운 그리스도교를 위한 대안적 돌파구이며 새로운 종교개혁의 초석이다.